**Tudo o
que
eu sei
sobre
...**

festas,

amigos,

a vida,

encontros,

trabalho,

Tudo o que eu sei sobre o am

dolly alderton
or

tradução
Ana Guadalupe

intrínseca

Copyright © 2018 by Dolly Alderton

TÍTULO ORIGINAL
Everything I Know About Love

COPIDESQUE
Stella Carneiro

PREPARAÇÃO
Júlia Ribeiro

REVISÃO
Rayana Faria
Juliana Pitanga
Thais Entriel

CAPA ORIGINAL
StudioHelen

ADAPTAÇÃO DE CAPA,
PROJETO GRÁFICO DE MIOLO
E DIAGRAMAÇÃO
Anderson Junqueira

CIP-BRASIL. CATALOGAÇÃO NA PUBLICAÇÃO
SINDICATO NACIONAL DOS EDITORES DE LIVROS, RJ

A335t
    Alderton, Dolly, 1988-
    Tudo o que eu sei sobre o amor / Dolly Alderton ; tradução Ana Guadalupe. - 1. ed. - Rio de Janeiro : Intrínseca, 2022.

    Tradução de: Everything i know about love
    ISBN 978-65-5560-457-3
    1. Ficção inglesa. I. Guadalupe, Ana. II. Título.

22-76719   CDD: 823
                 CDU: 82-3(410)

Gabriela Faray Ferreira Lopes - Bibliotecária
CRB-7/6643 18/03/2022   23/03/2022

[2022]
Todos os direitos desta edição reservados à
EDITORA INTRÍNSECA LTDA.
Av. das Américas, 500, bloco 12, sala 303
22640-904 – Barra da Tijuca
Rio de Janeiro — RJ
Tel./Fax: (21) 3206-7400
www.intrinseca.com.br

1ª edição
JULHO DE 2022

reimpressão
FEVEREIRO DE 2024

impressão
IMPRENSA DA FÉ

papel de miolo
LUX CREAM 60 G/M²

papel de capa
CARTÃO SUPREMO ALTA ALVURA 250G/M²

tipografia
TUNA

Para Florence Kleiner

Tudo o que eu sabia sobre o amor quando era adolescente

O amor romântico é a coisa mais importante e maravilhosa do mundo. Se você chegou à vida adulta e não encontrou o amor, então fracassou, como tantas das minhas professoras de educação artística que têm cabelo ressecado, usam bijuterias inspiradas em várias culturas e são sempre chamadas de "senhorita", em vez de "senhora".

É importante transar muito e com muitas pessoas, mas provavelmente com não mais do que dez.

Quando for uma mulher solteira em Londres, vou ser muito chique e magra, usar vestidos pretos e beber martíni e só vou conhecer homens em eventos de lançamento de livros e vernissages.

Você sabe que é amor verdadeiro quando dois caras saem no soco por sua causa. O ideal é quando sai sangue, mas ninguém vai parar no hospital. Um dia isso vai acontecer comigo, se eu tiver sorte.

É importante perder a virgindade depois dos dezessete anos, mas antes de completar dezoito. Sério: mesmo se for na véspera, não tem problema, mas, se chegar no seu décimo oitavo ano de vida ainda virgem, você nunca vai transar.

Você pode beijar quantas pessoas quiser, e tudo bem, não quer dizer nada, é só treino.

Os caras mais legais são sempre altos e judeus e têm carro.

Os caras mais velhos são os melhores, porque são mais sofisticados e experientes, além de serem um pouco menos exigentes.

As amigas que começam a namorar ficam chatas. Uma amiga que tem namorado só é legal se você também estiver namorando.

Se você *nunca* perguntar sobre o namorado da sua amiga, ela vai acabar entendendo que você acha esse assunto um tédio e vai parar de falar dele o tempo todo.

É uma boa ideia esperar um pouco para se casar, depois de aproveitar a vida. Aos 27 anos, por exemplo.

Eu e Farly nunca vamos nos interessar pelo mesmo cara, porque ela prefere os baixinhos e engraçados, tipo o Nigel Harman, e eu gosto dos mais másculos e misteriosos, tipo o Charlie Simpson, da banda Busted. É por isso que a nossa amizade vai durar para sempre.

Nunca mais vou viver nada tão romântico quanto o dia em que eu e a Lauren fomos tocar no evento de Dia dos Namorados em um pub esquisito em St. Albans e eu cantei "Lover, You Should've Come Over" e o Joe Sawyer sentou na frente e fechou os olhos porque antes a gente tinha falado sobre o Jeff Buckley e, resumindo, ele é o único menino que me entende de verdade e pensa parecido comigo.

Nunca mais vou viver nada tão constrangedor quanto o dia em que tentei beijar o Sam Leeman e ele se afastou e eu caí.

Nunca mais vou viver nada tão triste quanto o dia em que o Will Young contou que era gay e eu tive que fingir que não ligava, mas chorei e queimei o livro de couro que tinha ganhado na crisma e no qual tinha escrito sobre a vida que teríamos juntos.

Os meninos adoram quando você é grossa com eles e acham que é coisa de criança e patético se você for boazinha demais.

Quando eu finalmente tiver um namorado, quase mais nada vai ter importância.

Garotos

Para alguns, o som que definiu a adolescência foi o dos gritinhos de alegria dos irmãos brincando no quintal. Para outros, foi o barulho da correia da bicicleta preferida subindo e descendo aos solavancos. Alguns podem se lembrar do canto dos pássaros no caminho da escola, do som de risadas ou das bolas de futebol sendo jogadas no parquinho. Para mim, foi o som da internet discada da AOL.

Lembro até hoje, nota por nota. Os primeiros toques telefônicos agudos, os barulhinhos fracos e entrecortados que sinalizavam o início da conexão, a nota estridente e contínua que avisava que estava dando certo, seguida por duas batidas ásperas e graves e um chiado. E depois o silêncio mostrava que o pior já tinha passado e você tinha conseguido. "Bem-vindo à AOL", dizia uma voz suave que enfatizava o "O". E, logo depois, "você recebeu um e-mail". Eu ficava dançando pelo quarto ao som da discagem da AOL, para ver se aquela agonia passava mais rápido. Fiz uma coreografia com passos que tinha aprendido no balé: um *plié* para os toques, um *pas de chat* nas batidas. Repetia esse ritual toda noite quando chegava da escola. Porque essa era a trilha sonora da minha vida. Porque eu passei a adolescência na internet.

Uma breve explicação: eu cresci em uma área residencial afastada do centro de Londres. É isso; essa é a explicação. Quando eu tinha oito anos, meus pais tomaram a cruel decisão de sair de um apartamento de subsolo em Islington e ir morar numa casa maior em Stanmore — a última parada da linha de metrô Jubilee e um dos pontos mais distantes da zona norte de Londres. Era o limite vazio da cidade, uma região que via a diversão de longe, mas não podia participar da festa.

Quando se cresce em Stanmore, você não é nem uma pessoa da cidade, nem uma pessoa do interior. Eu morava longe demais para me enturmar com a galera descolada que frequentava as festas da boate Ministry of Sound, que falava com aquele sotaque charmoso e usava roupas vintage incríveis compradas em brechós em Peckham Rye que sempre eram muito melhores que a média. Mas eu morava longe demais de Chilterns para ser uma daquelas adolescentes coradas que viviam na natureza, usavam blusas de tricô antigas, aprendiam a dirigir o Citroën do pai aos treze anos, faziam caminhadas e tomavam ácido na floresta com os primos. O subúrbio do norte de Londres era capaz de esvaziar a identidade de qualquer um. Era tudo tão bege quanto os tapetes felpudos que decoravam todas as casas, sem exceção. Não havia arte, nem cultura, nem prédios antigos, nem parques, nem lojas que não pertencessem a conglomerados, nem restaurantes. Havia clubes de golfe, franquias de restaurantes italianos, escolas particulares, garagens, rotatórias, centros comerciais e shoppings com telhado de vidro. As mulheres eram todas iguais, as casas eram construídas do mesmo jeito, os carros eram sempre os mesmos. A única forma de se expressar era gastando dinheiro em bens homogeneizados — estufas no jardim, reformas para ampliar a cozinha, carros com GPS integrado, férias em resorts *all-inclusive* em Maiorca. Se você não jogasse golfe, não quisesse fazer luzes no cabelo ou não gostasse de visitar concessionárias Volkswagen, não tinha absolutamente nada para fazer.

Era ainda pior se fosse uma adolescente que vivia à mercê da disponibilidade da mãe para levá-la aos lugares com o supracitado Volkswagen modelo Golf GTI. Por sorte eu contava com a minha melhor amiga, Farly, que morava a cinco quilômetros de bicicleta da ruazinha sem saída onde eu morava.

Na minha vida, Farly era, e continua sendo, diferente de todas as outras pessoas. Nós nos conhecemos na escola aos onze anos. Ela era, e é até hoje, meu completo oposto. Ela tem cabelo escuro; eu tenho cabelo loiro. Ela é bem baixinha, eu sou bem alta. Ela planeja as coisas e marca tudo na agenda, eu deixo tudo sempre para a última hora. Ela ama organização, eu sou mais bagunceira. Ela ama regras, eu odeio regras. Ela é altruísta, eu acho que a torrada do meu café da manhã é tão importante que merece ser protagonista nas minhas redes sociais (em três perfis). Ela é muito focada no presente, eu estou sempre metade na minha vida, metade em uma versão fantástica de um mundo que só existe na minha cabeça. Mas, de algum jeito, a gente dá certo. A maior sorte da minha vida foi o dia em que a Farly se sentou do meu lado numa aula de matemática em 1999.

A programação do dia com a Farly era sempre a mesma: a gente ficava na frente da TV comendo montanhas de bagels e batatas chips (mas só quando nossos pais não estavam em casa — outra característica da classe média suburbana é o apreço especial por sofás e a proibição de qualquer tipo de comida na sala de estar) e assistindo a sitcoms americanas adolescentes na Nickelodeon. Quando já tínhamos visto todos os episódios de *Irmã ao Quadrado*, *Dose Dupla* e *Sabrina, Aprendiz de Feiticeira*, íamos para os canais de música, encarando, boquiabertas, a tela da TV e alternando entre a MTV, a MTV Base e o VH1 a cada dez segundos, procurando um clipe específico do Usher. Quando nos cansávamos disso, voltávamos para a Nickelodeon e assistíamos, de novo, a todos os episódios das sitcoms americanas adolescentes que tínhamos visto uma hora antes.

Uma vez Morrissey disse que sua adolescência foi como "esperar por um ônibus que nunca passou": uma sensação que só piora quando você cresce num lugar que parece uma sala de espera pintada de bege. Eu vivia entediada, triste e solitária, e só conseguia torcer para que a minha infância passasse mais rápido. E, de repente, como um charmoso cavaleiro de armadura reluzente, surgiu a internet discada da AOL no computador desktop grandalhão da minha família. E depois veio o MSN.

Quando baixei o MSN e comecei a adicionar contatos de e-mail — amigos da escola, amigos de amigos, amigos das escolas da região, que eu não conhecia —, foi como se eu batesse na parede de uma cela de prisão e escutasse alguém bater de volta. Foi como encontrar grama em Marte. Foi como ligar o rádio e finalmente ouvir o chiado se transformando em voz humana. Foi a minha fuga do marasmo suburbano e a minha chegada a um mundo resplandecente de vida humana.

Na minha adolescência, o MSN não era só uma maneira de manter contato com os amigos, era um lugar. É assim que me lembro, como uma sala na qual eu me sentava, fisicamente, por horas e horas toda noite e todo fim de semana até meus olhos ficarem injetados de tanto olhar para a tela. Mesmo quando saíamos do subúrbio e meus pais faziam a caridade de levar meu irmão e eu para passar férias na França, continuava sendo a sala na qual eu ficava todos os dias. A primeira coisa que eu fazia quando chegávamos a uma pousada era descobrir se tinham um computador com internet — em geral um desktop muito antigo num porão escuro —, e depois entrava no MSN e teclava por horas, sem vergonha nenhuma, enquanto um adolescente francês mal-humorado ficava sentado numa cadeira atrás de mim, esperando sua vez de entrar. O sol provençal brilhava lá fora, onde o resto da minha família relaxava na beira da piscina e lia, mas meus pais sabiam que, quando se tratava do MSN, era impossível me tirar de lá. Era onde todas as minhas amizades estavam. Era um espaço só meu. Era a única coisa que eu podia chamar de minha. Como eu disse, era um lugar.

Meu primeiro e-mail foi munchkin_1_4@hotmail.com, uma conta que criei aos doze anos na sala de informática do colégio. Escolhi o número 14 porque pensei que mandaria e-mails por apenas dois anos e depois aquilo ia virar coisa de criança, decidi aproveitar essa nova moda e suas muitas esquisitices até aquele e-mail parar de ser utilizado a tempo do meu aniversário de catorze anos. Só comecei a usar o MSN quando já tinha catorze, e nesse ínterim também tentei usar willyoungehgato@hotmail.com para expressar minha nova paixão pelo vencedor da temporada de 2002 do programa *Pop Idol*. Também testei eu_adiva@hotmail.com para ver como seria, depois que arrasei interpretando o personagem sr. Snow numa montagem escolar do musical *Carrossel*.

Voltei a usar munchkin_1_4 quando baixei o MSN, e tirei proveito da imensa lista de contatos de amigos da escola que eu vinha acumulando desde a criação desse e-mail. E então vieram os garotos, e isso foi decisivo. Àquela altura eu não conhecia garoto nenhum. Na verdade, tirando meu irmão, meu priminho, meu pai e um ou dois amigos com quem meu pai jogava críquete, até então eu não tinha convivido com garoto algum. Mas o MSN trouxe os endereços de e-mail e as fotos de perfil desses novos e flutuantes Garotos-Fantasma; eram doados por várias meninas da minha escola — as que saíam com meninos aos fins de semana e depois, num ato de puro altruísmo, distribuíam o contato desses meninos pelo corpo discente. Esses garotos seguiam o mesmo circuito no MSN: todas as meninas da escola os adicionavam, e todas ganhávamos nossos quinze minutos de fama conversando com eles.

A origem dos garotos se encaixava em três categorias principais. A primeira: o afilhado da mãe de uma menina ou qualquer amigo da família com quem ela crescera. Esse menino geralmente era um ou dois anos mais velho que nós, era muito alto e desengonçado e tinha voz grave. Também entrava nessa categoria o vizinho de alguém que frequentava outra escola. A outra categoria era a dos primos ou primos de segundo grau de alguém. Por fim, havia os meninos que alguma menina tinha conhecido nas férias em família, e essa era a opção mais exótica. Esse era o Santo Graal, na verdade, porque o menino poderia ser de qualquer lugar, inclusive de terras distantes como Bromley ou Maidenhead, e lá estava você, falando com ele pelo MSN como se estivessem na mesma sala. Que loucura, que aventura.

Eu logo enchi uma agenda com esses menores abandonados, dedicando a eles uma categoria à parte, intitulada "GAROTOS". Passava semanas falando com eles — sobre o que prestaríamos no vestibular, nossas bandas preferidas, o quanto a gente fumava e bebia e "até onde" tínhamos "chegado" com o sexo oposto (sempre uma grande obra de ficção elaborada com imenso cuidado). Claro, tínhamos pouca ou nenhuma noção de como os outros eram na vida real; isso foi antes de todo mundo ter celular com câmera ou perfil em redes sociais, então tudo o que tínhamos era a foto minúscula que a pessoa usava no perfil do MSN e a descrição que cada um fazia de si mesmo. Às vezes eu me dava ao trabalho de usar o scanner da minha mãe para digitalizar uma foto de um almoço ou de férias em família em que eu tivesse saído bem, e depois, com toda atenção, recortava minha tia ou meu avô no Paint, mas na maioria das vezes eu acabava desistindo no meio da tarefa.

No universo do colégio, o surgimento dos garotos virtuais trouxe todo um conjunto de conflitos e polêmicas inéditos. Eram incessantes as fofocas sobre quem estava conversando com quem. As meninas começaram a jurar fidelidade a meninos que nunca tinham visto pessoalmente, e para isso bastava adicionar o primeiro nome do menino ao seu nick, com estrelas e corações e underline dos dois lados. Algumas acreditavam estar num diálogo virtual exclusivo com um garoto, mas, à medida que brotavam, esses nicks contavam outra história. Às vezes acontecia de meninas das escolas vizinhas que você nunca tinha visto te adicionarem só para perguntar se você estava conversando com o mesmo menino que ela. De vez em quando — e esse tipo de coisa virava uma história que umas contavam às outras para alertar sobre tal risco —, você sem querer revelava um relacionamento de MSN ao mandar por engano uma mensagem para o garoto com quem estava conversando na janela de uma amiga. Isso sempre gerava um drama nível Shakespeare.

O MSN possuía regras de etiqueta muito complexas. Se você e um garoto de que gostava estivessem on-line, mas ele não puxasse assunto, uma maneira infalível de chamar a atenção dele era sair e entrar de novo, porque assim ele receberia uma notificação da sua entrada e seria lembrado de que você estava ali, e com sorte isso levaria a uma conversa. Também tinha o truque de ficar on-line sem ninguém saber, caso você quisesse falar apenas com uma determinada pessoa, e era possível fazer isso sem que os outros soubessem. Era um cortejo vitoriano muito complicado e eu era uma participante afoita e disposta.

Essas longas correspondências raramente levavam a um encontro fora da internet, e, quando isso acontecia, era quase sempre uma decepção avassaladora. Tinha o Max com sobrenome hifenizado — um famoso sedutor do MSN, conhecido por enviar relógios Baby G para as meninas pelo correio —, com quem a Farly combinou de se encontrar na frente de uma banca de jornal em Bushey numa tarde de sábado, depois de meses de conversas pela internet. Ela chegou lá, olhou para ele e entrou em pânico, tanto que se escondeu atrás de uma lixeira. Ela observou enquanto ele ligava sem parar para o celular dela de um telefone público, mas não conseguiu encarar a ideia de um encontro ao vivo e a cores e voltou a pé para casa. Eles continuaram conversando toda noite pelo MSN, por horas a fio.

Eu tive dois. O primeiro foi um encontro às cegas num shopping que durou menos de quinze minutos e foi um desastre. O segundo foi com um menino de um colégio interno da região, com quem eu me correspondi por quase um ano antes de finalmente marcarmos nosso primeiro encontro numa pizzaria em Stanmore. Passamos o ano seguinte numa espécie de relacionamento cheio de idas e vindas — mais idas, porque ele vivia trancado na escola. Mas de vez em quando eu ia visitá-lo, usando batom e levando uma bolsa cheia de maços de cigarro que eu comprava para ele, como um comediante enviado para entreter os soldados na Segunda Guerra Mundial. Ele não tinha acesso à internet no dormitório, então era impossível usar o MSN, mas tentávamos contornar essa questão com cartas semanais e longos telefonemas que levaram a uma conta mensal de telefone fixo de três dígitos e muitos fios de cabelo branco para o meu pai.

Aos quinze anos, comecei um romance mais intenso do que qualquer outro que já tinha acontecido nas janelas do MSN quando fiz amizade com uma menina de cabelo revolto, sardas e olhos amendoados com delineado bem grosso chamada Lauren. Nos conhecíamos de vista desde a infância, por conta de uma ou outra festa de aniversário no Hollywood Bowl, mas enfim fomos oficialmente apresentadas pela Jess, uma amiga em comum, num jantar em uma das várias franquias de restaurante italiano que existem em Stanmore. O jeito como a gente se conectou de cara foi parecido com tudo a que eu costumava assistir nos filmes românticos que passavam na TV. Conversamos até ficar com a boca seca, completamos as frases uma da outra, rimos tanto que as pessoas das outras mesas se viraram para olhar. Jess foi para casa e, quando Lauren e eu fomos expulsas do restaurante, ficamos sentadas num banco morrendo de frio só para continuar conversando.

 Ela tocava guitarra e estava procurando uma cantora para começar uma banda, eu tinha cantado num evento meio caído em Hoxton e precisava de uma guitarrista. Começamos a ensaiar covers do Dead Kennedys em versão bossa nova no dia seguinte, no galpão da casa da mãe dela, e nossa banda ganhou o nome provisório de Raging Pankhurst. Depois, numa decisão mais questionável ainda, mudamos para Sophie Can't Fly. Nosso primeiro show foi num restaurante turco em Pinner, com apenas um cliente no salão lotado que não era nosso amigo de escola ou membro de alguma das famílias. Daí em diante nos apresentamos em todos os lugares mais conhecidos: na entrada de um teatro em Rickmansworth, num galpão abandonado no quintal de um pub em Mill Hill, no pavilhão de um clube de críquete nos arredores de Cheltenham. A gente colocava um chapéu no chão e tocava em qualquer rua em que não houvesse polícia. Tocávamos na recepção de qualquer bar mitzvá que aceitasse nos receber.

 Também compartilhávamos um hobby que consistia num método pioneiro de transformar nosso MSN em conteúdo multiplataforma. Ainda no começo da nossa amizade, descobrimos que, desde a criação do MSN, nós duas vínhamos copiando e colando conversas que tínhamos com garotos num documento de Word, imprimindo e guardando as páginas num fichário para ler antes de dormir, como se fosse um romance erótico. Gostávamos de pensar que éramos intelectuais, quase um grupo de Bloomsbury do MSN Messenger do começo dos anos 2000.

Mas, justamente quando fiz amizade com Lauren, saí do subúrbio e fui morar a 120 quilômetros ao norte de Stanmore, num colégio interno misto. O MSN já não era o suficiente para suprir a minha curiosidade pelo sexo oposto — eu precisava descobrir como os garotos eram na vida real. O cheiro de Polo Blue da Ralph Lauren impregnado numa cartinha de amor não me satisfazia mais, nem os bipes de notificação das novas mensagens no MSN. Fui para o colégio interno para tentar me acostumar com os garotos.

(Cá entre nós: graças a Deus tomei essa decisão. Farly ficou até o final do ensino médio preparatório na nossa escola só para meninas e, quando chegou na faculdade sem nunca ter tido contato com garotos, ela parecia um elefante numa loja de vasos de porcelana. Na primeira noite da semana de calouros houve uma "festa do semáforo", na qual solteiros tinham que usar verde e comprometidos, vermelho. Quase todo mundo entendeu que a ideia era usar uma camiseta verde, mas Farly chegou ao bar do alojamento estudantil usando legging verde, sapato verde, vestido verde e um laço verde gigante na cabeça, além de spray verde no cabelo. Se ela tivesse tatuado ESTUDEI NUMA ESCOLA SÓ PARA MENINAS na testa teria dado na mesma. Agradeço aos céus pela oportunidade de ter tido dois anos de treino de convivência mista no colégio interno, senão acho que eu também teria caído na armadilha do spray verde na semana dos calouros.)

Eis que descobri que eu não tinha absolutamente nada em comum com a maioria dos garotos e quase nenhum interesse neles, a não ser quando queria beijá-los. E nenhum menino que eu queria beijar queria me beijar, então daria na mesma se eu tivesse continuado em Stanmore, cultivando uma série de relacionamentos que só existiam nos campos férteis da minha imaginação.

Espero muito do amor e atribuo a culpa dessa expectativa a duas coisas: a primeira é que sou filha de um casal tão apaixonado que chega a ser constrangedor, a segunda são os filmes a que assisti nos meus anos de formação. Quando criança, eu nutria uma estranha obsessão por musicais antigos e, depois de crescer viciada nos filmes de Gene Kelly e Rock Hudson, eu simplesmente esperava que os garotos se comportassem com aquela elegância, aquele charme. Mas a escola mista acabou bem rápido com esse sonho. Um bom exemplo foi minha primeira aula de política. Eu era uma das duas únicas meninas em uma turma de doze alunos, e nunca tinha estado com tantos garotos no mesmo ambiente na minha vida inteira. O mais bonito deles, que já tinham me informado ser o galã da escola (seu irmão mais velho, que se formara no ano anterior, tinha o apelido de Zeus), me entregou um pedaço de papel por baixo da mesa enquanto o professor explicava o que era o voto proporcional. O bilhete estava dobrado e tinha um coração desenhado na frente, o que me fez concluir que se tratava de uma cartinha de amor, por isso o abri com um sorriso tímido. Mas, quando desdobrei o papel encontrei o desenho de uma criatura, convenientemente acompanhado de uma nota que me informava ser um orc de *O senhor dos anéis*, e "PARECE COM VOCÊ" escrito embaixo.

Farly ia me visitar nos fins de semana e ficava babando pelas centenas de meninos de todas as formas e tamanhos que andavam pela rua carregando bolsas esportivas e tacos de hóquei. Ela me achava muito sortuda por ter a chance de ficar perto deles nos bancos da capela toda manhã. Mas, fora da fantasia, achei os garotos um tanto decepcionantes. Eles não eram tão engraçados quanto as meninas que eu tinha conhecido na nova escola, nem tão interessantes, nem tão simpáticos. E, por algum motivo, eu nunca conseguia ficar relaxada perto deles.

Quando terminei o ensino médio, eu já não usava o MSN como antes. Meu primeiro trimestre na Universidade de Exeter chegou e, com ele, o advento do Facebook. Para quem queria conhecer caras pela internet, o Facebook era o mapa da mina — e dessa vez era melhor ainda, porque você tinha todas as informações mais essenciais reunidas no mesmo lugar. Eu vivia olhando as fotos dos meus amigos da faculdade e adicionava todos que achava bonitos — isso rapidamente se transformava em uma longa troca de mensagens e encontros marcados em uma das muitas festas temáticas programadas para aquela semana. Eu estudava num campus universitário numa cidade de Devon conhecida por sua catedral, não era difícil achar as pessoas. Se o MSN tinha sido uma tela em branco na qual eu podia espalhar minhas fantasias detalhadas, as mensagens de Facebook eram uma ferramenta de encontros puramente pragmática. Era assim que os alunos encontravam a próxima conquista e programavam a próxima noite de quinta-feira.

    Quando terminei a faculdade e voltei para Londres, eu já tinha parado com a mania de entrar no Facebook e abordar possíveis casinhos do nada com a agressividade persuasiva de uma vendedora da Avon, mas um novo padrão começou a surgir. Eu conhecia alguém através de uma amiga ou numa festa, pegava o contato da pessoa e passava semanas em uma relação epistolar por SMS ou e-mail antes de marcar um segundo encontro na vida real. Talvez fosse porque eu só tinha aprendido a conhecer pessoas dessa maneira, impondo uma certa distância entre nós, com espaço suficiente para que eu pudesse editar e filtrar a melhor versão possível de mim mesma — só as piadas boas, só as melhores frases, só as músicas que eu sabia que iriam impressionar meu pretendente, em geral enviadas pela Lauren. Em troca, eu mandava músicas para ela passar adiante para a pessoa com quem ela estava conversando. Uma vez ela comentou que a gente enviava músicas boas uma para a outra a preço de custo e depois repassava as mesmas músicas para os nossos paqueras como se fossem nossas, e com "margem de lucro emocional".

Essa forma de correspondência quase sempre acabava em frustração. Aos poucos, comecei a entender que é melhor que esses primeiros encontros aconteçam na vida real, e não por escrito, senão a discrepância entre o que você imagina que a outra pessoa seja e quem ela de fato é vai se tornando cada vez maior. Muitas vezes eu inventava uma pessoa na minha cabeça e criava uma química entre nós como se escrevesse um roteiro e, quando nos encontrávamos de novo, ficava muito decepcionada. Era como se, quando as coisas não saíam da maneira que eu esperava, eu imaginasse que ele deveria ter recebido uma cópia do roteiro escrito por mim e ficasse chateada porque seu agente obviamente tinha esquecido de entregar a ele para que decorasse as falas.

Toda mulher que passou seus anos de formação só com outras meninas por perto vai te dizer a mesma coisa: você nunca deixa, de fato, de achar que os garotos são as criaturas mais fascinantes, encantadoras, nojentas e bizarras que já passaram pelo planeta Terra, tão perigosas e míticas quanto o Pé-Grande. Não raro, isso também significa que você está fadada a ser uma pessoa que vai passar o resto da vida fantasiando sobre as coisas. E teria como ser diferente? Passei anos a fio sentada em muros com a Farly, batendo os pés contra tijolos com meu sapato de sola de borracha grossa, olhando para o céu e tentando sonhar alto o suficiente para a gente se distrair da visão infinita de centenas de meninas andando ao nosso redor com o mesmo uniforme. Quando você estuda numa escola só para meninas, sua imaginação é obrigada a fazer um treino diário digno de atleta olímpica. Depois de tanto tempo utilizando a fantasia como mecanismo de fuga, é impressionante como você se acostuma com ela.

Sempre pensei que meu fascínio e minha obsessão pelo sexo oposto diminuiriam quando terminasse a faculdade e começasse a vida pra valer, mas mal sabia eu que, quando se tratava de conviver com homens, eu continuaria tão perdida aos vinte e tantos anos quanto daquela primeira vez que entrei no MSN.

Os garotos eram uma questão que eu levaria quinze anos para resolver.

Diário dos dates ruins: Doze minutos

O ano é 2002. Tenho catorze anos. Estou usando uma saia xadrez da Miss Selfridge, coturno Dr. Martens preto e um cropped laranja-néon.

O menino é o Betzalel, um conhecido da Natalie, minha amiga da escola. Eles se conheceram numa colônia de férias para crianças judias e desde então se falam pelo MSN e trocam "conselhos de vida e relacionamentos". Natalie está querendo arranjar amigas novas, porque acabou de perder as que tinha após espalhar um boato de que uma menina do nosso ano se corta, quando na verdade a menina só tinha dermatite, e eu sou uma das garotas com quem ela quer fazer amizade.

Ela sabe que estou atrás de um namorado, e por isso dá a ideia de fazer a ponte entre mim e o Betz pelo MSN. Eu não poderia estar mais satisfeita com esse acordo tácito pelo qual a Natalie vai me dar um garoto de presente se eu almoçar com ela de vez em quando.

Depois de um mês conversando pelo MSN todo dia depois da aula, Betz e eu estamos praticamente namorando.

Ele acha que todo mundo da idade dele é imaturo, assim como eu, e ele também é alto para a idade, assim como eu. Falamos sem parar sobre o que temos em comum, fazendo o assunto render ao máximo.

Marcamos um encontro num café no shopping Brent Cross. Chamo Farly para me acompanhar porque não quero ir sozinha.

Betz chega e não se parece nada com a foto que tinha me enviado — ele raspou todo o cabelo cacheado e engordou bastante desde a colônia de férias. Sentamos de frente um para o outro e nos cumprimentamos com um aceno. Betz não pede nada para comer.

Farly é a única que fala, enquanto eu e Betz ficamos olhando para o chão, constrangidos, quietos. Betz está carregando uma sacola — ele conta que acabou de comprar um VHS do *Toy Story 2*. Eu falo para ele que isso é coisa de criança. Ele diz que minha saia me faz parecer um escocês.

Eu falo para ele que a gente precisa ir embora porque temos que pegar a linha 142 de volta para Stanmore. O encontro dura doze minutos.

Quando chego em casa e entro no MSN, na mesma hora Betz me manda uma longa mensagem que sei que ele já tinha escrito no Word e copiado e colado na janela de bate-papo com a Comic Sans roxa em itálico que é sua marca registrada. Ele diz que me acha uma menina legal, mas não quer nada mais sério comigo. Eu falo que é uma grosseria ele escrever um discurso e ficar em casa me esperando ficar on-line, sendo que ele mora do lado do shopping e eu passei 25 minutos no ônibus para chegar em casa, só porque sabe que eu gostei menos dele do que ele gostou de mim e não queria que eu fosse a primeira a falar isso.

Betz me bloqueia durante um mês, mas depois acaba me perdoando. Nunca chegamos a marcar um segundo encontro, mas nos tornamos confidentes sobre assuntos amorosos até eu completar dezessete anos.

Já que estava livre da obrigação contratual, eu nunca mais almocei com Natalie.

As crônicas da festa ruim: Corredores da UCL, véspera de Ano-Novo, 2006

É a primeira vez que volto para passar as festas de fim de ano em casa depois do meu primeiro trimestre na universidade. Lauren, que também voltou para o Natal, dá a ideia de irmos a uma festa de réveillon no alojamento da University College London. Ela foi convidada pela Hayley, uma garota com quem estudou e que não vê desde o último evento de premiação aos alunos da escola que frequentaram.

Chegamos ao grande apartamento compartilhado que fica num prédio caindo aos pedaços numa ruazinha entre a Euston e a Warren Street. Os convidados da festa são um mix saudável de maconheiros da UCL, amigos de escola da Lauren e penetras que estavam passando, viram a porta aberta e ficaram para ouvir "Ignition", do R. Kelly, em looping quase a noite inteira. Eu e Lauren trouxemos uma garrafa de vinho tinto cada (Shiraz da vinícola Jacob's Creek, porque é uma ocasião especial), e bebemos em copos de plástico (não direto da garrafa, porque é uma ocasião especial).

Passo os olhos pelo ambiente, procurando por caras que tenham todos os membros e estejam respirando. Estou com dezoito anos, comecei minha vida sexual há seis meses e minha libido está no auge — uma fase efêmera em que o sexo era minha maior aventura e descoberta, um tempo em que transar era a maior invenção desde a roda. Eu não conseguia entender por que as pessoas não transavam o dia inteiro. Nem todos os livros, filmes e músicas que haviam sido feitos sobre isso davam conta de como era bom: como é que as pessoas passavam a noite fazendo outra coisa que não fosse transar ou encontrar alguém pra transar? (Essa sensação já tinha desaparecido por completo quando fiz dezenove anos.)

Vejo um rosto conhecido e simpático sobre um corpo alto de ombros largos e logo percebo que é um cara que era produtor-assistente numa sitcom em que trabalhei por um período de experiência depois do vestibular. Na época a gente saía escondido para fumar atrás do estúdio, flertando e reclamando dos atores e atrizes que se achavam o máximo. Nesse momento nos aproximamos de braços abertos para dar um abraço e quase imediatamente começamos a nos beijar. Era assim que eu vivia com os hormônios entrando na minha corrente sanguínea com tanta intensidade: um aperto de mão virava um beijo, um abraço virava uma pegação. Todas as interações sociais da intimidade ficavam um pouco mais intensas.

Depois de algumas horas bebendo vinho e se esfregando um no outro, a gente se trancou no banheiro pra fazer o que faltava. Estávamos tirando a calça jeans e saia com certa dificuldade, como se fôssemos dois adolescentes bêbados tentando consertar um disjuntor queimado, quando de repente alguém bateu na porta.

— A DESCARGA QUEBROU! — grito, com O Produtor dando um chupão no meu pescoço.

— Doll — Lauren fala baixinho. — Sou eu, me deixa entrar.

Eu abotoo a saia, vou até a porta e abro uma fresta.

— Que foi? — digo, enfiando a cabeça na fresta.

Ela se enfia na abertura.

— É que eu tô ficando com o Finn... — Ela vê meu amigo no canto do banheiro, que agora está fechando a calça jeans com ar envergonhado. — Ah, oi — diz para ele, descontraída.

— Então, eu tô ficando com o Finn, mas estou preocupada de ele sentir a minha calcinha.

— E...?

— É uma cinta modeladora — revela ela, erguendo o vestido para me mostrar uma cinta bege. — Para segurar a barriga.

— Ué, é só tirar. Finge que não estava usando nada — digo, puxando-a em direção à porta.

— Onde eu coloco? Tem gente em todos os quartos, eu entrei em todos e tem grupos em cada um deles, sem exceção.

— Coloca ali — respondo, apontando para o reservatório sujo atrás da privada. — Ninguém vai achar.

Ajudo Lauren a tirar a calcinha por baixo do vestido, guardamos o acessório atrás da privada e eu a expulso do banheiro.

Infelizmente, graças à enorme quantidade de álcool que consumimos e ao baseado compartilhado, O Produtor não consegue manter uma ereção. Tentamos remediar a situação de várias maneiras, e uma delas é tão frenética que acabamos arrancando o chuveiro da parede, mas tudo em vão. Então a gente decide parar antes de piorar as coisas e cada um segue seu caminho — ele vai embora para outra festa e nos despedimos com um abraço. Acabou de dar meia-noite.

Eu e Lauren nos reencontramos no cômodo em que mais tem gente fumando maconha e botamos em dia as nossas novidades sexuais. Finn também partiu na promessa de uma festa melhor nas primeiras horas escuras do novo ano. Brindamos à eficiência da amizade e à infinita decepção que são os homens, e logo depois encontramos e fazemos amizade com uma banda emo que tínhamos conhecido no circuito de microfone aberto de Whetstone. Ela fica com o vocalista de cabelo estilo Robert Smith, eu fico com o baixista que tem bochechas rosadas e fofas como as de uma boneca. Ficamos todos recostados num armário, passando cigarros e baseados de um lado para o outro na nossa linha de produção de quatro pessoas, conectando em turnos os nossos iPods na caixa de som e tocando uma seleção que não vai muito além de John Mayer e Panic! At The Disco. A música para de tocar de repente.

— Quebraram o chuveiro — Hayley comunica, irritada.
— Precisamos descobrir quem foi, porque a pessoa precisa pagar um novo, senão a gente vai se ferrar na mão do inspetor.

— Verdade, precisamos descobrir quem foi — repito, embolando as palavras. — Acho que foi aquele cara baixinho de cabelo comprido.

— Que cara?

— Ele estava aqui agorinha — digo. — Com certeza foi ele, porque ele saiu do banheiro com uma menina e eles estavam rindo. Acho que ele saiu pra fumar.

Começo uma caça às bruxas entre os moradores do alojamento. Vamos para a rua em busca do sujeito inventado, mas logo perco o interesse na mentira ao ver Joel, que está procurando pela festa. Joel é um pegador famoso no norte de Londres: um Warren Beatty judeu de cabelo espetado com gel e cicatrizes de acne no rosto, a versão suburbana do personagem de John Travolta em *Grease*. Eu ofereço um cigarro para ele e imediatamente começamos a nos beijar, como se estivéssemos conversando sobre o tempo num elevador. Voltamos para o apartamento, onde aproveito a chance de beijar o Joel em público, o que me garante muito mais pontos do que beijar O Produtor. Só fico triste por não poder tomar posse novamente do banheiro, que agora está à mercê de Hayley e sua equipe capenga de peritos criminais estraga-prazeres à la *Silent Witness* tentando descobrir quem quebrou o chuveiro e como foi que aconteceu. Estou procurando por um novo esconderijo quando Christine, uma menina loira e bonita (a Sandy do Danny que é o Joel), pergunta se pode falar com ele rapidinho. Eu, muito elegante, deixo os dois à vontade, porque, como diz o velho ditado, se você quer dar pra alguém, deixe-o livre.

Eu e Lauren voltamos a nos encontrar para fumar um cigarro — agora bem no auge da festa.

— Eles ficavam quando a gente estava na escola — ela me conta. — Era um lance meio ioiô, bem intenso.

— Ah... — digo.

Eu olho para o outro lado do cômodo e vejo Christine e Joel de mãos dadas indo embora. Ele me dá um tchauzinho, meio se desculpando, antes de sair.

— Tchau — balbucia.

Lauren está distraída com o cantor emo e eles estão falando sobre acordes de guitarra, um sinal inegável de que ela já tomou a decisão de transar. São quase quatro da manhã e preciso estar de pé em duas horas para ir para o meu trabalho de assistente de vendas numa loja de sapatos chique na Bond Street, onde ganho uma comissão de 1% que não posso me dar ao luxo de perder. Saio à procura de um pedaço de tapete num quarto escuro no qual possa dormir e, para minha sorte, encontro uma cama de solteiro desocupada e programo o meu despertador para as seis.

    Duas horas depois, acordo com a pior ressaca da minha vida, parece que viraram meu cérebro do avesso, meus olhos estão grudados com rímel e meu hálito sugere que uma ratazana bebum de vinho entrou na minha boca durante a noite, morreu ali e entrou em decomposição. Olho a minha minissaia marrom da Topshop, minhas pernas nuas e botas de cano alto, e só então lembro que não trouxe o uniforme do trabalho.

    — Hayley — chamo em voz baixa, cutucando o corpo dela com o dedão do pé enquanto ela dorme no chão ao meu lado, em uma pilha de casacos. — Hayley. Eu preciso pegar um vestido emprestado. Só um vestido preto liso. Devolvo hoje mais tarde.

    — Você está na minha cama — ela diz, seca. — Você não quis sair de jeito nenhum ontem à noite.

    — Desculpa.

    — E Lauren contou que foi você quem quebrou o chuveiro — ela resmunga com a boca nos casacos.

    Eu não digo nada, saio em silêncio e me arrependo do meu ato de altruísmo de poucas horas antes, quando encontrei um caderno cheio de poeminhas ruins da Hayley debaixo do travesseiro e decidi não ler nada.

    — Você está parecendo uma moradora de rua — rosna minha chefe carrancuda, Mary, ao me ver entrar na loja.

— E o cheiro não está muito melhor. Desce lá no estoque — ordena, balançando a mão com desdém como se afugentasse uma mosca. — Hoje você não pode chegar perto dos clientes.

Quando chego em casa à noite, depois do expediente mais longo da minha vida, entro no Facebook para avaliar os danos fotográficos da noite passada. Lá, no topo do meu feed, está uma foto da calcinha enorme da Lauren, tirada de perto e postada pela Hayley num álbum chamado "Achados e Perdidos". Todos os convidados da festa foram marcados. A legenda diz apenas: "DE QUEM É ESSA CALCINHA?"

Uma porra-louca vai para Leamington Spa

Eu tinha dez anos quando fiquei bêbada pela primeira vez. Eu havia sido convidada para o bat mitzvá da Natasha Bratt, junto com outras quatro sortudas da nossa turma. Sob a marquise ensolarada do jardim nos fundos da casa da família, em Mill Hill, o vinho não parava de chegar e o salmão defumado não parava de circular, o cabelo das mulheres era escovado e arrumado em ondas exageradas, a boca de todas brilhando no mesmo tom de bege. E, por motivos que jamais compreenderei, todas as meninas — obviamente pré-adolescentes, com nossos vestidos de alcinha da Tammy Girl e presilhas de borboleta no cabelo — recebemos taças e mais taças de champanhe dos garçons.

No começo, senti apenas uma onda morna atravessando o meu corpo, meu sangue correndo mais rápido, minha pele vibrando. Depois, pareceu que tinham afrouxado todos os parafusos das minhas articulações e fiquei toda flexível e leve que nem massa de pão. E depois veio a vontade de conversar — as histórias engraçadas, as imitações exageradas dos professores e pais, as piadas grosseiras, os melhores palavrões. (Até hoje, ainda passo por essas mesmas três fases, nessa mesma ordem, quando começo a ficar embriagada.)

A dança de pai e filha, ao som de "Brown Eyed Girl", do Van Morrison, precisou ser interrompida e terminou antes da hora porque uma das meninas, depois de ter bebido um pouquinho mais do que as outras, se jogou de barriga na pista de dança e ficou chacoalhando embaixo das pernas de ambos, como um peixe fora d'água. Na mesma hora a imitei, e ambas fomos arrastadas para fora da pista e levamos bronca de um tio irritado. Mas a noite estava apenas começando.

Invadida por uma confiança inédita, decidi que era hora de dar meu primeiro beijo, seguido pelo segundo (o melhor amigo do menino) e pelo terceiro (o irmão do primeiro). Todo mundo quis participar, trocando e experimentando parceiros de beijo como se fossem sobremesas compartilhadas numa mesa. Depois de um tempo deram um basta nessa orgia infantil suburbana, e fomos levados para uma sala onde nos deram café, a porta foi trancada e nossos pais foram chamados para nos buscar. Nosso mau comportamento foi tão inédito que fomos repreendidos uma segunda vez pela diretora na segunda-feira, que brigou conosco por "passar uma má impressão da escola" (essa foi uma acusação que ouvi muitas vezes durante meus anos escolares e sempre me pareceu um argumento um tanto fraco, principalmente porque eu nunca tinha decidido representar a escola, foram meus pais quem escolheram a escola para me representar).

Nunca mais fui a mesma depois daquela noite, e seus acontecimentos garantiram conteúdo suficiente para encher as páginas dos meus diários até a época da adolescência. Eu tinha descoberto, numa idade tenra demais, o que era o álcool. Implorava por tacinhas de vinho diluído em todos os eventos familiares. Chupava o xarope doce e melado que vinha no recheio dos chocolates de licor no Natal, sempre tentando sentir algum efeito. Aos catorze anos, enfim descobri onde meus pais escondiam a chave do armário de bebidas e comecei a beber de um gole só as tampinhas cheias de conhaque francês barato quando ficava sozinha em casa, aproveitando a sensação calorosa e a leve tontura que a bebida promovia sobre o dever de casa. Às vezes convencia Farly a participar da minha bebedeira furtiva e suburbana — bebíamos goles do gim Beefeater dos meus pais e enchíamos a garrafa com água, para depois ficarmos sentadas de pernas cruzadas no tapete felpudo e assistirmos a *Quem Quer Ser um Milionário?*, brigando, bêbadas, para ver quem acertava mais respostas.

Ser adolescente foi a coisa que eu mais odiei na vida. Eu não poderia ser mais inadequada para tudo o que a adolescência proporcionava. Queria desesperadamente ser adulta, queria desesperadamente que me levassem a sério. Detestava depender dos outros para fazer tudo. Eu preferia trabalhar como faxineira a ganhar os trocados que os meus pais me davam, preferia andar cinco quilômetros debaixo de chuva a ter que pedir que meus pais me buscassem de carro nos lugares. Pesquisava os preços de apartamentos de um quarto em Camden quando tinha quinze anos, para começar a juntar o dinheiro que ganhava como babá. Com a mesma idade, usava as receitas e a mesa de jantar da minha mãe para fazer "jantares festivos", obrigando minhas amigas a virem comer tagliatelle com frango assado temperado com alecrim e pavlova de framboesa ao som de Frank Sinatra, quando tudo o que elas queriam era comer hambúrguer e jogar boliche. Eu queria ter minhas amigas, minha rotina, minha casa, meu dinheiro e minha vida. Achei a adolescência um grande constrangimento, uma experiência frustrante e humilhante que obrigava alguém a viver exposto, dependendo dos outros. Para mim, aquela fase precisava acabar o mais depressa possível.

Acho que o álcool foi meu pequeno ato de independência. Era a única maneira que eu tinha de me sentir adulta. Os derivados da bebida que meus amigos adoravam — os beijos, os gemidos, as confissões, o cigarro e a dança — eram legais, mas era da inerência adulta oferecida pelo álcool que eu mais gostava. Eu vivia vinhetas de faz de conta de rotinas de uma vida adulta. Eu entrava com ar confiante em lojas de bebidas e ficava analisando o rótulo das garrafas, entabulando conversas de mentira no meu Nokia 3310, sobre "uma festinha com drinques no próximo sábado", "um dia péssimo lá na firma" ou "não lembro onde deixei o carro". Segurando minha edição surrada de *A mulher eunuco* (muito mais usada como decoração, ironicamente), eu me postava no meio do corredor da escola, perto o suficiente para que os professores me ouvissem no movimento da saída das aulas, às quatro horas de uma sexta-feira, e gritava "NOSSO JANTAR AINDA ESTÁ DE PÉ, NÉ?" para Farly, "ACHO QUE VOU QUERER UM TINTO BEM ENCORPADO!" e me deliciava com a expressão intrigada que faziam ao passar por mim. *Vocês que se danem*, eu pensava. *Estou fazendo uma coisa que vocês também fazem. Estou bebendo. Sou adulta. Me levem a sério, porra.*

Só quando fui para o colégio interno, aos dezesseis anos, que passei a beber pra valer. Minha escola mista foi o último colégio interno da Inglaterra a ter um bar no campus para os alunos dos últimos dois anos. Às quintas e aos sábados, por meio de um sistema de fichas, centenas de jovens de dezesseis a dezoito anos se reuniam num porão apertado, pediam suas duas latas de cerveja e ficavam se esfregando uns nos outros na pista de dança escura e quente ao som de "Beenie Man and Other Dance Hall Legends". Por sorte, meu dormitório ficava bem na frente do bar, de forma que, quando o relógio marcava onze da noite, eu podia voltar cambaleando para lá, onde nossa governanta deixava caixas de pizza abertas para devorarmos, com a fome dos bêbados. Isso também significava que nosso jardim privativo era usado como playground hedonista da madrugada, e, meia hora depois do toque de recolher, a responsável pelo dormitório colocava um capacete com lanterna e saía procurando alunos seminus que estivessem se pegando em meio aos arbustos. Depois de mandar todas as meninas que encontrasse subirem e irem para a cama sem pizza e mandar os meninos de volta para sua casa, sempre havia um momento incrível em que ouvíamos escondidas enquanto ela ia para o escritório e telefonava para o responsável pelo dormitório dos garotos.

"Encontrei o seu James de calça arriada atrás do arbusto de rododendro com a minha Emily", ela dizia com seu sotaque de Yorkshire. "Eu o mandei pra casa, deve chegar aí em dez minutos."

Todos os professores sabiam que a gente bebia antes de chegar ao bar. Escondíamos garrafas de vodca nas malas, dentro de embalagens de xampu vazias e desbotadas, tínhamos um estoque infinito de Marlboro Lights embaixo do colchão. Disfarçávamos o cheiro com perfume barato e chiclete de hortelã — quando eu fumava maconha e ficava com os olhos vermelhos, molhava o cabelo para dizer que tinha acabado de sair do banho e botava a culpa no xampu. O acordo tácito era o seguinte: "Confiamos em você, então conheça o seu limite e não faça merda. Pode beber e fumar à vontade, mas não se comporte mal e não dê bandeira." Em geral, esse sistema funcionava. Sempre havia o aluno que era a exceção, passava dos limites e quebrava uma cadeira ou tentava se esfregar numa jovem professora de matemática responsável por tomar conta dos alunos, mas todos os outros seguravam a onda. Os professores eram, em sua maioria, muito respeitosos com os alunos, nos tratavam como jovens adultos, e não como crianças. Os únicos anos da adolescência de que gostei foram os dois anos que passei no colégio interno.

A universidade nunca será o lugar ideal para alguém que tem uma relação pouco saudável com o álcool, mas eu fui além e fiz questão de escolher a pior opção possível no dia em que me candidatei para a Universidade de Exeter. Aninhada nas montanhas verdejantes de Devon, Exeter sempre foi conhecida como uma universidade de homens ricos e semianalfabetos que se acham o máximo. Se um dia você conhecer um homem de meia-idade que ainda joga lacrosse, sabe todas as regras das brincadeiras que envolvem bebidas e canta melhor em latim do que em inglês quando fica bêbado, é muito provável que ele tenha estudado na Universidade de Exeter — ou na "Green Welly Uni", como ficou conhecida nos anos 1980 por reunir estudantes de classe alta que gostavam da vida campestre. Eu só me inscrevi pra lá porque Farly se inscreveu. E Farly só se inscreveu porque a área de humanas era boa e porque gostava do litoral. Só fui para lá porque não entrei no único curso que realmente queria em Bristol e meus pais disseram que eu tinha que fazer faculdade.

Até hoje tenho certeza de que os três anos que passei em Exeter me deixaram mais burra do que eu era quando cheguei. Eu não fazia praticamente nada, deixei de ser uma leitora voraz e virei alguém que não lia uma página sequer, exceto pelos textos que os professores pediam (e acho que nem esses cheguei a terminar). De setembro de 2006 a julho de 2009 eu só bebi e transei. Todo mundo só bebia e transava, fazendo pausas rápidas para comer um kebab, assistir a um episódio de *Eggheads* ou comprar uma roupa chique para a maratona temática de "Loucão de vinho no verão", em homenagem à série *Last of the Summer Wine*. Longe de ser o celeiro do radicalismo e da militância engajada que eu esperava encontrar, Exeter era o lugar mais apático, do ponto de vista político, que eu já tinha conhecido. Em todo o tempo que passei lá, só fiquei sabendo de dois protestos: o primeiro foi uma manifestação em que o corpo discente se opôs à remoção das batatas onduladas do cardápio do pub da União Estudantil; no segundo, uma jovem fez uma petição para a construção de uma pista no campus para que ela pudesse ir às aulas montando um pônei.

Eu me arrependeria profundamente pelo tempo que desperdicei em Exeter, não fosse pela única coisa que fez aquela experiência miserável valer a pena: as mulheres que conheci. Já na primeira semana, Farly e eu conhecemos uma turma de garotas que se tornariam nossas amigas mais próximas. Tinha a Lacey, uma estudante de artes cênicas de cabelo loiro que era linda e sempre falava tudo o que pensava; a AJ, de cabelo castanho e rosto radiante, que tinha estudado numa escola muito rígida só para meninas e cantava músicas religiosas quando ficava bêbada; a Sabrina, uma loira cativante, cheia de vida, empolgada com tudo. Tinha a Sophie, que era a típica menina do sul de Londres, ruiva, engraçada e meio moleca, e sempre vinha consertar as coisas no nosso quarto. E tinha a Hicks.

Hicks era a líder do nosso grupo. Tinha nascido em Suffolk, uma aparência meio largada e cabelo chanel platinado, olhos muito expressivos sob uma camada de sombra turquesa brilhante, pernas compridas e desengonçadas de adolescente e peitos que eu seria capaz de reconhecer no meio da multidão, porque ela vivia com eles à mostra. Eu nunca tinha conhecido alguém como ela: era corajosa e perigosa, perspicaz e ousada. Quando Hicks estava por perto, parecia que tudo era possível. Era como se ela fosse a imperatriz de um reino só dela com regras só dela, no qual a noite acabava à uma da tarde e a noite seguinte começava já na próxima tarde, no qual um homem que você conhecia num pub acabava morando por um tempo na sua casa. Ela vivia 100% no momento presente, era glamourosa de um jeito incrível e tão rock 'n' roll que chegava a dar inveja. Sua infinita e inconsequente vontade de se divertir acabou se tornando o nosso padrão para os três anos que se seguiram.

O ambiente na Exeter era de uma masculinidade tão agressiva que muitas vezes me pergunto se isso explica nosso comportamento durante a faculdade, se meu grupo só de garotas tentava corresponder àquela energia por meio das nossas atitudes. Era uma mistura da perpetuação da cultura das fraternidades americanas com o sistema hierárquico grosseiro de uma escola elitista. A gente adorava fazer xixi em grupo, de cócoras, atrás das caçambas de lixo (uma vez Farly e eu fomos flagradas e repreendidas por fazer isso nos arredores de um cemitério, mostrando a bunda para os carros que passavam — infelizmente um deles era uma viatura de polícia). A gente roubava cones de trânsito, que iam se acumulando na sala de casa. A gente se pegava no colo e se arremessava na pista de dança das boates da cidade. A gente falava de sexo como se fosse um esporte coletivo. A gente batia no peito para se gabar de tudo. Éramos brutalmente sinceras umas com as outras, nunca competíamos e muitas vezes matávamos de tédio a pessoa em quem a outra estava interessada com longas palestras bêbadas sobre as incríveis qualidades da nossa amiga.

Na casa caindo aos pedaços de porta vermelha que eu dividia com AJ, Farly e Lacey, tínhamos um "livro de visitantes" que os "convidados que passavam a noite" deviam assinar ao ir embora na manhã seguinte. Tinha uma TV quebrada dos anos 1980 que ficava no jardim dos fundos fizesse chuva ou fizesse sol. Havia lesmas que andavam pelo nosso corredor e, depois de voltar de uma noitada, eu salvava uma a uma, levando-as para fora e colocando-as num cantinho especial da grama. (Depois de muito tempo, Lacey admitiu que elas colocavam veneno para matar as lesmas sem eu saber.) Foi uma fase de libertinagem exacerbada e excêntrica. Um mundo em que duas amigas minhas passavam a noite toda dançando e depois iam para a catedral de Exeter para a missa de domingo, resmungando hinos católicos enquanto usavam meia-calça dourada; um mundo em que certa vez Farly acordou às nove da manhã para uma aula e me encontrou ainda no andar de baixo bebendo Baileys com a Hicks e um taxista cinquentão que a gente tinha convidado para entrar na noite anterior. Éramos o pior tipo de alunas. Irresponsáveis, egocêntricas, infantis e inconsequentes ao extremo. Éramos a personificação da Grã-Bretanha em decadência. Na verdade, costumávamos gritar esse lema quando íamos a pé para os pubs. Hoje em dia, eu atravesso a rua e salto do metrô uma estação antes para evitar qualquer contato com esse tipo de gente exibicionista, barulhenta, tola e arrogante que um dia nós fomos.

    Se eu quisesse ter uma noção real de como bebíamos em excesso no meu grupo social na universidade, bastava ver a maneira como as pessoas que iam me visitar reagiam. Meu irmão mais novo, Ben, foi passar alguns dias na minha casa quando tinha dezessete anos e ficou "horrorizado" com as aparições seminuas e quase inconscientes que ele viu nas boates às quais o levei, mostrando especial desprezo por uma parte de um bar que tinha sido apelidada de "Cantinho das Lendas" porque só membros do time de rúgbi podiam sentar lá. Depois ele falou para os meus pais que os três dias que passou em Exeter foram um dos principais motivos para ele desistir de ir para a universidade e decidir cursar artes cênicas.

    Lauren foi estudar letras e literatura na Universidade de Oxford, e em algumas ocasiões fizemos uma espécie de programa de intercâmbio. Ela pegava o Megabus e ia para Exeter passar alguns dias matando neurônios comigo, eu voltava para Oxford com ela e dava umas voltas pelo parque de Magdalen, imaginando como seria uma realidade alternativa em que eu lesse livros e escrevesse artigos duas vezes por semana e morasse numa casa com um pináculo e sem aparelho(s) de TV.

    Na sua primeira visita, foi como se eu estivesse ensinando Lauren a ser universitária. Numa das noites em que saímos, pedi uma garrafa de vinho rosé de cinco libras no bar.

— Tá — ela disse. — Tudo isso é só pra nós duas?

— Não, é só pra mim — respondi enquanto Lauren olhava ao redor e via vários de meus amigos segurando garrafas inteiras de vinho e um copo de plástico do bar. — Cada um fica com a sua.

No dia seguinte, deitadas no sofá comendo uma pizza massuda, meio doce e muito cara, ela assistiu a *America's Next Top Model* pela primeira vez. Naquela tarde, no campus, ela conheceu o jogador de lacrosse que tinha ficado famoso por escrever seu TCC em geografia humana no pub às duas da tarde do último dia do prazo. Lauren dizia que sempre voltava para Oxford se sentindo relaxada e renovada depois das merecidas férias de sua exaustiva experiência universitária, com todo o exibicionismo intelectual de sempre. Depois de alguns dias em Oxford, eu sempre voltava para Exeter meio desanimada e com vontade de largar tudo.

Quando tento explicar a bolha de algazarra inexplicável e total inconsequência que foi minha experiência universitária, muitas vezes recorro a uma anedota que envolve a Sophie — que hoje é uma jornalista bem-sucedida e renomada que cobre direitos LGBTQ+ e direitos das mulheres, pautas essenciais — para mostrar como evoluímos. Certa noite, depois de sair de uma festa tailandesa da lua cheia num clube à beira-mar — fantasiada de pescador tailandês —, ela se deitou perto da água, próximo de um amigo que estava fazendo xixi, e achou que ia vomitar, por culpa das oito doses de vodca barata que ela tinha comprado e consumido. Ao seu lado, quase em coma, estava a amiga de outra amiga, deitada de barriga para cima como uma estrela-do-mar. Sophie viu naquela situação uma oportunidade de garantir que uma jovem mulher voltasse para casa em segurança e ao mesmo tempo se dar bem. Mas, quando ela chegou ao alojamento em que a garota morava, ficou evidente que não ia rolar nada, então ela pegou outro táxi e voltou para a festa, onde pediu outra promoção de shots de vodca. Em seguida, Sophie conheceu um cara que disse que estava indo para um restaurante indiano que ficava aberto de madrugada para comprar comida. Sophie foi junto, cantarolando "PASANDA, PASANDA" e batendo no balcão. Eles pediram o prato de pasanda, foram para a casa dele e comeram uma montanha de curry. Sophie vomitou numa tigela transparente no quarto do cara e deixou a tigela num canto. Ela apagou na cama dele, acordou na manhã seguinte ainda com a fantasia de pescador e viu a tigela de vômito, mas não fez nada a respeito, apenas pegou a lambreta do sujeito e voltou para casa feliz da vida.

"A gente só queria ter histórias pra contar entre nós", ela me diz hoje em dia, sempre que pergunto como a gente conseguia ser tão irresponsável, tão infantil, tão sem noção. "Era o que fazíamos. Não era pra se exibir pra ninguém, era apenas pra nós mesmas."

Todo mundo gostava de beber, disso não havia dúvida, mas eu gostava mais. A bebida comigo descia em velocidade recorde. Isso acontecia em parte porque eu apreciava o sabor e a sensação que a bebida causava, mas durante a faculdade eu bebia pelo mesmo motivo de quando tinha catorze anos: jogar álcool no meu cérebro era como colocar água no xarope de groselha. Tudo ficava diluído e mais suave. A menina sóbria vivia cheia de inseguranças, tinha certeza que todo mundo que ela amava ia morrer, pensava sem parar no que os outros achavam dela. A menina bêbada segurava o cigarro com os dedos do pé "pra zoar" e dava estrelinha na pista de dança.

Eu me formei na Exeter um mês antes do meu aniversário de 21 anos, e quando chegou o mês de setembro daquele ano, eu estava em Londres cursando o mestrado em jornalismo. Esse, acredite se quiser, foi o meu auge das festas — eu tinha levado um fora repentino e cruel e me jogado numa dieta louca para tentar esquecer a dor de cotovelo, e bebia e fumava para me distrair.

E eu ainda gostava da sensação. Continuava sendo tão incrível aos 21 anos quanto tinha sido no bat mitzvá da Natasha Bratt, onze anos antes. Eu me lembro de estar sentada no metrô em uma das muitas noites de sábado daquele ano, observando a cidade iluminada enquanto ia do subúrbio para o centro de Londres na linha metropolitana que parecia um cavalo de corrida. "Londres inteira é minha", eu pensava. "Tudo é possível."

Naquele ano, meu hedonismo se tornou insustentável de um jeito nada ousado: numa longa viagem de táxi. Em minha defesa, foi ideia da Hicks. No nosso terceiro ano de faculdade, ela ficou famosa entre os alunos da Exeter quando saiu de uma noitada em um bar na High Street, entrou em um táxi e pediu para o taxista levá-la até Brighton. Ela gastou todo o dinheiro que tinha na corrida e dormiu no chão de um quarto de hotel com seus amigos casados que tinham viajado até lá para um fim de semana romântico. Ela voltou para Exeter na semana seguinte para contar a história.

A noite começou quando eu e minha nova amiga do mestrado em jornalismo, Helen, fomos à casa da nossa amiga Moya para tomar uma taça de vinho e debater os temas de uma prova importante que teríamos em breve. Eu e Helen não perdemos tempo e bebemos garrafas e mais garrafas de vinho, no sol, ficamos completamente bêbadas e fomos embora da casa da Moya à meia-noite.

Eu decidi que a noite não tinha acabado e que queria ir a uma festa, então entramos num ônibus que ia de West Hampstead a Oxford Circus. No entanto, fiquei muito mais bêbada do que estava no exato minuto em que o ônibus começou a andar — o que também demorou demais, por culpa de um acidente na estrada —, e em dado momento do trajeto me convenci de que não estávamos num ônibus que ia para Oxford Circus, mas na verdade numa van que ia para o centro da cidade de Oxford. Helen, num estado parecido com o meu, embarcou na minha teoria persuasiva. A essa altura, Lauren já tinha se mudado de Oxford, então não liguei para ela; em vez disso, mandei mensagens para amigas dela que eu tinha conhecido em uma visita a Londres e que sabia ainda estarem no último ano. As mensagens beiravam o incompreensível, mas diziam mais ou menos o seguinte: "Eu e a minha amiga Helen pegamos uma van por engano e estamos indo para Oxford. Estamos quase chegando. Qual é a boa de hoje? E quer vir junto?"

Descemos perto da loja conceito da Topshop, que notei ser maior do que eu me lembrava da última vez que tinha estado em Oxford. Ficamos na frente da loja enquanto eu ligava sem parar para todas as pessoas que conhecia na Universidade de Oxford — *ainda* sem entender que eu estava em Londres —, mas não conseguia falar com ninguém. Eu e Helen chegamos à conclusão de que a noite não tinha mais salvação, mas era tarde demais para eu pegar o último metrô e voltar para a casa dos meus pais no subúrbio, então pegamos outro ônibus e fomos para o apartamento que Helen dividia com o namorado em Finsbury Park, e ela disse que eu podia dormir no sofá.

Teimando em continuar com o meu delírio embriagado, quando entrei no apartamento concluí que estávamos nos dormitórios da Universidade de Oxford e que talvez uma amiga da Helen ainda estudasse lá. Helen foi dormir e eu fiquei procurando nomes na agenda do meu celular para ver se algum conhecido queria sair. Liguei para o meu amigo Will — um canadense alto, forte e meio maluco com cabelo cacheado comprido e olhos tão claros que pareciam duas opalas. Sempre tivera uma queda imensa por ele.

— Oi, linda — ele disse, com uma voz de quem tinha bebido muita vodca.

— Quero ir pra alguma festa — declarei.

— Então vem pra cá.

— Onde você tá? — perguntei. — Você não estuda mais em Birmingham?

— Warwick. Estou morando em Leamington Spa. Vou te mandar o endereço por mensagem.

Saí cambaleando do apartamento da Helen e fui atrás de uma empresa de táxi. Depois de dez minutos andando pela rua — com o álcool saindo do meu organismo aos poucos, quando enfim comecei a me dar conta de que estava em Londres, e não em Oxford —, encontrei uma empresa de táxi com fachada de madeira. Comuniquei que precisava de um carro que me levasse até Leamington Spa e que dinheiro não era problema — desde que não passasse de cem libras, porque era tudo que eu tinha na minha conta e estava no limite do cheque especial. Um dos três homens atônitos entrou no cubículo envidraçado para pegar um mapa da Inglaterra empoeirado numa gaveta. Ele abriu o mapa e, com gestos exagerados, o estendeu em duas mesas coladas uma na outra, o que divertiu seus colegas. Todos se reuniram ao redor do mapa enquanto um deles planejava a rota fazendo traços de caneta vermelha como se fosse o capitão de um navio que planejava um ataque aos piratas. Mesmo no meu estado de embriaguez, achei aquilo um pouquinho exagerado.

— Duzentos e cinquenta libras — ele declarou, enfim.

— Mas que ABSURDO! — protestei, com uma revolta digna dos direitos do consumidor de classe média, caprichando no tom dramático, como se fosse *ele* quem estivesse pedindo algo bizarro.

— Moça... Você quer atravessar três condados às três da manhã. Duzentos e cinquenta libras é um preço bastante razoável.

Consegui convencê-lo a baixar para duzentas libras. Will disse que pagaria as outras cem libras.

Comecei a ficar sóbria na rodovia M1 por volta das quatro da manhã (eis uma frase que eu espero que você nunca precise falar ou escrever em toda a sua vida). Mas era tarde demais para voltar atrás — algo que eu muitas vezes pensava durante essas aventuras da madrugada, tentando me convencer de que estava apenas aproveitando minha juventude ao máximo. Uma citação da Margaret Atwood pairava sobre essa fase da minha vida como uma luminária pendente:

> Quando você está no meio de uma história, ela não é uma história, mas apenas uma confusão; um estrondo misterioso, uma cegueira, cacos de vidro e madeira quebrada; como uma casa no meio do furacão, ou talvez um barco destruído por icebergs ou levado pelas corredeiras, sem

ninguém a bordo para impedir que o pior aconteça. Só depois é que se transforma em algo que se parece com uma história. Quando você a conta, para si ou para alguém.

"No final vai valer a pena", pensei, colocando a cabeça para fora da janela na rodovia, o céu ficando claro. "Isso vai me render anedotas infinitas."

Cheguei às cinco e meia da manhã. Will abriu a porta e me recebeu com cinco notas de vinte. Eu me senti vitoriosa por ter conseguido chegar lá. A jornada e o destino eram a história, o que viesse depois era quase irrelevante. Ficamos acordados bebendo, conversando, e deitados na cama seminus, fumando maconha e ouvindo discos dos Smiths, parando brevemente para uns beijinhos desanimados. Dormimos às onze da manhã.

Acordei às três da tarde com uma dor de cabeça terrível e a péssima sensação de que a piada não era tão engraçada quanto eu achara que fosse na noite anterior. Olhei minha conta bancária: zerada. Olhei meu celular: dezenas de mensagens de amigos preocupados. Eu tinha esquecido que tinha mandado para Farly uma foto em que eu aparecia sorrindo alegremente no banco de trás de um táxi cruzando a rodovia às quatro da manhã, com os dizeres: "VOU ALI EM WEST MIDLANDS E JÁ VOLTO!!"

Pensei em um plano. Meu namorado da adolescência, com quem eu mantinha uma amizade distante, estava estudando medicina na Warwick University. Eu poderia ficar uns dias na casa dele esperando um pagamento atrasado do meu trabalho de fim de semana como promotora de vendas e pegar um trem para voltar para casa a tempo da prova do mestrado, na terça. Mas, quando mandei mensagem, ele me disse que estava viajando.

Meu celular tocou: era a Sophie.

— É verdade que você está em Leamington Spa? — perguntou quando atendi.

— É.

— Por quê?

— Porque eu queria ir numa festa e meu amigo Will estava dando uma, e ele mora em Leamington Spa. — Will, ainda meio dormindo, deu um sorriso de olhos fechados e levantou o polegar em um gesto que parecia dizer "culpado".

— Tá, nada disso faz sentido — ela disse. — Como você vai voltar pra casa?

— Não sei. Eu ia ficar na casa de um ex-namorado, mas ele não está na cidade e eu não tenho dinheiro para a passagem de trem.

Houve uma longa pausa, e eu ouvi a preocupação da Sophie se transformar em irritação.

— Tá, então vou comprar uma passagem de ônibus pra você. Seu celular está carregado?

— Está.

— Eu te mando as informações depois que comprar.

— Obrigada, obrigada, obrigada. Eu te pago.

Sophie comprou para mim uma passagem no ônibus mais demorado que conseguiu encontrar — achando que eu precisava de um momento a sós com meus próprios pensamentos para refletir sobre as consequências das minhas ações. Para sua infelicidade, acabei num ônibus com uma turma animada de mulheres que estavam indo para Londres para uma despedida de solteira. Viramos shots de tequila juntas e elas me deram um sombreiro. No dia seguinte, quando liguei para agradecer a Sophie pela ajuda, perguntei se ela estava chateada comigo.

— Dolly, eu não estou chateada com você, estou preocupada.

— Por quê? — perguntei.

— Porque você ficou tão bêbada que pensou que estava no centro de Oxford, mas estava na frente da Topshop de Oxford Circus. Você tem ideia de como isso deixa uma pessoa vulnerável? Ficar andando por Londres bêbada desse jeito?

— Desculpa — eu disse em tom petulante. — Eu só estava me divertindo.

— Quantas amigas suas vão precisar ir à falência pagando um táxi para cruzar a Inglaterra até você parar com essa loucura?

(Só mais uma precisaria ir à falência — Farly, alguns meses depois, com um táxi do sul de Londres para Exeter. Ela estava voltando para casa de táxi depois de uma festa quando recebeu uma mensagem de um cara de quem ela era a fim e que ainda estava na faculdade, então ela pediu para o taxista dar meia-volta e ir para Devon. Até hoje ela nega que tenha sido um exagero e fala que a viagem inteira custou "noventa libras e um maço de cigarro". Quanto mais perguntamos, mais o valor foi subindo.)

Mas eram todas histórias ótimas, e era isso que importava. Essa era a razão de ser dos meus vinte e poucos anos. Eu era como um detector de metal humano de um metro e oitenta, mas, no meu caso, servia apenas para detectar o potencial de uma boa história prestes a acontecer, rastejando pelo terreno da existência com o nariz enfiado na grama na esperança de encontrar alguma coisa.

Outra noite, com vinte libras, contando o dinheiro das duas, eu e Hicks fomos para um hotel chique de Londres porque ela tinha jurado que era um antro de "milionários entediados que têm bebida para dar e vender e querem a companhia de gente jovem e animada". E realmente encontramos dois cinquentões de Dubai que eram donos de um restaurante indiano na Edgware Road e uma daquelas "universidades" de língua inglesa que ficam em cima de uma loja de celulares na Tottenham Court Road, respectivamente. Eu e Hicks seguimos nosso velho roteiro inventado de contar a história de como tínhamos nos conhecido em um cruzeiro. Eu era vocalista da banda, o marido dela tinha se jogado no mar e um dia começamos a conversar quando estávamos as duas sentadas sozinhas no deque, fumando e olhando o mar.

Eles perguntaram se a gente estava a fim de ir para a casa do amigo deles, Rodney, que eles prometeram que sabia como dar uma festa — o eufemismo universal para "oferece álcool e drogas para todo mundo". Entramos todos em um carro e o motorista deles nos levou a um edifício na Edgware Road, bem longe do clima de opulência e luxo ao melhor estilo Studio 54 que nos tinham prometido. Eu e Hicks demos as mãos quando chegamos à entrada do prédio, e no elevador eu mandei uma mensagem para Farly com o endereço de onde estávamos, para o caso de algo acontecer comigo naquela noite, um ritual meio mórbido ao qual ela já tinha se acostumado.

Um senhor do Chipre, na casa dos 75 anos, abriu a porta vestindo um pijama listrado.

— Meu Deus! — ele gritou com seu sotaque carregado, nos olhando de cima a baixo. — Está muito tarde! — Ele levantou os braços, desesperado. — Estou velho demais pra isso!

Nossos dois novos amigos prometeram que a festa não seria muito longa e que só queríamos beber um pouco. Com toda a educação, Rodney nos convidou para entrar e perguntou o que íamos beber. Disse que drinques eram sua especialidade, apontando para seu armário de bebidas dos anos 1970 que parecia bem abastecido. Eu pedi um dry martíni.

Fiquei bastante fascinada pelo Rodney, em especial pelas dezenas de porta-retratos com fotos dos netos que ele tinha em todas as superfícies possíveis. Ficamos andando pelo apartamento com nossos drinques, Rodney ainda de pijama, e ele me falou nome, idade e uma breve descrição da personalidade de cada um dos netos. Enquanto isso, Hicks fazia o que sempre fazia em noites como aquela — discutia entusiasmada sobre filosofia com um dos milionários de Dubai, gesticulando sem parar enquanto entabulava um monólogo sobre os existencialistas franceses, os olhos saltando do rosto feito miosótis que brotam da rachadura da calçada.

Eu e Rodney sentamos no sofá e ele me contou a sua história de vida: os empreendimentos que não tinham dado certo, o bar que um dia tivera e que agora era um supermercado, as modelos que tinham partido seu coração. Em dado momento ele parou de contar a história, enrolando uma nota de cinco para as fileiras de cocaína que tinha feito na mesa de centro, e em seguida se recostou de novo e olhou para mim.

— Engraçado... Sabe que você me lembra muito uma mulher que encontrei algumas vezes nos anos 1970? Cabelo loiro comprido, os olhos iguaizinhos aos seus. Ela namorou um amigo meu por um tempo.

— É mesmo? — perguntei, acendendo um cigarro. — Quem era ela?

— Barby. Acho que o nome dela era Barby.

Engoli em seco, lembrando que uma vez minha mãe tinha me contado do apelido legal-mas-péssimo que ela havia ganhado quando tinha vinte e poucos anos.

— Barbara — respondi. — Barbara Levey.
— Isso! — ele exclamou. — Você conhece ela?
— É a minha mãe — respondi.

Pensei nela, deitada em sua cama no subúrbio, e imaginei o que ela pensaria se soubesse que a filha estava ficando chapada com um senhor de 75 anos do Chipre que ela tinha conhecido nos anos 1970. Fui para o outro cômodo, interrompi o sarau literário de uma mulher só que Hicks estava oferecendo a um público simultaneamente fascinado e indiferente e falei que a gente precisava ir embora naquele instante. Ela disse que ia rolar um ótimo "after" no restaurante indiano que um dos caras tinha na Edgware Road. Respondi que a gente já estava no after. Eu me perguntei se por acaso tinha caído no limbo que vem depois do after e ia acabar ficando presa ali para sempre. E também me perguntei se precisava de uma rota de fuga.

Mas não posso dizer que foi tudo uma tragédia, porque não é verdade. Eu e minhas amigas continuamos acreditando que aquilo que fazíamos era um grande ato de empoderamento e emancipação. Minha mãe muitas vezes me dizia que aquilo não era feminismo, que imitar os comportamentos masculinos mais agressivos não era a prova de que tínhamos conquistado a igualdade de gênero ("ela prejudicou tanto a nossa luta, aquela Zoë Ball", minha mãe uma vez comentou). Mas ainda acho que houve momentos em que aqueles anos de festa foram um ato de rebeldia, de celebração, de poder — uma recusa em usar meu corpo da forma como os outros esperavam. Boa parte era a gente se divertindo como bem entendesse — em muitas das lembranças, eu e uma das meninas saíamos de uma situação que estávamos achando chata ou de que não gostávamos só para ficar sozinhas uma com a outra. Eu estava louca para ter experiências e satisfiz essa vontade com mulheres muito parecidas comigo, que estavam atrás da mesma coisa. E assim começamos a pensar como um grupo e nunca mais paramos.

Algumas das memórias que tenho são alegres, outras são tristes, e essa era a realidade. Às vezes eu dançava com um sorriso no rosto rodeada pelas minhas amigas mais próximas até o dia amanhecer, às vezes eu escorregava na rua tentando correr para pegar o último ônibus debaixo da chuva e ficava deitada na calçada molhada por muito mais tempo do que deveria. Às vezes eu trombava com o poste de luz e desmaiava, depois passava dias com um hematoma no queixo. Mas às vezes eu acordava no meio de um monte de meninas de ressaca e só me sentia acolhida, só sentia carinho e alegria. De vez em quando encontro pessoas daquela época meio enevoada e elas dizem que passaram uma noite bebendo comigo num canto de uma festa, e na hora eu entro em pânico porque não me lembro de nada. Mais ou menos um ano atrás, morri de vergonha quando um taxista perguntou se meu nome era "Donny", dizendo que tinha quase certeza de que tinha me visto "muito louca" andando descalça em uma rua de Londres e me pegado como passageira em 2009.

Mas muitas dessas experiências foram pura diversão. Muitas foram aventuras e cruzaram cidades, condados, histórias e pessoas, com uma turma de viajantes de meia-calça néon e, no meu caso, delineador preto em excesso.

E pelo menos eu sentia que finalmente tinha mostrado para todo mundo que eu era adulta. Pelo menos finalmente iam me levar a sério.

Receita: Macarrão com queijo da ressaca
(serve quatro porções)

Para viver a experiência completa e imersiva, coma esse macarrão de pijama assistindo a *Encontro de Amor* ou um documentário sobre um serial killer.

— 350 g de macarrão (caracol e penne vão bem)
— 35 g de manteiga
— 35 g de farinha de trigo
— 500 ml de leite
— 300 g de queijo cheddar ralado
— 100 g de queijo parmesão ralado
— 1 colher de chá de mostarda
— Bastante cebolinha picada
— Um pouco de molho inglês
— 1 bolinha de queijo muçarela, cortada em pedaços
— Sal e pimenta-do-reino para temperar
— Azeite para finalizar

Numa panela grande com água fervente, cozinhe o macarrão por oito minutos, de forma que fique ligeiramente cru — ele vai continuar cozinhando no forno. Escorra e reserve, adicionando um fio de azeite para a massa não grudar.

Em outra panela grande, derreta a manteiga. Adicione a farinha e cozinhe por alguns minutos, mexendo sem parar até a mistura se transformar num molho roux. Junte o leite aos poucos, mexendo com um fouet, e cozinhe em fogo baixo de dez a quinze minutos. Continue mexendo sem parar até obter um molho liso e brilhante e engrossar.

Apague o fogo, acrescente cerca de três quartos do queijo cheddar e do parmesão ao molho, junto da mostarda, de uma pitada de sal e de pimenta, da cebolinha e do molho inglês. Mexa até o queijo derreter.

Preaqueça o forno na temperatura máxima. Transfira o macarrão para o molho e misture tudo numa travessa refratária, misture a muçarela e salpique o que sobrou dos queijos. Gratine (ou deixe no forno a 200 graus por quinze minutos) até a mistura ficar dourada, com molho borbulhante e uma camada crocante por cima.

Diário dos dates ruins: Um hotel em uma das ruas principais de Ealing

É meu primeiro Natal depois de terminar a faculdade e voltar para casa, e estou trabalhando em período integral como vendedora numa loja L.K. Bennett na Bond Street. Debbie, a estudante de moda glamourosa que sempre ganha mais comissão do que todo mundo, passa um batom vermelho estilo Vivien Leigh em mim no provador, me ajudando a me arrumar para um encontro importante.

O cara se chama Graysen e eu o conheci na York University quando fui visitar uma amiga da escola que estuda lá, um mês atrás. Eu estava esperando no bar do movimento estudantil para comprar duas vodcas com Coca Zero quando alguém pegou na minha mão. Graysen — magrelo, pálido, interessante, olhos de Elvis borrados com lápis de olho — virou minha palma para cima.

— Três filhos. Você vai viver até os noventa. — Ele olhou para mim. — Você já esteve aqui antes — sussurrou em tom dramático.

Ele é a primeira pessoa da minha idade que conheci que decidiu não estar no Facebook. Acho que ele é o Sartre.

Nos encontramos embaixo de uma árvore de Natal gigantesca e ele me leva a um bar especializado em martínis porque lembra que eu tinha dito que era o meu drinque preferido (nessa época ainda estava na fase "tentando gostar de martíni", por isso tenho medo de que ele veja minha careta quando eu der o primeiro gole, mas consigo manter a pose). Depois migramos para o pub mais antigo de Londres, onde bebo uma cerveja de morango. Ele me mostra um molho de chaves — o chefe dele o presenteou com uma estadia de uma noite num hotel. Ele não chega a explicar o porquê.

Três ônibus depois, no tempo que ele leva para me contar por que "Londres foi uma mãe pra mim, mais do que a minha própria mãe", chegamos a um hotel xexelento, que na verdade era uma casa de subúrbio transformada em hotel, em uma das ruas principais de Ealing.

Não quero transar com ele porque quero conhecê-lo melhor, então passamos a noite inteira deitados na cama, encarando o teto branco desbotado, falando sobre o que vivemos até então nos nossos dezoito anos. Ele é filho de um homem muito velho, muito elegante e muito rico que foi "um dos últimos colonizadores" e descobriu um tipo raro de peixe em suas viagens, escreveu um livro sobre o tal peixe e até hoje se sustenta com essa grana. Fico encantada. Pegamos no sono às cinco da manhã.

Na manhã seguinte, Graysen precisa ir trabalhar. Ele me dá um beijo, se despede e deixa um doce de pêssego na mesa de cabeceira. É a última vez que nos vemos.

Passarei os próximos cinco anos me perguntando muitas vezes se Graysen era apenas um ator em busca de uma audiência ingênua e da chance de fugir da própria vida por uma noite. Era tudo inventado: a leitura de mãos, o hotel, o peixe, o lápis de olho.

Muitos anos depois eu me apaixonarei por um doutorando da área de biologia que se tornará o amor da minha vida. Numa noite de domingo, estarei deitada na cama dele usando sua blusa de lã e, antes de dormirmos, ele vai pegar um livro sobre um homem que descobriu um peixe. Eu vou pegar o livro da mão dele e olhar a biografia do autor na capa, onde vou encontrar a foto de um homem que tem o mesmo rosto e sobrenome de Graysen. O namorado vai perguntar por que estou rindo: "Porque era tudo verdade", direi. "E era tão absurdo."

As crônicas da festa ruim: Cobham, véspera de Ano-Novo, 2007

"Tem que ter *algum lugar* pra gente ir", digo para Farly enquanto assistimos ao nosso décimo terceiro episódio de *Friends* jogadas no sofá da casa da minha mãe às cinco da tarde da véspera de Ano-Novo. "Temos dezenove anos, a gente precisa encontrar alguma festa." Envio uma mensagem que parece endereçada apenas a uma pessoa para todos os meus contatos. Nosso amigo Dan sugere uma rave num barracão em Hackney, mas Farly tem medo de uma multidão se drogando junta e nunca foi além do leste da Liverpool Street.

Quando estamos quase desistindo, alguém morde a isca. Felix, um amigo da escola que estudava na série anterior à minha, e por quem sempre tive uma queda gigante. Ele fala em uma "rave enorme em Cobham" e me garante que é imperdível. Ele me pede para levar amigas. Farly topa ir porque é nossa única opção e porque sabe que sou louca pelo Felix. Ela vai quebrar o meu galho, vai como minha ajudante — vai à festa pelo bem da minha vagina. É um sistema de revezamento mútuo, justo e bem-sucedido que usamos há muito tempo, já que ambas sempre estivemos solteiras — eu sacrifico minha noite para ajudá-la a correr atrás de um cara e depois a minha boa ação pode ser recompensada a qualquer momento quando quiser que ela faça o mesmo por mim. É a democracia da trepada. Todo mundo sai ganhando.

Chegamos à casa, um imóvel grande em Surrey, a região rica das mulheres da série *Footballers' Wives*, e o que nos espera não é exatamente uma rave, mas uma espécie de banquete sedentário de pizzas congeladas que consiste em dez casais e um cara forte com uma camiseta de rúgbi que está brincando com o labrador da família.

— Olá! — digo, hesitante. — O Felix está aqui?

— Ele foi comprar vodca — o jogador de rúgbi responde num tom entediado, sem tirar a atenção do cachorro.

— Você não estudava com a gente, um ano na nossa frente? — pergunta uma menina de rosto equino e cabelo cacheado.

— Estudava — respondo, me servindo de uma fatia de pepperoni com gestos cuidadosos.

— Seus amigos já tinham outra festa pra ir?

Felix aparece com uma sacola que faz barulho de vidro.

— Oi! — ele grita, abrindo os braços para me abraçar.

— Oi! — digo, abraçando-o. — Essa é a Farly. Todo mundo aqui está em casal? — pergunto baixinho.

— Sim — Felix diz. — A gente estava esperando um público mais diverso, mas um monte de gente que disse que vinha acabou furando.

— Entendi.

— Mas a gente vai se divertir mesmo assim! — ele diz, abraçando nós duas ao mesmo tempo. — Os três mosqueteiros.

Também graças ao efeito do álcool, as próximas horas correm de maneira agradável e descontraída, tanto que penso que a longa jornada até Cobham talvez tenha valido a pena. Felix, Farly e eu vamos até o solário e viramos doses de bebida, conversando e rindo. Em determinado momento, ele coloca um braço no meu ombro, então Farly e eu trocamos um meio-sorriso muito rápido e nossos olhos se cruzam por um instante. É o suficiente para que ela vá fazer uma ligação inventada no andar de cima para nos deixar a sós. Eu não poderia sentir mais amor por ela.

— A gente pode conversar num lugar mais tranquilo? — ele pergunta.

— Claro — digo, sorrindo.

Ele pega a minha mão e me leva para o jardim.

— Fico meio sem graça em falar isso... — ele diz enquanto me sento numa cadeira de plástico e ele fica se mexendo sem parar.

— Por quê? Pode falar.

— Fiquei muito interessado na sua amiga Farly — ele revela. — Ela está solteira?

Num nanossegundo, penso no quanto sou uma boa pessoa.

— Não — respondo, decidindo que ainda tenho muito tempo na vida para evoluir. — Não, ela não está solteira.

— Que merda — ele diz. — Ela namora?

— Sim, ela tem um relacionamento muito sério — respondo em tom solene, balançando a cabeça. — Com um cara chamado Dave.

— Mas na conversa ela deu a entender que estava solteira.

— É que eles não estão mais juntos *oficialmente* — digo, improvisando. — Mas meio que ainda estão. Praticamente voltaram. Na verdade, ela está falando com ele nesse momento. Sabe como é no Ano-Novo, né? Todo mundo começa a pensar nos arrependimentos e nas coisas que ficaram por dizer, e por aí vai. Enfim, ela com certeza não está pronta pra se envolver com ninguém.

Farly volta saltitando para a mesa, com uma garrafa de vinho na mão. Felix, desanimado, pede licença para ir ao banheiro.

— E aí, vocês ficaram? — ela pergunta, empolgada. — Interrompi alguma coisa?

— Não, ele queria ficar com você e me perguntou se você está solteira e eu disse que não porque sou uma pessoa péssima e não quero que você saia com ele, então eu disse que você vive terminando e voltando com um cara chamado Dave e a situação é complicada e você não está pronta pra se envolver com ninguém.

— Tudo bem — ela responde.

— Tudo bem?

— Claro que sim. Ele nem faz o meu tipo.

Ouvimos Felix se aproximando.

— Eu disse que você estava falando com o Dave no celular — informo num sussurro.

— Pois é — diz ela, erguendo a voz, quando Felix volta e se senta. — Enfim, então, era o Dave no telefone — ela diz em tom robótico, com a performance tão sutil e cheia de nuances quanto uma personagem de um novelão antigo bem brega — De novo!

— O que ele falou?

— Ah, o mesmo de sempre. Quer voltar, acha que a gente pode se entender. E eu fico falando, tipo, "Dave, não é a primeira vez que isso acontece". Mas eu percebi uma coisa, mesmo estando separada dele. Ficou muito mais evidente que não estou pronta pra me envolver com outra pessoa — ela repete o texto decorado.

Felix morde os lábios com força e bebe o resto do vinho de uma vez.

— Quase meia-noite — ele diz, levantando-se da mesa e indo em direção à casa.

Enquanto fazemos a contagem regressiva, de pé na sala de estar suburbana cor de creme e sem graça da família de um cara que não conheço, juro para mim mesma que nunca mais vou planejar uma noite inteira em torno de uma possível paquera. Ficamos olhando para a TV de tela plana, que está transmitindo a cobertura da BBC com as pessoas bêbadas e coradas de cachecol que estão comemorando em South Bank, e tenho vontade de estar lá. O Big Ben marca a meia-noite. Começa a tocar "Auld Lang Syne". Aí, por algum motivo que acho que jamais compreenderei, todo mundo começa a dançar coladinho como se fosse a última música de uma festa. A não ser Felix, que está do outro lado da sala todo cabisbaixo, jogando alguma coisa no celular. Abro a tranca metálica do antigo armário de bebidas de mogno e me sirvo de uísque. Olho para Farly, que está fazendo com que o labrador preto da família fique de pé, segurando suas duas patas. Eles também dançam coladinhos no ritmo lúgubre de "Auld Lang Syne".

Perdemos o último trem de volta para Londres, então fico na frente da casa e ligo para empresas de táxi da região para consultar os preços, mas está tudo muito caro. Estamos presas em Surrey por pelo menos oito horas num lugar cheio de casais e um cara que não está a fim de mim — e todos eram mais novos do que eu na escola. Volto para o inferno da vida suburbana e vejo Farly e o jogador de rúgbi genérico se beijando encostados na geladeira, e logo depois eles se escondem na área de serviço. Vou para o jardim fumar sozinha todos os cigarros que ainda tenho.

— Cadê a Farly? — pergunta Felix, que teve a mesma ideia que eu.

Já cansei de fazer teatrinho.

— Ela foi para a área de serviço com aquele jogador de rúgbi — digo sem esboçar nenhuma expressão, tragando um longo gole da garrafa de uísque.

— Quê? Mas e o Dave?

— Sei lá — digo, acendendo o cigarro e soprando fumaça no ar frio e parado da noite. — Ela e o Dave são um casal muito complicado, Felix, e quanto antes você entender isso, melhor. Eles terminam, voltam, terminam, voltam.

— Mas ela disse que estava *namorando* uma hora atrás — ele responde, revoltado.

— Pois é, ele deve ter ligado de novo e eles devem ter brigado mais uma vez, e de repente ela percebeu que não queria mais nada com ele.

— Que ótimo. — Ele senta no banco de jardim ao meu lado e pega um cigarro. — Essa é a pior festa de Ano-Novo de todos os tempos.

— Pois é — digo. Assistimos em silêncio aos últimos fogos de artifício de Surrey. — É mesmo.

16 de novembro

Oi, todo mundo que eu conheço e algumas pessoas que eu não conheço,

Perdoem o e-mail coletivo, mas não me arrependo. Desculpem pela autopromoção descarada, mas sinto zero vergonha disso. Estou enviando este e-mail por causa de um projeto egoico ao qual tenho me dedicado nas últimas semanas e ao qual sinto que vocês devem dedicar seu tempo, seu dinheiro e sua atenção.

Vou organizar uma noite de música, declamação de poesia e cinema, batizada de Salão Literário da Lana, que vai acontecer num estacionamento abandonado em Leytonstone. A ideia é que o evento evoque a tradição de diálogo da sociedade de debates Oxford Union, que tanto amplia nossa visão de mundo, e o clima do programa *Noel's House Party*, no qual celebridades tomavam um banho de gosma colorida.

Para começar, teremos India Towler-Baggs declamando sua poesia, que explora temas como o corte de cabelo que mudou sua vida, a dificuldade de escolher as configurações do navegador de internet e a jornada do próprio autoconhecimento por meio de uma mistura de cerimônias de ayahuasca e aulas de zumba. Ela vai realizar sua performance com um leve sotaque jamaicano, apesar de ser inglesa e ter estudado em um internato feminino todo tradicional em Gloucestershire.

Como muitos de vocês já sabem, graças ao fluxo contínuo de spam que recebem pelo Facebook, Ollie fundou o próprio partido político, o Jovens Liberais Sem Noção. Por isso ele vai ler o manifesto do partido em voz alta, depois teremos uma mesa-redonda no palco, com a participação da jornalista Foxy James (T4, MTV News), sobre as três principais pautas do partido: jovens que estão comprando seu primeiro imóvel, empréstimos estudantis e a reabertura da casa noturna Fabric. Será possível se filiar ao partido no local.

Depois vem a atração principal: meu curta-metragem. *Ulrika Jonsson é imigrante, mas ninguém se importa* explora temas como identidade cultural, cidadania e poder num futuro distópico. Após o filme de três minutos, Foxy vai me entrevistar no palco durante duas horas. Vamos nos referir ao filme e à equipe (quase toda composta de membros da minha família) como se falássemos de um trabalho internacionalmente reconhecido, usando um tom descontraído e complacente de piada interna do mundo do entretenimento, para narrar as histórias dos bastidores, como se eu fosse Martin Scorsese comentando *Os Bons Companheiros*.

Teremos cerveja artesanal feita pelo cara que mora comigo, que foi fermentada na varanda da nossa casa recém-construída em Penge. A cerveja Hackney Morreu tem um gosto que lembra Marmite com gás, cheiro de infecção urinária e custa 13 libras a garrafa. Aproveitem.

Também vamos passar uma caixinha para vocês doarem o valor que quiserem a uma causa muito nobre: eu. A sequência de *Ulrika* está em pré-produção e quero terminá-la o quanto antes, mas sem precisar arranjar um emprego entediante que nem todo mundo (assim como o Kerouac, eu não suporto acordar cedo).

Muito, muito obrigada pelo apoio de vocês. Eu vou amar, de verdade, cada convidado que comparecer ao evento — a não ser as pessoas que não conheço muito bem, que vou cumprimentar de um jeito burocrático e sobre quem depois vou dizer "Nossa, por que fulano veio? A gente literalmente não se vê desde o fundamental, acho que está me perseguindo" para os meus amigos.

Que a arte esteja com vocês.
Beijos,
Lana

Meio gorda, meio magra

— Você ainda me ama? — perguntei.
— Não — ele respondeu. — Acho que não, acho que eu não te amo mais.
— Você gosta de mim, pelo menos? — perguntei.
Houve um silêncio.
— Acho que não.
Eu desliguei.
(Desde então, sempre falo para as pessoas que é melhor mentir quando se está terminando com alguém. A parte do "não te amo mais" é péssima. A parte do "não gosto de você" é de matar.)
Eu tinha apenas 21 anos e havia me formado na faculdade fazia um mês. E meu primeiro namorado sério tinha acabado de terminar comigo por telefone.
Eu e Harry tínhamos ficado juntos por pouco mais de um ano, apesar de sermos totalmente incompatíveis. Ele era conservador, obcecado por esportes, fazia cem flexões antes de dormir toda noite, era secretário social do clube de

lacrosse da Universidade de Exeter e realmente comprara e usava uma camiseta cuja estampa dizia "Flash Goró". Ele detestava demonstrações excessivas de emoção, mulheres altas que usavam salto e pessoas que falavam alto demais. Ou seja, tudo o que me representava naquela época. Harry me achava um desastre, e eu achava Harry um careta.

Passamos nosso relacionamento inteiro discutindo, também porque ficávamos o tempo todo grudados. Ele tinha praticamente morado no apartamento que eu dividia com Lacey, AJ e Farly no nosso último ano de faculdade e depois passou o verão morando na casa dos meus pais enquanto fazia um estágio.

Vivemos um dos nossos piores momentos no final daquele longo, quente e agitado agosto em que estávamos juntos o tempo inteiro, quando pegamos um trem e fomos para Oxford para a festa de aniversário de 21 anos da Lacey. Fugi das pessoas da minha mesa depois do prato principal e acabei encontrando uma piscina que pareceu muito convidativa. Então tirei a roupa e dei um mergulho e, quando alguns dos meus amigos foram me procurar, incentivei todo mundo a fazer o mesmo. A noite acabou virando uma imensa festa na piscina e eu, uma espécie de mestre de cerimônia pelada. Harry ficou possesso. Na manhã seguinte, Farly e AJ se esconderam atrás de uma árvore, rindo sem parar enquanto ele gritava "VOCÊ NUNCA MAIS VAI ME EXPOR AO RIDÍCULO DESSE JEITO!". Fiquei envergonhada e de cabeça baixa, que estava ainda mais visível porque haviam colocado muito cloro na piscina e meu cabelo loiro oxigenado tinha ficado verde-bandeira.

Não tínhamos absolutamente nada em comum. Mas ele quis ser meu primeiro namorado sério, e aos dezenove anos isso era motivo suficiente para eu sair com alguém.

Eu estava morando num apartamento em East London na noite em que ele me ligou. Estava no início do curso de jornalismo e ficando na casa de uma amiga, porque não queria enfrentar o longo trajeto de Stanmore até Londres todos os dias. Farly apareceu uma hora depois, à uma da manhã. Ela tinha vindo de carro da casa da mãe e disse que ia me levar para casa.

Passei o caminho inteiro arrasada, tentando contar toda a nossa conversa para Farly, mas mal conseguindo me lembrar dos detalhes. Meu celular tocou — era ele. Eu disse para minha amiga que não tinha condições de falar com ele. Farly parou o carro, pegou o celular e colocou no ouvido.

— Harry, por que você fez isso? — gritou. Não consegui entender o que ele estava dizendo do outro lado da linha. — Tá, mas por que fazer isso com ela por telefone? Por que você não podia vir encontrar com ela e terminar pessoalmente? — ela gritou de novo. Ele falou mais algumas coisas indecifráveis do outro lado. Farly ouviu. — AH, É? ENTÃO VAI SE FODER — ela berrou, desligando e jogando o celular no banco de trás.

— O que ele falou?

— Praticamente nada — Farly revelou.

Naquela noite, Farly dormiu na cama comigo. E na noite seguinte. Ela acabou ficando por duas semanas; eu não cheguei a voltar para o apartamento. Foi a primeira vez que vivi uma decepção amorosa, e eu nunca tinha imaginado que o sentimento predominante seria uma confusão intensa, como se eu nunca mais pudesse confiar em alguém. Eu não sabia explicar direito o que tinha acontecido e por quê. Só sabia que não tinha sido boa o suficiente.

Eu também não conseguia comer. Já tinha ouvido falar desse possível desdobramento de um término, mas não achava que seria vítima dele. Eu era, e sempre tinha sido, uma menina muito esfomeada. Talvez a menina mais esfomeada do mundo. Nenhuma dieta minha durara mais de dois dias. Minha família inteira amava comida, eu e Farly amávamos comida. Minha mãe, uma cozinheira de mão cheia que cresceu com avós italianos, começou a me ensinar a cozinhar quando eu tinha cinco anos, me colocando ao lado dela numa cadeira e me deixando ajudar a sovar massa ou bater ovos na bancada da cozinha. Passei a adolescência inteira fazendo minha comida e cozinhei para todo mundo na universidade. Minha primeira anotação no diário, quando tinha seis anos, foi um relato entusiasmado do que tinha comido naquele dia. Eu me lembrava de fases da minha vida pelo que tinha no prato: a batata assada crocante nas férias na praia em Devon, as tortinhas de geleia muito coloridas e grudentas do meu aniversário de dez anos, o frango assado de todo sábado à noite, o costume de afogar a mágoa da semana escolar em molho de carne. Mesmo que a vida estivesse péssima, mesmo que a dor fosse insuportável, eu sempre tinha certeza de que ia me servir de uma segunda porção.

Nunca senti que estava acima do peso, mas muitas vezes usavam a palavra "grandona" para descrever meu biotipo. Eu venho de uma longa e alta linhagem de gigantes. Meu irmão, bendito seja, era um adolescente de 2,04 metros que tinha que comprar roupa em lojas com nomes tipo "Magnus" e "Todo-Poderoso". Aos catorze anos, eu estava com 1,80. Aos dezesseis, já estava com 1,82. Mas eu não era uma daquelas meninas altas de um jeito fofo e desengonçado, metade-potro-metade-humana — eu era larga e tinha peitos e quadril grandes. Eu era o oposto das meninas que apareciam nas páginas da revista *Bliss* ou nas descrições da série de livros *The Baby-Sitters Club*. Assim como eu nunca tive o aparato mental para ser uma adolescente, meu corpo também era inadequado para isso.

Eu achava difícil ser tão alta na adolescência — nunca sabia quantos quilos deveria pesar, porque todas as meninas tinham metade da minha altura e consideravam "estar gorda" um peso que eu havia tido apenas quando criança, o que criou em mim uma grande sensação de vergonha. Isso, junto do hábito de comer quando estava entediada e da gordura remanescente da infância, queria dizer que eu estava comprando roupas tamanho 46 antes dos dezesseis anos. Eu sabia que era maior que as minhas amigas e que às vezes me chamavam de gorda, mas sempre acreditei que meu corpo ia fazer mais sentido quando deixasse de ser criança. Só me senti humilhada de verdade quando, num churrasco, aos quinze anos, Tilly, uma amiga muitíssimo bêbada e muitíssimo gorda dos meus pais, agarrou meus pneuzinhos da barriga como se estivesse pilotando um barco e em seguida anunciou para o quintal inteiro: "Nós, gordinhas, temos que nos unir..." Como se não bastasse, ela ainda acrescentou que "homem gosta mesmo é de ter o que pegar", ao que recebi uma piscadinha sugestiva do marido dela, que, aliás, também era bem grande.

Perdi parte do peso aos poucos quando fui para o internato, e quando entrei na faculdade vestia um confortável tamanho 44, mas não chegava a me incomodar com o fato de não ser supermagra. Ainda assim beijava os caras que queria beijar. Conseguia usar as roupas da Topshop. E amava comida e culinária. Eu entendia que o preço a ser pago era esse.

E, mesmo assim, aquilo estava acontecendo comigo. Pela primeira vez, eu não conseguia comer nada. Uma sensação de enjoo tinha me invadido da cabeça aos pés, e o meu apetite — minha qualidade mais incrível — havia desaparecido. Parecia que meus intestinos eram cinéticos. Tinha um nó na minha garganta que não ia embora. Minha mãe me dava tigelas de sopa à noite, dizendo que era mais fácil de descer, mas eu só conseguia comer algumas colheradas e jogava o resto na pia quando ela saía de perto.

Depois de duas semanas, subi na balança. Eu tinha perdido seis quilos. Fiquei na frente do espelho pelada e vi, pela primeira vez na vida, os primeiros indícios do que tinham me dito que eram os verdadeiros predicados da feminilidade. Cintura menor, ossos do quadril, saboneteiras e omoplatas. Nesse novo cenário que eu não entendia — no qual o cara com quem eu tinha compartilhado uma casa e uma vida por mais de um ano de repente me desprezava —, senti o primeiro sinal de alguma coisa começando a fazer sentido. Eu tinha parado de comer, portanto meu corpo estava mudando. Deu certo. Ali, no meio daquela confusão, descobri uma fórmula simples que era capaz de dominar. Eu tinha encontrado algo que podia controlar e que me levaria a um lugar novo, um lugar em que poderia ser uma pessoa diferente. A resposta estava no meu reflexo no espelho: pare de comer.

Transformei minha nova missão num projeto; passei a me pesar todos os dias, contava os meus passos, as calorias, fazia abdominais no quarto de manhã e de noite, tirava minhas medidas toda semana. Vivia à base de Coca Zero e cenouras baby. Quando sentia vontade de comer, eu ia dormir ou tomava um banho quente. Perdi mais peso. Eu perdia peso dia após dia, quilo por quilo, parecia que nunca mais ia parar de emagrecer. Esse processo me encheu de uma energia que no começo parecia substituir a comida; eu me sentia um trem-bala que, em um passe de mágica, andava sem precisar de combustível. Mais um mês se passou, mais seis quilos se foram. Minha menstruação não desceu, o que me assustou e me estimulou ao mesmo tempo. Pelo menos aquilo queria dizer que alguma coisa estava mudando dentro de mim e, também, por fora, pelo menos eu estava mais perto de me transformar em uma outra pessoa.

Nessa época, quando eu não estava nas aulas, eu ficava enfurnada em casa. Ainda estava abalada com o término e não queria encontrar ninguém. A primeira pessoa que percebeu que algo estava errado foi Alex, irmã do Harry, de quem eu tinha ficado muito próxima durante nosso relacionamento e que por sorte ficou do meu lado após o término. Ela tinha acabado de se mudar para Nova York e nos falávamos todos os dias por Skype. Um dia, no meio da conversa, eu me levantei enquanto conversávamos e ela viu meu corpo inteiro pela primeira vez em meses.

— Cadê os seus peitos? — ela perguntou, arregalando os olhos enquanto me examinava de cima a baixo, se curvando em direção à câmera.

— Estão aqui.

— Não estão, não. E a sua barriga parece uma tábua de passar. Dolls, o que aconteceu?

— Nada, só emagreci um pouco.

— Ai, minha querida — ela disse, fazendo uma careta. — Você não está comendo, né?

Outros foram menos observadores. Comecei a sair mais e a encontrar amigas da faculdade. As pessoas me diziam que tinham ficado sabendo do término e que sentiam muito. Elas me contavam que ele estava com uma namorada nova. E me falavam que eu estava linda, e repetiam, e repetiam, e repetiam isso. Cada elogio me alimentava como se fosse comida.

Eu saía e bebia sem parar para tentar me distrair da dor da fome. Minha mãe, cada vez mais preocupada, deixava pratos de comida para mim na mesa da cozinha, para quando eu chegasse de alguma noitada. Ela pensava, com razão, que era mais provável que eu comesse nesse momento. Aprendi a ir direto para a cama quando chegava em casa.

Quando dezembro chegou, eu tinha perdido dezoito quilos. Dezoito quilos em três meses. Passei a achar mais difícil me apegar aos pensamentos e os rituais rígidos que tinham me mantido longe da comida até aquele momento. Eu estava exausta, meu cabelo estava quebradiço e eu passava o tempo todo sentindo um frio que gelava até os ossos. Ficava sentada no chuveiro para tentar me esquentar e deixava a água tão quente que queimava as costas e deixava marcas no corpo. Vivia mentindo para os meus pais, que estavam cada vez mais preocupados, sobre a quantidade de comida que tinha ingerido naquele dia ou que ia comer no dia seguinte. Tinha sonhos em que consumia montes e mais montes de comida e acordava chorando de frustração, porque tinha quebrado o feitiço que eu mesma tinha lançado.

Hicks estava em Exeter, fazendo um ano a mais de faculdade depois que todas nós tínhamos nos formado. Num fim de semana, Sophie, Farly e eu decidimos pegar o carro e ir passar o fim de semana lá para voltar aos lugares que costumávamos frequentar. Isso também significava que eu podia encontrar Harry, que estava no último ano, e eu achava que isso talvez funcionasse como um ponto final e me trouxesse algo parecido com um encerramento. Eu disse para ele que precisávamos devolver coisas um do outro que tinham ficado com a gente, então ele concordou em me encontrar.

As meninas me levaram de carro até a casa dele no início da noite de sábado e estacionaram na frente.

— A GENTE VAI FICAR ESPERANDO AQUI, AMIGA — Hicks berrou da janela do carro, com os pés e o cigarro pendurados para fora. Fui até a porta do Harry e toquei a campainha.

— Meu Deus — ele disse quando abriu a porta. — Você está...

— Oi, Harry — disse, passando por ele e subindo a escada.

Ele foi atrás de mim. Ficamos em lados opostos do quarto dele, em pé, nos encarando.

— Você está linda...

— Obrigada. Posso pegar as minhas coisas?

— Claro, claro — ele respondeu, parecendo distraído.

Ele me entregou uma sacola de plástico cheia de roupas e livros meus. Eu tirei as blusas dele enroladas da minha bolsa e as joguei na cama.

— Foi tudo o que eu encontrei na minha casa.

— Tá, obrigado. Até quando você fica aqui?

— Vou passar o fim de semana. Eu, Farly e Soph estamos na casa da Hicks.

— Ah, legal. — Ele estava falando com uma delicadeza pouco característica. — Bom, manda um abraço para elas. Se bem que elas não devem querer saber de mim. — Houve um breve silêncio, e continuamos a nos encarar. — Eu sinto muito por...

— Não precisa — interrompi, irritada.

— Mas eu sinto muito, mesmo — ele disse. — Eu sinto muito pela forma como lidei com tudo.

— Sinceramente, não precisa, você acabou me fazendo um grande favor — tagarelei. — Olha, eu até deixei a unha crescer, parei de roer, fui à manicure pela primeira vez, acredita? E só custou cinco libras — eu disse, estendendo a mão na direção dele com um movimento agressivo.

Ouvi a buzina do carro lá fora. Sophie e Hicks estavam bebendo cerveja artesanal e se revezando na buzina, enquanto Farly tentava fazê-las parar.

— Tenho que ir. — declarei.

— Claro — ele retrucou.

Descemos a escada em silêncio e ele abriu a porta da frente.

— Você está bem? — ele perguntou. — Você está muito...

— Magra? — questionei.

— É.

— Estou ótima, Harry — eu disse, e depois lhe dei um abraço rápido. — Tchau.

As meninas me levaram para comer curry e comemorar o que elas viam como o *grand finale* daquela situação horrível, eu simplesmente fiquei remexendo meu arroz e bebi copos e mais copos de cerveja. Me sentia mais agitada, humilhada, furiosa e descontrolada do que nunca. Não sabia o que tinha pensado que tiraria de bom ao vê--lo, mas o que quer que tenha sido falhara. Eu não tinha conseguido.

Eu me concentrei ainda mais no processo de emagrecimento. Minha raiva servia de combustível. Meu peso começou a se estabilizar — um sinal de que as engrenagens do meu metabolismo estavam confusas e ficando mais lentas —, então passei a comer ainda menos. Amigas passaram a me confrontar — Farly disse que achava que eu estava obcecada. Ela tentou me incentivar a me abrir, mas me esquivei das perguntas com piadas. Em geral, percebi que uma boa tática para fazer as pessoas me deixarem em paz era ficar brincando sobre quão pouca comida eu estava ingerindo. Eu tocava no assunto antes de todo mundo, porque assim as pessoas ficavam sabendo que isso não era uma questão, apenas outra dieta. E, além do mais, como sempre comentava, eu ainda usava tamanho 40. Não estava magra demais, eu só era muito grande antes.

Continuei porque essa era a única coisa que eu podia controlar. Continuei porque só queria ser feliz e todo mundo sabe que pessoas magras são mais felizes. Continuei porque, a cada passo, a sociedade me premiava por impor aquela tortura a mim mesma. Eu recebia elogios, propostas, me sentia mais aceita por desconhecidos, quase todas as roupas ficavam ótimas no meu corpo. Sentia que finalmente tinha sido concedido a mim o direito de ser levada a sério como mulher, que tudo que havia acontecido antes não tinha contado. Que eu tinha sido tola por pensar que antes fora merecedora de afeto. Eu tinha concluído que magreza era igual a amor e, para o meu horror, tudo que havia ao meu redor confirmava essa crença. Minha saúde estava em queda livre, mas o meu valor não parava de subir.

E nenhuma mulher nunca é magra o suficiente, esse é o problema. Ninguém acha que ficar o tempo todo com fome, ou banir um grupo alimentar inteiro do cardápio, ou passar quatro noites por semana na academia é um preço alto demais a se pagar. Para ser considerado um jovem bonito, um homem, do ponto de vista prático, só precisa ter um sorriso simpático, um corpo dentro da média (com seis quilos a mais ou a menos, tanto faz), um pouco de cabelo e usar uma blusa mais ou menos arrumada. Para ser uma mulher digna de despertar desejo... o céu é o limite. Depile toda a superfície do seu rosto. Faça as unhas toda semana. Use salto alto todo dia. Tenha a aparência de uma "angel" da Victoria's Secret, apesar de trabalhar num escritório. Não basta ser uma mulher com um corpo mediano, um pouco de cabelo e uma blusa mais ou menos arrumada. Isso ninguém vai aceitar. A gente ouve que precisa ser igual às mulheres que trabalham com a aparência.

E quanto mais perfeita tentava ser, mais imperfeições eu enxergava. Eu era mais confiante quando usava manequim 44 do que quando estava com dezoito quilos a menos. Quando tirava a roupa com um novo parceiro, eu sentia vontade de pedir desculpas pelo que estava oferecendo e fazer uma lista das coisas que mudaria, como uma anfitriã de classe média que fala "Ai, não repara no tapete, está um horror, vou trocar tudo, eu prometo" quando recebe visitas em casa.

A preocupação de algumas amigas começou a virar irritação. Eu aparecia nas festas seminua, basicamente, tendo ficado sem comer nada por dias, e ficava vagando pelo lugar numa espécie de transe, mal conseguindo concatenar duas frases. Sabrina e AJ foram viajar juntas e cheguei atrasada ao bota-fora delas, estava zonza demais para conversar, dei uma desculpa e fui embora depois de meia hora. Eu sentia que estava fazendo as pessoas se afastarem de mim e fui ficando cada vez mais concentrada na ilusão de que tinha controle.

Aí eu me apaixonei pela primeira vez.

* * *

Eu estava numa festa caída numa casa em Elephant and Castle, na região sul de Londres, quando conheci o Leo. Nunca tinha visto um homem tão perfeito. Alto e magro, com cabelo escuro e liso, maxilar marcado, olhos brilhantes, nariz arrebitado, bigode dos anos 1970, um rosto que era metade Josh Brolin e metade James Taylor e — e essa é a melhor parte — nenhuma noção da própria beleza. Era um doutorando hippie, um monomaníaco com monocelha.

Começamos a sair logo depois daquela noite. Soube que era sério porque esperei dois meses para transar com ele, querendo desesperadamente que desse certo, querendo saborear cada momento que tivesse com ele — não apressar nada. Ele morava em Camden, e no fim de uma das nossas noites juntos, que costumava ser às quatro da manhã, ele me acompanhava até o ponto de ônibus na frente da estação Chalk Farm e eu esperava o N5, que me levaria dezesseis quilômetros ao norte, até Edgware. De lá, eu caminhava por 45 minutos até Stanmore, andando pelas ruas cheias de carros Volkswagen, vendo o sol nascer sobre as casas geminadas de tijolos vermelhos, me sentindo mais feliz do que imaginara ser possível.

Certa noite, enquanto fazíamos esse percurso familiar em Camden, ele parou para me beijar e passou as mãos pelo meu cabelo, sentindo os pontos mais altos onde o aplique encontrava os fios naturais. Ele tirou uma mecha do meu rosto e colocou atrás da minha orelha.

— Você ia ficar muito bonita de cabelo curto — ele disse.

— Claro que não — retruquei. — Eu fiz um corte chanel quando era adolescente e fiquei parecendo um frade.

— Não, estou falando em um corte curto pra valer. Você devia tentar.

— Ah, não. Não fica legal com o formato do meu rosto.

— Fica sim! Deixa de ser medrosa. É só cabelo.

Ele não imaginava que esse "só cabelo" era o que eu pensava ser a minha única qualidade. Só cabelo, só saboneteiras, só uma barriga. "Só" era a única coisa a que eu tinha me dedicado por quase um ano inteiro, e eu achava que esse era o meu único valor.

Um mês depois, levei uma foto da Twiggy para a cabeleireira, virei uma dose de vodca e cortei quarenta centímetros do meu cabelo. Parte da minha obsessão com a aparência foi embora junto, caindo no chão.

Leo não tinha descoberto meu segredo, porque eu não queria que ele achasse que era louca, mas depois de alguns meses de namoro ele começou a ligar os pontos. Eu dava um jeito de evitar qualquer situação em que houvesse comida envolvida, sempre dizia que ia tomar café da manhã mais tarde quando nos despedíamos pela manhã. Por fim, uma amiga tinha dito a ele que achava que eu estava doente.

— Tem alguma coisa acontecendo? — ele me perguntou.

— Não — respondi, me sentindo ao mesmo tempo morta de vergonha e com medo de estar prestes a perder a melhor pessoa que já surgira na minha vida.

— Porque eu posso encarar isso com você. Posso te ajudar. Mas não posso me apaixonar por você se você não puder se abrir comigo.

— Tá, tem sido um problema. Mas vai mudar. Prometo.

Eu teria feito qualquer coisa para não perder aquele homem. O amor que sentia era intenso e frágil — eu o amava com desespero, com fervor. Não me joguei de cabeça no amor, o amor caiu na minha cabeça. Feito um tijolo vindo de um lugar muito alto. Não tive escolha senão abrir mão daquela obsessão que estava quase destruindo todo o resto.

E foi o que fiz. Li todos os livros certos, fui ao médico. Aos poucos, recuperei seis quilos. Minha saúde voltou. Tentei até participar de reuniões de grupo de apoio em centros comunitários onde, pasme, a primeira coisa que fazem é colocar uma travessa de biscoitos no meio da sala e ficar discutindo de quem é a vez de trazer as comidinhas na semana seguinte, o que parecia tão útil quanto colocar uma garrafa de Jack Daniel's no meio de uma reunião do AA.

Voltei a me apaixonar pela culinária. Voltei a me apaixonar pela comida. Eu passava todos os fins de semana fazendo as duas coisas com o Leo. Eu e minha mãe assistíamos juntas a episódios antigos dos programas da Fanny Cradock e da Nigella. Todo mundo dizia que eu estava com uma aparência "saudável" quando me encontrava, e eu tentava não pensar que isso significava que estava gorda. A guerra tinha acabado, a recuperação começara. Eu tinha reconquistado a minha vida de volta.

Eu era escravizada pela perfeição, e meu namorado hippie me libertou. Ficávamos bêbados e cortávamos meu cabelo ainda mais curto. Ele cortava mechas longas com tesouras de cozinha enquanto eu ficava sentada à mesa e espremia limão nas nossas cervejas. Terminei por raspar os dois lados e acabei ficando com um moicano legal. Eu só usava tênis de lona e as blusas do Leo e passava dias sem encostar numa bolsinha de maquiagem ou numa lâmina para me depilar — algo completamente inédito. Íamos passar fins de semana no litoral e lavávamos o rosto, o corpo e a louça no mar. Armávamos uma barraca no quarto dele nas noites de domingo quando ficávamos entediados. Era tudo muito puro, livre e perfeito.

Mas lá no fundo eu sabia que continuava me moldando de acordo com um olhar masculino, eu apenas tinha ido para o outro extremo do espectro. Leo detestava que eu usasse maquiagem demais, então eu tirava tudo no ônibus, a caminho de casa para encontrá-lo, depois de uma festa. Eu tinha trocado o salto alto pelo tênis de cano alto.

Os quilos que ganhei não eram algo que eu queria fazer por mim mesma. Se não tivesse conhecido o Leo, acho que teria continuado a emagrecer, mas, por pura sorte, ele me ajudou a me recuperar. À medida que fiquei mais velha e, felizmente, mais consciente do presente precioso que é um corpo saudável e funcional, me senti envergonhada e perplexa por ter sido capaz de tratar o meu tão mal. Mas eu estaria mentindo se dissesse que acho que um dia serei completamente livre do que aconteceu naquela época, e isso é uma coisa que ninguém conta para você. É possível voltar a ter saúde física, você pode desenvolver uma relação mais consciente, equilibrada e cuidadosa com seu peso, além de criar hábitos saudáveis no dia a dia. Mas é impossível esquecer quantas calorias há num ovo cozido ou quantos passos são necessários para queimar uma determinada quantidade de calorias. É impossível esquecer o peso exato que você tinha em cada semana de cada mês que se passou. Você pode fazer de tudo para não pensar nisso, mas às vezes, em dias muito difíceis, parece que você nunca mais vai sentir a alegria intensa daquela menina de dez anos que lambia geleia colorida dos dedos, nunca mais.

Tudo o que eu sabia sobre o amor aos 21 anos

Homem adora mulher louca e safada. Transe na primeira noite, faça ele passar a noite toda acordado, fume haxixe na cama dele de manhã, nunca ligue de volta, fale que você o odeia, apareça na casa dele com uma fantasia erótica de enfermeira, seja tudo menos convencional. Esse é o segredo para ele continuar interessado.

Se você ignorar os namorados das suas amigas por tempo suficiente, em algum momento eles vão acabar sumindo. Trate esses caras mais ou menos como você trataria uma gripe ou uma afta.

Nenhum término será tão difícil quanto o primeiro. Você vai passar uns meses sem rumo, se sentindo perdida e confusa feito uma criança, questionando tudo o que pensava ser verdade e refletindo sobre tudo que você precisa reaprender.

Sempre durma na casa do cara, e não na sua, porque aí você pode ir embora na hora que quiser de manhã.

O homem perfeito tem pele cor de oliva e olhos castanhos ou verdes, um nariz grande e marcante, barba espessa e cabelo escuro e cacheado. Ele tem tatuagens que não dão vergonha alheia e cinco calças Levi's vintage.

Quando você não estiver transando com ninguém, deixe os pentelhos crescerem que nem uma trepadeira. Não faz sentido perder tanto tempo, dinheiro e energia passando cremes depilatórios, a não ser que alguém vá ver o resultado.

Quando for magra o suficiente, você vai gostar de si mesma, e só então vai ser digna de receber amor.

Não saia com alguém que não deixe você ficar bêbada e flertar com outras pessoas. Se isso faz parte da sua identidade, essa pessoa precisa te aceitar como você é.

Fingir orgasmo é fácil e todo mundo sai ganhando. Faça uma boa ação hoje.

Você vai se sentir mais tranquila, centrada e calma quando se apaixonar pelo homem certo.

A pior sensação do mundo é levar um pé na bunda.

Homens, em geral, não são dignos de confiança.

A melhor parte de um relacionamento são os primeiros três meses.

Uma boa amiga nunca vai colocar um homem acima de você.

Quando não estiver conseguindo dormir, pense em todos os casos tórridos que ainda vai ter com caras de pele cor de oliva e cabelo cacheado.

Sentinela: minha vida ficando de vela

Tudo começou com uma viagem de trem. Sempre pensei que alguma coisa incrível poderia me acontecer num trem. O estado de transição inerente a uma longa jornada sempre me pareceu a situação mais romântica e mágica na qual era possível estar, isolada no casulo aconchegante dos seus pensamentos, pairando no ar, atravessando um monte de páginas em branco, silenciosas, entre dois capítulos. Um lugar em que os telefones perdem e recobram a consciência e você é obrigada a passar um tempo com seus pensamentos, entendendo o que precisa ser reinventado e reorganizado. Já sonhei muito alto sentada em trens. Meus momentos mais evidentes de epifania e gratidão surgiram enquanto eu passava por regiões rurais desconhecidas da Inglaterra, observando uma plantação de colza, pensando no que ia abandonar ou do que estava prestes a ir atrás.

Em 2008, peguei um trem em Paddington que mudou a minha vida, mas não como eu imaginava. Não teve nada a ver com *Antes do Amanhecer*, *Quanto Mais Quente Melhor* ou

Assassinato no Expresso do Oriente. Não me apaixonei, nem fiz uma performance bêbada e sensual de "Runnin' Wild" no ukulele, nem me envolvi em uma investigação de assassinato, nada disso. Mas desencadeei uma série de acontecimentos que se desenvolveriam aos poucos ao longo dos cinco anos seguintes, até que a história se tornasse frustrantemente distante, a ponto de eu ser completamente incapaz de desfazer o que eu tinha desencadeado. Na verdade, a história da viagem de trem que mudou a minha vida quase não tem a ver comigo.

Era o inverno mais frio de que consigo me lembrar (provavelmente porque na época eu adorava usar vestido tubinho), e, quando eu estava no último trem da noite de domingo que voltava de Londres para a Universidade de Exeter, começou a nevar. O trem quebrou nos arredores de Bristol, e, enquanto outros passageiros resmungavam, bufavam e ficavam andando com ar irritado, eu estava achando tudo aquilo muito romântico. Comprei uma garrafa de vinho tinto barato do carrinho da First Great Western e voltei para o meu lugar para ficar observando a neve cair na região rural densa e silenciosa, como cobertura num bolo natalino.

No assento à minha frente havia um cara que tinha mais ou menos a minha idade e o rosto mais lindo que eu já tinha visto. Ele estava tentando chamar a minha atenção enquanto eu olhava pela janela e sonhava com um cara que estivesse naquele trem quebrado tentando chamar a minha atenção. Por fim nossos olhares se cruzaram, ele se apresentou como Hector e perguntou se podia beber comigo.

Ele tinha um tipo de confiança peculiar e inabalável que obviamente havia sido cultivada numa escola de elite. É uma confiança inata de alguém que foi presenteado com um terninho escolar com história de peso aos treze anos de idade — um conjunto de cores oficiais, um apelido chulo e um lema fácil de lembrar cantando, mesmo depois de cinco *pints* de cerveja. É a confiança arrogante que só tem quem participou de clubes de debate desde os treze anos e depois foi subindo até alcançar um cargo importante no governo, o tipo de confiança que faz você acreditar que tem todo o direito de estar aqui e que tem coisas a dizer. Felizmente, Hector compensava essa arrogância com seus traços dignos de querubim: olhos azuis brilhantes com íris que pareciam flores e um nariz arrebitado de menino de anúncio de sabonete dos anos 1950. Ele tinha o cabelo cacheado e sedoso no estilo de um jovem Hugh Grant e ainda por cima uma voz sonora, macia e brincalhona. Passamos duas horas conversando enquanto o trem ficou parado. Rimos, bebemos e comemos as tortas de frutas que minha mãe tinha me dado para a viagem.

Sei o que você deve estar pensando: esse encontro podia ser *ainda mais* romântico. Foi exatamente isso que passou pela minha cabeça de dezenove anos. Por isso, inspirada pelas muitas comédias românticas que a TV aberta passava nas noites de domingo, decidi que seria o auge do destino se a gente não trocasse telefones e torcesse para que o acaso garantisse nosso reencontro. E lá foi ele, rumo à noite fria da estação Bristol, me deixando com material suficiente para escrever pelo menos três posts no meu blog anônimo e verborrágico de "aventuras da vida de solteira".

Exatamente dois anos depois, alguns meses depois do meu término com o Harry, eu estava em pé diante do balcão num pub na Portobello Road quando ele entrou. Apesar de só ter envelhecido dois anos, seu rosto angelical tinha ficado irônico e sexy, ainda mais com um terno e um casaco de homem feito e um corte de cabelo um pouco menos desarrumado.

— Com tantos pubs no mundo... — ele disse, vindo na minha direção e me dando dois beijinhos no rosto.

Como a história pedia, passamos a noite bebendo vinho tinto barato enquanto nevava muito lá fora e, quando chegou a hora de o bar fechar, ficamos presos de novo. Estava nevando demais para eu voltar para casa de ônibus e eu estava bêbada demais para tentar me fazer de difícil. Vendo que eu não estava em condições de enfrentar a neve com meu salto alto barato e claudicante, Hector me colocou no ombro feito um tapete persa e fomos para o apartamento dele.

Quando o relógio marcou quatro da manhã, ainda estávamos acordados, pelados no chão da casa dele, fumando um American Spirit atrás do outro e batendo as cinzas num copo equilibrado na minha barriga. Ele pegou um lápis de olho na minha bolsa e escreveu um verso de um poema do Ted Hughes na parede do apartamento ("Os olhos dela não queriam que nada escapasse/ A beleza dela o prendeu pelas mãos pelos pulsos pelos cotovelos"). As palavras ficaram pairando, se misturando ao pigmento preto, ao lado de vários desenhos de uma mulher nua feitos em carvão. ("São meus. É a minha ex", ele se gabou, enquanto eu estava deitada lá, nua, como a sua nova musa, encarando a parede na qual ele colecionava as trepadas do passado. "Mulher bacana, pena que era casada.") Ao lado da cama havia uma agenda de contatos com três palavras gravadas em dourado na capa preta de couro: LOIRAS, MORENAS, RUIVAS. Uma coisa ninguém podia negar: ele era mulherengo, mas pelo menos era um mulherengo criativo.

Hector era debochado, cínico, imaturo, insensível, safado, malandro — tinha todas as características que alguém usaria para descrever um homem numa peça do Noël Coward. Eu nunca tinha conhecido alguém assim. Tudo nele era antiquado: sua família pertencia à nobreza, ele usava um casaco de pele de lobo russo que ia até o chão e pertencera ao avô, suas camisas tinham suas iniciais bordadas desde a época do colégio interno. Tudo o que havia em seu quarto era desgastado pelo uso ou tinha sido emprestado. Até sua carreira era emprestada: o chefe dele era o ex-amante novinho de sua mãe, que era ex-socialite, e tinha dado àquele bacharel problemático um emprego na prefeitura por adoração a ela. Eu costumava me despedir do Hector de manhã e ficava me perguntando o que ele fazia no trabalho quando não estava andando por aí usando uma calcinha minha, que ele vestia por baixo da calça (amassada), ou me mandando e-mails pornográficos da conta do trabalho.

Nosso relacionamento só existia à noite porque ele só vivia à noite, como uma criatura noturna mítica, como o lobo que teve a pele retirada para que alguém fizesse o casaco. Saíamos e ficávamos bêbados em bares escuros, tínhamos encontros que começavam à meia-noite. Certa vez, cheguei ao cúmulo de aparecer na casa dele vestindo apenas um sobretudo, sem mais nada por baixo. Eu tinha 21 anos e estava vivendo um romance de Jackie Collins, e meu par romântico era um Just William* crescido e tarado.

Ele nunca conheceu meus amigos e eu nunca conheci os dele — o que para nós era ótimo. Eu sequer soube que ele dividia apartamento com outras pessoas até o dia em que, bêbada e completamente nua, entrei cambaleando

---

* Título de uma série de livros escrita pela inglesa Richmal Crompton que narra as aventuras de William Brown, um menino rebelde de onze anos. [N. da T.]

na cozinha às seis da manhã e dei de cara com um cara chamado Scott. Abri a porta, acendi a luz e o encontrei sentado de terno, comendo cereal e lendo o jornal antes de ir trabalhar. Hector achou engraçado — mais do que isso, ele ficou excitado em pensar que a pessoa com quem ele dividia o apartamento tinha me visto nua. Essa foi a nossa primeira briga.

Alguns dias depois, eu estava fazendo ovos mexidos na cozinha da casa dele quando Scott surgiu de roupão. Ele me viu e sorriu com ar constrangido.

— Oi — ele disse, com um aceno envergonhado.

— Oi — respondi. — Sinto muito por aquele dia. Hector tinha me falado que não tinha ninguém em casa. Fiquei muito puta com ele.

— Tudo bem. Sério, não tem problema.

— Claro que tem problema, foi horrível, eu peço desculpas — continuei falando. — É a última coisa que alguém quer ver antes de ir trabalhar.

— Foi... ahn... uma boa surpresa.

Eu lhe ofereci um prato de torrada e ovos para selar a nossa paz.

Nós nos sentamos e conversamos educadamente, o que acabou nos levando ao tópico relacionamentos. Ele estava saindo com alguém? Não. Eu tinha alguma amiga solteira que poderia lhe apresentar? Sim, eu conhecia a pessoa perfeita. Minha melhor amiga, Farly.

— Mas ela não está querendo nada sério no momento, ela está feliz solteira, então seria algo mais casual — avisei.

— Parece perfeito.

— Ótimo! Vou te passar o número dela. É o mínimo que posso fazer.

Salvei o número dela no celular dele. Por que não? Ele parecia um cara maneiro — bonito, educado. Achei que ela ia gostar de ter um casinho passageiro. Toquei nesse assunto com ela rapidamente e nunca mais pensei no assunto.

Acho que é importante fazer uma pausa para explicar algumas coisas, para você entender o motivo de eu dar uma de mulher-solteira-procura pelo resto dessa história.

Minha amizade com Farly não foi instantânea — ela passou o primeiro ano na escola andando com uma turma de patricinhas. Eram as típicas meninas suburbanas do norte de Londres que mandavam e desmandavam na escola. Tinham luzes no cabelo e joias da Tiffany e contavam histórias sobre o Brady, um clube socioesportivo de Edgware para adolescentes judeus — algo comparável à melhor boate do subúrbio. Eu, em contrapartida, usava roupa preta nos fins de semana e passava meu tempo na escola escrevendo peças para o clube de teatro, tentando retratar o trauma de um acidente de avião usando apenas um bloco de madeira. Mas nos colocaram nas mesmas turmas de francês e matemática e logo descobrimos que tínhamos o mesmo senso de humor e a mesma paixão por *A noviça rebelde* e protetor labial sabor melancia.

Nossa amizade fora do horário escolar começou muito tímida, depois de alguns meses sentadas lado a lado durante as aulas. Eu a convidei para ir à minha casa primeiro, e minha mãe fez frango assado. Meu pai fez o que ele sempre faz com todas as minhas amigas, que consiste em decorar uma única informação sobre elas e, desesperado para se comunicar, repetir a mesma coisa mil vezes. No caso da Farly é qualquer coisa que envolva os judeus ou o judaísmo, e ele continuou essa mesma rotina por cerca de dez anos, dizendo coisas como "Você viu que o Sir Alan Sugar teve que demitir funcionários da Amstrad? Que pena" ou "Esses dias fiquei sabendo que os voos para Tel Aviv foram reduzidos. Deve estar fazendo um tempo ótimo e quente por lá agora". Mas, depois desse início lento, nos tornamos inseparáveis. Passávamos todos os momentos que podíamos juntas na escola e, quando voltávamos cada uma para sua casa, engolíamos o jantar e ficávamos ao telefone repassando todas as questões que tivéssemos esquecido de abordar em nossos vários encontros ao longo do dia. Esse ritual ficou tão enraizado que até hoje me lembro do telefone fixo da mãe da Farly entre 2000-2006 mais rápido do que do PIN do meu cartão de crédito.

Eu detestava a escola e vivia arranjando confusão. Aos doze anos, depois de uma suspensão, uma briga com o diretor e uma detenção, voltei para as aulas de geografia com uma professora que tinha implicância comigo. Pediram para pegarmos nossos livros de exercícios, que eu tinha me esquecido de levar, como esquecia tudo quando era criança. Eu era caótica. Todo ano, na festa de Natal, davam um saco de lixo para alguém e diziam que era o "Prêmio Dolly Alderton de Desorganização". A aluna escolhida tinha que sair pela escola recolhendo todos os pertences que tinha deixado espalhados. Eu odiava aquilo.

— Cadê o seu livro? — a professora perguntou, olhando a minha mesa, o hálito azedo cheirando a Nescafé e cigarro.

— Eu esqueci — resmunguei.

— Ah, mas que surpresa — ela disse, erguendo a voz para que todos escutassem e andando de um lado para o outro da sala. — Ela esqueceu. Teve algum dia na sua vida em que você *não* esqueceu alguma coisa? É um livro, *um* livro, não é tão difícil.

Ela bateu o apagador na mesa.

Meu rosto ficou vermelho, e senti o aperto na garganta de reprimir as lágrimas que sentia que estavam surgindo. Farly apertou minha mão rápido e forte sob a mesa duas vezes. Eu sabia o que significava. Um código morse universal e silencioso que dizia *Tô aqui, te amo*. Naquele momento, entendi que tudo tinha mudado: tínhamos nos transformado. Tínhamos escolhido uma à outra. Éramos família.

Farly e eu sempre fomos a companhia uma da outra em todos os dias das nossas vidas. Éramos as parceiras uma da outra em todo jantar de família, toda data comemorativa, toda festa. Nunca brigamos de verdade, a não ser quando estávamos muito bêbadas no meio da madrugada. Nunca mentimos uma para a outra. Em mais de quinze anos, eu nunca passei mais do que algumas horas sem pensar nela. Só faço sentido se ela estiver por perto para me complementar, e vice-versa. Sem o amor da Farly, eu não sou nada além de um monte de ideias gastas e incompletas, de sangue e músculos, pele e ossos, sonhos inatingíveis e uma pilha de poesia adolescente ruim embaixo da minha cama. Meus problemas só ganham forma quando tenho aquela parte conhecida e favorita da minha vida junto de mim.

Sabemos o nome de todos os nossos avôs e nossos brinquedos da infância e sabemos as palavras exatas que, quando organizadas de um jeito específico, fazem a outra rir, chorar ou gritar. Não tem uma sílaba da minha história de vida que ela não conheça. Ela sabe onde encontrar tudo o que existe em mim, e eu também sei onde ela guarda tudo. Em suma, ela é minha melhor amiga.

Dia dos Namorados, 2010. Foi nesse dia que Scott e Farly decidiram marcar o primeiro encontro. Sério... quem faz isso?

Nem sei por que eles fizeram questão de marcar um encontro, eu achava que aquela saída para beber era mera formalidade — o que eles estavam fazendo mesmo era se encontrar para uma noite de sexo casual.

— Sei que parece estranho — ela explicou. — Mas é que a gente tem trocado mensagens faz um tempo, e é o único dia em que os dois podem.

— Aonde vocês vão?

— Não sei. Ele vai me buscar no trabalho e disse que tem um lugar legal para jantar em Notting Hill.

— JANTAR? — berrei. — Por que vocês vão sair pra uma porra de JANTAR? Eu achei que ia ser só uma transa.

— Tá, mas eu não posso ir direto pra casa dele, Doll. Eu tenho que conversar com ele primeiro.

— Beleza, mas por que jantar? A gente não tem quarenta anos nem nada. Que desperdício de dinheiro. E, aliás, por que no Dia dos Namorados?

— Eu te falei, porque senão teríamos que esperar uma eternidade, somos muito ocupados.

— "Somos muito ocupados" — eu a imitei. — Parece até que você se casou.

— Cala a boca.

— Você não acha que vai ser estranho quando ele, um cara que você NUNCA viu, for te buscar no trabalho e te levar para JANTAR no DIA DOS NAMORADOS, perto de um MONTE DE CASAIS? Você não acha que isso vai mexer com a sua cabeça, sem poder saber se gostou dele ou não?

— Não. Vai ser tudo bem descontraído.

O jantar correu bem. Não foi nem um pouco descontraído. Scott buscou Farly na Harrods, onde ela estava trabalhando na seção de joias, debaixo de chuva (debaixo de chuva — *meu Deus*, como se precisasse de mais essa!); eles entraram num táxi e foram para Notting Hill, chegaram ao restaurante e tiveram o melhor encontro da vida da Farly. Eu soube que tinha sido o melhor encontro da vida da Farly porque ela não ficou repetindo sem parar que tinha sido o melhor encontro da sua vida. Quando perguntei sobre o Scott, ela ficou tímida. Reservada. Até pareceu um pouco com uma pessoa adulta.

Foi a maneira tão irritantemente madura e cautelosa que Farly e Scott começaram a se envolver que fez com que eu percebesse como meu relacionamento com Hector era uma piada. Aquelas características charmosas do Hector tinham azedado feito leite — ele se revelou egoísta, bronco, insuportável. Ele era um desastre, e a brincadeira tinha perdido a graça, eu não queria beber uma garrafa de vinho branco de café da manhã ou bater na cabeça dele com um mocassim numa briga de faz de conta ou fingir que eu era uma fadinha safada na narrativa lúdica e exagerada das fantasias sexuais dele. Duas vezes na mesma semana ele ficou bêbado até cair e me deixou trancada do lado de fora da casa dele debaixo de chuva durante quase a noite toda. A confiança de representante de turma vinha com outra coisa de brinde — a necessidade de uma inspetora que cuidasse dele. E eu não servia para esse trabalho.

— Por favor, Dolly — Farly implorou quando saímos numa sexta-feira. — Por favor, fica com ele só mais uma noite.

— Não — eu disse, firme. — Não gosto mais dele.

— Ah, mas eu e o Scott não chegamos ainda no ponto de eu simplesmente aparecer no apartamento dele, eu ia parecer uma stalker.

— Isso nunca foi problema pra você.

(Farly uma vez deu vinte libras para um cara colocar crédito no celular e o fez prometer que mandaria mensagem para ela — ele nunca mandou.)

— É, mas eu quero ser normal com ele — ela argumentou, falando sério. — Eu *já* estou sendo normal com ele, é muito bom. Por favor, manda mensagem pro Hector. A gente pode ir até lá juntas, não vai ficar um clima estranho. — Eu refleti um pouco. — Ah, vai, eu já fiz isso por você.

E, puta merda, ela tinha feito mesmo.

Mandei mensagem para Hector e falei que ia levar Farly comigo. Pegamos um ônibus noturno para Notting Hill.

Como era de se esperar, depois que nós quatro bebemos juntos na sala de estar deles, Hector tagarelando sobre a história dos prendedores de mamilos com sua voz irritante de Nigel Havers bêbado enquanto Farly caprichava nos trejeitos tímidos e sorrisinhos para Scott, a dupla se mandou. Hector me levou para seu quarto porque queria "me mostrar uma coisa". Ele estava sendo carinhoso e carente de um jeito que não era do feitio dele, que homens como ele só empregam quando sentem que você está se afastando (eu não respondia aos seus e-mails com versinhos pornográficos havia mais de duas semanas). Eu me sentei na cama dele e bebi vinho branco morno direto da garrafa.

— O que foi? — perguntei, indo direto ao ponto.

Ele pegou um violão. Ah, não. Isso não — *tudo* menos isso. Esse quarto com o qual eu passara meses sonhando, em que eu tanto quis estar, de repente tinha se tornado o antro dos meus piores pesadelos. De repente, vi toda aquela boemia como de fato era: meias sujas espalhadas pelo chão, o leve cheiro de mofo e bolor de um salão de críquete antigo num dia úmido, uma colcha esburacada graças ao tabagismo inveterado. Os belos desenhos em carvão de mulheres nuas tinham se transformado em gárgulas feias e cúmplices que me olhavam com desprezo. *A gente precisou passar por isso, agora é a sua vez*, elas sibilavam.

— Eu quero que voxê escute uma coisa — ele disse, falando enrolado, e tocou dois acordes agressivos enquanto tentava afinar o violão.

— Ai, meu Deus... Não, tudo bem, não precisa.

— Dolly Alderton. Eu tô muito apaixonado. Fiz essa mújica pra voxê.

Ele começou a tocar os três acordes que já tinha tocado para mim mil vezes antes.

— Eu a vi num trem — ele cantou, tentando imitar o country americano. — Nunca mais consegui viver sem. Depois da primeira noite que a gente...

— Hector — pedi num tom contrariado quando senti o efeito do vinho bater de uma vez. — Acho que a gente devia parar de se ver.

Fui embora cedo com a Farly na manhã seguinte e a história acabou aí, nunca mais o vi. Farly e Scott me garantiram que eu tinha *mesmo* partido o coração dele, e parece que demorou pelo menos três semanas para que uma bolsa de marca de outra mulher que passou a noite na casa aparecesse na mesa da cozinha.

(Nota de rodapé: hoje em dia Hector é um empresário muito bem-sucedido e se casou com uma atriz de Hollywood. Descobri isso numa matéria do *Mail Online* que li de pijama enquanto comia um rocambole de chocolate inteiro sozinha. Vai entender.)

Coisas que me dão medo

— Morrer
  — As pessoas que eu amo morrerem
  — As pessoas que eu odeio morrerem, e eu me sentir culpada por todas as vezes em que falei mal delas
  — Homens bêbados na rua falando que sou alta
  — Homens bêbados na rua falando que sou gorda
  — Homens bêbados na rua falando que sou linda
  — Homens bêbados na rua falando que sou feia
  — Homens bêbados na rua falando para eu não ficar triste
  — Homens bêbados na rua me falando que querem me comer
  — Homens bêbados na rua me falando que nunca me comeriam
  — Pessoas bêbadas pedindo para "experimentar" (roubar) meu chapéu nas festas
  — Perder joias
  — Cair de uma janela
  — Matar um bebê sem querer

— Jogos de salão
— Falar sobre a história da política americana
— Botar fogo nas coisas
— Não entender como funciona a máquina de lavar
— Câncer
— ISTs
— Morder um palito de picolé
— Acidentes de avião
— Comida de avião
— Trabalhar num escritório
— Me perguntarem se acredito em Deus (um pouco)
— Me perguntarem se acredito em astrologia (um pouco)
— Me perguntarem por que acredito nos itens acima
— Entrar no cheque especial e não conseguir mais sair
— Nunca ter um cachorro

Quando fui a banda de abertura das Spice Girls

Depois que parei de ficar com o Hector, imaginei que seria questão de tempo até o relacionamento da Farly e do Scott esfriar. Eu era o ponto comum que os unira, e quando saí daquele edifício residencial decadente em Notting Hill pensei que eles não teriam mais nada que os mantivesse juntos. Mas, dentro de poucas semanas, Farly anunciou que eles iam passar um fim de semana juntos em Cambridge. A inveja invadiu minha corrente sanguínea e meu corpo inteiro ardeu como se fosse vinagre. Era *eu* quem sempre tinha um cara a tiracolo, mas agora era ela quem tinha um namorado mais velho, um namorado de verdade. Não um sujeito que usava a calcinha dela para trabalhar, nem que a obrigava a usar uma meia-arrastão de corpo inteiro ou que não sabia o sobrenome dela ou só mandava mensagem uma vez por semana. Farly tinha um namorado que passava mais tempo com ela sóbrio do que bêbado, que a levava para viajar e ligava em vez de mandar mensagem e realmente queria conversar com ela.

— E o que tem em *Cambridge?* — fiquei reclamando para a AJ. — O quê? Um restaurante italiano barato? Então boa sorte. Aproveitem.

— Como ele é? — AJ perguntou.

Sendo bem sincera, eu mal sabia.

— É problema na certa — eu disse em tom solene. — Muito velho e sério demais para ela.

Então, depois de três meses quase exatos, ele disse que a amava. Farly comunicou o acontecimento num jantar com as amigas. Todas brindamos e demos gritinhos de alegria — eu escrevi um solilóquio triste sobre isso no bloco de notas do meu iPhone enquanto voltava de ônibus para casa naquela noite.

Embora odiasse ver Farly sendo tão maltratada por adolescentes idiotas ao longo dos anos — sendo iludida, ignorada, rejeitada —, percebi que isso me oferecia certa segurança. Desde que os caras não reparassem direito na Farly, eu continuaria tendo minha amiga só para mim. No minuto em que um homem adulto capaz de raciocinar parou e se interessou por ela, me ferrei completamente. Como ele não se apaixonaria por ela? Farly era bonita, engraçada. A pessoa mais generosa que eu conhecia — ela tinha passado anos me emprestando dinheiro para me livrar de problemas e me buscando de carro às três da manhã quando o meu ônibus parava de circular. Ela tinha tudo para ser a namorada perfeita: pensava nos outros primeiro, sabia escutar, se lembrava das coisas. Ela deixava bilhetes na minha marmita antes de eu sair para o trabalho e mandava cartões apenas para dizer o quanto tinha orgulho de mim.

Eu sempre tinha feito os caras gostarem de mim com joguinhos e fantasias, fanfarronice e dramas, maquiagem pesada e bebedeiras ainda mais pesadas. Com Farly não havia performance nem mentira — quando um cara se apaixonava por ela, ele, sabendo ou não, amava cada detalhe sobre ela desde o primeiro encontro. Ela era um lugar maravilhoso que ninguém conhecia, só eu, mas agora os turistas tinham chegado.

Brigamos pela primeira vez desde a adolescência em uma festa de Natal na casa da nossa amiga Diana no ano seguinte. Fui à festa com o Leo. Ela chegou atrasada com o Scott e era a primeira vez que eu a via em um mês. Eu não fiz questão de ir cumprimentá-la, mas fiquei observando os dois de canto de olho. Me certifiquei de rir alto de coisas muito sem graça para que ela soubesse que eu estava lá e que estava me divertindo sem ela.

Quando ela se aproximou de mim, a conversa foi breve e truncada.

— Por que você está me ignorando? — perguntou ela, enfim.

— Por que você está me ignorando há um ano? — retruquei.

— Como assim? Eu te mandei mensagem ontem.

— Ah, sim, uma mensagem... Na mensagem você é ótima. Mensagem é o seu passe livre para não me encontrar por meses e ir para o apartamento do Scott toda noite, e quando alguém te pergunta você pode dizer "Ah, mas eu mando mensagem para ela. Eu mando mensagem todo dia".

— Será que a gente pode continuar essa conversa lá em cima? — ela sibilou.

Enchi meu copo de plástico com mais vodca e um pouco de Coca e subi pisando duro até o quarto da Diana. Passamos duas horas gritando uma com a outra. Começamos gritando muito alto, depois mais baixo, até que no final estávamos muito bravas e cansadas demais para continuar e fizemos as pazes. Eu disse que ela tinha me abandonado, criei uma metáfora supercomplexa para falar que eu havia percebido que ela sempre tinha me visto como a Björn Again.

— MAS ISSO NEM FAZ SENTIDO — ela gritou.

— Claro que faz. Björn Again. Aquela banda que abriu o show das Spice Girls que a gente foi. Era uma bosta e a gente não via a hora de o show acabar. Eu percebi que fui a banda de abertura do seu show por onze anos até a atração principal aparecer. Só que você NUNCA foi a banda de abertura do meu show, pra mim você SEMPRE foi as Spice Girls e eu queria ter descoberto isso antes, porque aí eu poderia ter te rebaixado e te colocado para ABRIR PARA AS SPICE GIRLS.

Ela disse que eu estava sendo dramática, que ela tinha direito de namorar alguém pela primeira vez na vida. Respondi que ela tinha direito de namorar alguém pela primeira vez, mas que eu não sabia que ela ia dar prioridade total ao namorado. Saímos do quarto com o rosto parecendo telas pintadas pelo Jackson Pollock com um balde de rímel. Scott e Leo estavam parados em silêncio na base da escada, meio sem jeito, e era óbvio que tinham ficado sem ter o que falar depois de esgotar o futebol e temas superficiais do momento. Pegamos os dois e nossos casacos e fomos embora separadas. Anos depois, Diana me falou que eles tinham abaixado a música no andar de baixo para que a festa inteira ouvisse a briga.

— Ele é o namorado dela — meu muito racional e acadêmico namorado disse enquanto fazíamos a longa caminhada de volta para o apartamento dele, em Stockwell, e bebíamos cerveja artesanal. — Eles estão apaixonados, ela mudou. Não tem problema, isso faz parte de crescer.

— Você é o *meu* namorado — retruquei, irritada. — *Eu* estou apaixonada. Eu não mudei. Ela continua sendo a pessoa mais importante da minha vida. Ela continua sendo a pessoa que eu mais quero ver. *Eu* não priorizo meu namoro.

Ele bebeu um gole da lata dele.

— Bom, talvez isso não seja normal — ele respondeu.

Depois de dois anos juntos, eu e Leo terminamos. Eu tinha feito de tudo para o relacionamento dar certo, mas muita coisa tinha mudado desde que havíamos nos conhecido como estudantes em uma festa em Elephant and Castle. Ambos amadurecemos e nos tornamos pessoas muito diferentes.

Por nove longos meses depois de terminar o curso de jornalismo, fiquei pulando de emprego em emprego, trabalhando de forma não remunerada em revistas e jornais, tudo com a desculpa de ganhar experiência. Não tinham me chamado para uma vaga de estágio na *Tatler*, nem para outra de editora assistente na revista do *Vigilantes do Peso*, nem para ser garçonete em uma pizzaria local. Apelei para o meu antigo emprego de promotora de vendas para me sustentar, atravessando a Old Brompton Road com um monte de dançarinas e hostesses desempregadas de West End e entregando panfletos de uma churrascaria. Pedi demissão no dia em que me fizeram vestir uma fantasia de porco e fui atacada por um grupo que estava protestando contra o uso de peles de animais na frente da Harrods.

Eu estava desesperada para arranjar um emprego. Era tudo em que pensava desde a hora em que acordava até a hora em que ia dormir na minha cama de infância. Aos vinte e poucos anos, eu queria um emprego com a mesma intensidade que desejava meu primeiro namorado no começo da adolescência — ficando obcecada pelas pessoas que eu conhecia que tinham os delas, querendo saber cada detalhe da história de como tinham conquistado as suas vagas. Deitada na cama, noite após noite, me perguntando por mais quantos anos aquela situação poderia se prolongar.

Até que, enfim, num certo fim de tarde, eu estava esperando numa plataforma de metrô quando recebi a ligação de um número desconhecido. Era o Tim, o responsável pelo roteiro do novo reality show roteirizado do canal E4, *Made in Chelsea*. Eu tinha escrito uma série de resenhas da primeira temporada para um site (e mais uma vez tinha sido paga na moeda que os pós-graduados chamavam de "divulgação do trabalho" — só que dessa vez funcionou), e a produtora havia lido e achado meus textos engraçados. Tim me chamou para ir ao escritório da empresa em East London para conversarmos sobre uma possível vaga na equipe criativa do programa.

Fui entrevistada por Tim e Dilly, a produtora executiva de trinta e poucos anos que era baixinha, não usava maquiagem e tinha ganhado prêmios BAFTA. Eles explicaram que tinham lido minha resenha do último episódio, que incluía alguns conselhos engraçadinhos para os produtores do programa melhorarem a temporada seguinte. O dono da empresa, Dan — que tinha ficado famoso nos anos 1990 como produtor e apresentador de um bem-sucedido talk show de fim de noite —, tinha ido atrás de todas as resenhas publicadas na internet. Quando encontrou a minha, ele imprimiu cópias para todos os produtores, que a leram a caminho de uma reunião com o canal — para minha surpresa, eles concordavam com tudo o que escrevi.

Saí da minha primeira entrevista de meia hora com Dilly e Tim conformada com a possibilidade de nunca mais ter notícias deles. Não entendi bulhufas do que eles estavam procurando numa candidata, e passamos a maior parte da entrevista comentando coisas que gente rica fazia e analisando o perfil psicológico do elenco. Não chegamos a falar das minhas qualificações, do meu histórico profissional ou das atribuições da vaga. Mal sabia eu que entender de psicanálise é 90% do que você precisa para produzir um reality show bem-sucedido. E que meus anos observando as coisas que gente rica fazia e me sentindo excluída do clubinho — nas lanchonetes dos colégios internos ou na área de fumantes das boates da King's Road — se transformariam no meu grande diferencial numa entrevista de emprego.

Recebi a segunda ligação da produtora da série três dias depois, quando estava num festival de música com o Leo. Tínhamos nos tornado os aplicadores oficiais de glitter do grupo que estava acampando com a gente, uma missão que aceitamos com tranquilidade. Um menino que estava começando a sentir o efeito do ácido ouviu um barulho repetitivo saindo da minha barraca e achou que era o Kraftwerk fazendo um show-surpresa. Era, na verdade, a Dilly. Ela me disse que queriam me contratar como roteirista do programa e que a minha primeira reunião já seria no dia seguinte.

Fui do festival direto para a empresa e estava sem tomar banho havia quatro dias, com o nariz queimado de sol e o cabelo loiro platinado curtinho modelado num moicano. Leo esperou na recepção com as nossas mochilas e nossa barraca enquanto eu participava da minha primeiríssima reunião de roteiro. Minhas roupas limpas tinham acabado, então usei a camiseta larga do Leo como vestido e uma jaqueta jeans que também era dele, meia-calça furada e sapatilhas. Essa roupa acabou funcionando como uma despedida: marcou meu último dia como menina e meu primeiro dia como adulta.

Eu me apaixonei pela criatividade, pelo bom humor e pela energia inquieta do meu novo emprego, dos novos colegas e chefes de forma quase tão intensa quanto tinha me apaixonado pelo Leo. Quando não estava na empresa ou em uma gravação, trabalhava como jornalista freelancer, e por isso passava as noites e fins de semana escrevendo, restando pouco ou nenhum tempo livre para qualquer outra coisa, para a frustração de Leo. Ele se sentiu um pouco traído. Ele tinha se apaixonado por uma menina livre que topava colocar um par de tênis e uma calça jeans na mochila e embarcar em qualquer aventura que passasse pela cabeça dele, que bordava as iniciais dele em blusas de lã e passava uma festa inteira trancada no banheiro com ele, sentada na banheira vazia, olhando para a cara dele com as pupilas dilatadas. De repente, ele se viu com uma mulher adulta que tinha identidade própria e levava o trabalho a sério.

Eu sentia que nosso relacionamento tinha sido uma das experiências mais enriquecedoras da minha vida e sabia que ele sempre seria uma parte muito importante da pessoa que eu havia me tornado, mas tínhamos nos afastado. Eu sabia que tinha que deixá-lo seguir seu caminho, porque assim ele poderia encontrar alguém que de fato quisesse estar num relacionamento com todo o amor e o comprometimento que ele merecia.

Eu, Farly e AJ enfim tínhamos saído da casa dos nossos pais no subúrbio e nos mudado para a nossa primeira casa em

Londres. AJ também tinha acabado de ficar solteira. Farly ainda estava com Scott.

Parte de mim esperava que, por morar com duas solteiras, Farly percebesse tudo que tinha deixado e terminasse com o Scott. Mas morar comigo e com a AJ só serviu para que ela o valorizasse ainda mais. Certa vez, ela ficou observando enquanto eu me arrumava apressada para um primeiro encontro, cortando cílios postiços, os colocando e logo depois gritando, ao perceber que tinha usado a tesoura de cozinha com a qual eu tinha picado pimenta para colocar numa pizza na noite anterior. Ela encontrou um saco de batatas sorriso congeladas e o colocou nos meus olhos enquanto eu mandava uma mensagem desmarcando com o cara.

— Nossa, não tenho nenhuma saudade disso — ela disse com um suspiro.

Uma noite, quando Scott estava viajando a trabalho, Farly, AJ e eu tínhamos saído para dançar no nosso bar favorito em Camden. Voltamos para casa e abrimos uma garrafa de licor Tia Maria vencido, e, como tantas vezes depois de uma noitada, começamos a desabafar.

— Sinto falta do Scott — Farly declarou depois de virar o restinho de licor de sua taça.

— Por quê? — gritei. AJ me encarou. — Quer dizer... ele volta daqui a uns dias.

— Eu sei, mas mesmo assim, sinto falta dele. E fico animada para vê-lo, toda vez. Mesmo quando ele vai à lojinha da esquina e volta, eu fico ansiosa para ouvir a porta se abrindo.

— Ela viu minha careta. — Eu sei que é clichê, mas é verdade.

— Acho que ela ama ele de verdade — eu disse no dia seguinte.

— Mas é claro que ela ama — AJ disse, deitada no sofá, devorando um sanduíche de bacon. — Por que você acha que eles estão juntos há três anos?

— Sei lá. Achei que ela só queria ver como era namorar.

AJ balançou a cabeça, incrédula.

— Sai dessa, amiga.

Depois que percebi isso, enfim passei a ver pequenos sinais por toda parte. Os pais do Scott conheceram os pais da Farly. Ela começou a passar cada vez mais fins de semana com os amigos adultos dele, fazendo coisas de adulto, como um "aniversário de trinta anos em um fim de semana nas Cotswolds" e degustação de vinhos em noites de semana. Scott sempre estava por perto, e eu odiava isso. E eu também odiava quando ele não estava. Ele não tinha como vencer. Eu não queria que ele vencesse.

As coisas mais irritantes que as pessoas falam

— "Não vou pedir entrada, você vai querer?"
— "Eu sou o tipo de mulher que se dá melhor com homens"
— "Eu já nasci pronto para vender"
— "Acabei de noivar!"
— "Você sempre chega atrasada"
— "Você ficou bem bêbada ontem à noite"
— "Você já me contou essa história"
— "Esse cara manda a real"
— "Ela é muito bonita, mas de um jeito rústico"
— "Acho que você precisa beber um copo de água"
— "É que eu tenho TOC"
— "A nossa relação é muito complicada"
— "Quer assinar o cartão de aniversário da Alison?"
— "Esse programa é top"
— "Vamos marcar?"
— "Precisamos ser assertivos"
— "Marilyn Monroe usava manequim 44"

— "Está na hora da sua próxima consulta no dentista"
— "Quando foi a última vez que você fez backup dos arquivos?"
— "Como você tem tempo para tuitar tanto?"
— "Foi mal, a vida tá uma loucura"
— "Partiu férias"

As meninas nada descoladas do bairro nada descolado

Quando eu tinha 24 anos, no meu primeiro ano morando em Londres com Farly e AJ, saí para beber com uma amiga numa noite de terça, depois do trabalho. Apesar das minhas tentativas de convencê-la a ficar até a saideira, ela foi embora às oito e meia porque tinha uma reunião cedo no dia seguinte. Mandei mensagem para todas as pessoas da minha lista de contatos que talvez estivessem por perto e quisessem prolongar a noite comigo, mas todo mundo estava ocupado, dormindo ou cansado. Emburrada, peguei o ônibus da linha 24 — o fiel corcel que me levava do centro de Londres até a porta da minha casa em vinte minutos —, também agitada e decepcionada por não poder ficar uma hora e uma taça de vinho a mais. É uma sensação com a qual me acostumei — um pânico que sobe pela garganta, a impressão de que todas as pessoas de Londres estavam se divertindo, menos eu, de que havia potes de ouro cheios de experiências escondidos em todas as esquinas e eu não encontrava nenhum, de que um dia eu ia morrer, então por que dar um fim prematuro a um dia perfeito e incrível voltando para casa mais cedo?

Saí da minha melancolia quando o ônibus parou num pub no final da minha rua. Era uma espelunca da região noroeste de Londres, uma casa noturna que um dia fora famosa e depois se tornou um lugar deprimente que os bêbados de Camden frequentavam às nove da manhã. Eu desci do ônibus e entrei. Era a primeira vez que eu ia lá desde o dia em que nos mudamos e nos disseram que Farly tinha entrado para a história como a primeira cliente a pedir café em quarenta anos. O senhorio atravessou a rua, foi até a lojinha da esquina comprar Nescafé Gold Blend e leite e cobrou 26 centavos de libra.

Pedi uma cerveja e fiquei batendo papo com o barman, que não pareceu nem um pouco surpreso em estar servindo mais uma pessoa que bebia sozinha. Um cara que estava ao meu lado e tinha quase setenta anos e uma barba grisalha de homem das neves perguntou como meu dia tinha sido e eu falei que estava triste com a falta de um parceiro de copo para continuar a noite comigo. Ele respondeu que eu tinha encontrado a pessoa certa. Enquanto bebíamos, ele me contou toda a vida que tinha levado na região: a escola que tinha abandonado, as coisas que tinham mudado, os bares que tinham fechado, o show do John Martyn a que ele tinha ido no Camden Palace antes de eu nascer, o mesmo cuja gravação ao vivo eu já escutara sem parar. Fui embora à meia-noite, anotando o número do homem no verso de um porta-copo e prometendo que passaríamos uma tarde ouvindo discos juntos, mas sabendo que eu nunca mais falaria com ele. Ele era só "uma noite", e eu queria várias. Uma experiência, uma história, uma cara nova, uma memória.

Ele era um conselho, uma fofoca e uma curiosidade que se alojava na minha mente inebriada e inconsciente, e um dia eu ia arrancá-lo dali e regurgitar a mensagem como se fosse minha. "Onde você ouviu isso?", alguém ia perguntar. "Não faço a menor ideia", eu ia responder.

Na noite seguinte, quando saí do trabalho e cheguei em casa com uma ressaca terrível, encontrei Farly e AJ aconchegadas no sofá e contei que na noite anterior eu tinha acabado no pub xexelento no fim da rua.

— Por que você fez uma coisa dessas? — AJ questionou, perplexa.

— Porque era terça à noite — respondi. — E porque eu podia.

Acho ótimo que eu tenha fetichizado com tanta intensidade os detalhes mais banais da vida adulta quando era adolescente, porque, graças ao alívio que senti por enfim poder vivê-los, quase nada me pareceu difícil ou chato. Eu adorava pagar o aluguel. Amava cozinhar todo dia só para mim. Achava emocionante até mesmo ficar sentada na sala de espera do médico, porque sabia que tinha marcado a consulta e ido até o consultório sem a ajuda de ninguém. No meu primeiro ano pagando as contas, ficava quase zonza de felicidade quando recebia uma conta de água com o meu nome. Eu assumia as responsabilidades burocráticas que acompanhavam a vida adulta sem reclamar porque sabia que, em troca, ganhava a liberdade de ir ao pub sozinha e fazer amizade com um velho em um dia da semana qualquer.

Até hoje não me acostumei com o fato de não precisar mais beber gim numa embalagem de xampu, de que não existe mais hora de dormir, de que posso ficar acordada vendo filmes ou escrevendo até as quatro da manhã num dia de semana se quiser. Acho um alívio, uma alegria, uma maravilha poder comer comida de café da manhã no jantar, ouvir música no volume máximo e fumar um cigarro na janela da minha casa. Ainda não consigo acreditar na minha sorte. Vivi o começo dos meus vinte anos como o Macaulay Culkin em *Esqueceram de Mim 2: Perdido em Nova York*, quando ele se vê num quarto de hotel chique e, depois de pedir um monte de sorvete pelo serviço de quarto, fica assistindo a filmes de gângster sozinho. Coloco toda a culpa na minha criação rígida. Quase todas as pessoas adultas que estudaram em internato que conheço têm dificuldade de acreditar que é de fato possível ir a um pub de velhos em Kentish Town numa terça à noite e não levar uma detenção, suspensão ou expulsão temporária, seja lá o que isso for. Se a faculdade tinha sido um playground no qual eu coloquei em prática minhas fantasias adultas, ter minha casa e meu salário em Londres foi o próprio nirvana.

Passamos três meses procurando nossa primeira casa adulta em Londres. Nosso orçamento era apertado, e apartamentos de três quartos eram difíceis de encontrar. Houve a casa em Finsbury Park, que nas fotografias tinham feito parecer uma casa numa rua tranquila de Notting Hill, mas que na realidade estava mais para uma ala da prisão Pentonville ("Aqui a gente só ia ficar em casa assistindo a *The X Factor* e comendo comida enlatada", AJ comentou). Houve a visita desastrosa a um apartamento em Brixton, à qual Farly e AJ foram com um grande grupo de millennials interessados no imóvel que ficaram fazendo fila na frente do apartamento como se estivessem no Madame Tussauds. O corretor esqueceu as chaves e deixou todo mundo esperando meia hora, e, quando elas enfim fizeram um tour de três minutos pelo muquifo e foram embora, todo mundo precisou se jogar no chão porque tinha um cara armado sendo perseguido pela polícia na rua. Até que, finalmente, quando estávamos quase desistindo, Farly encontrou um apartamento de três quartos que cabia no nosso orçamento e negociou direto com o proprietário através de um site de classificados chamado Gumtree.

O imóvel ficava perto de uma rua meio suspeita que conectava o lado Chalk Farm de Camden Town ao lado Kentish Town. Tinha uma feira à moda antiga duas vezes por semana que vendia chinelos de cinco libras e lençóis com estampa de desenho animado, tinha uma banca de frutas e verduras todos os dias e um mercadinho que só aceitava dinheiro vivo e vendia maconha por baixo do balcão de sanduíches. Era deselegante, extravagante, maravilhoso.

A casa era uma bagunça, mas era linda. Parte de uma fileira de casas que tinham sido um conjunto habitacional nos anos 1970, era feita de tijolos amarelo-Lego e tinha portas e janelas com posições e proporções tão bizarras que pareciam ter sido colocadas às pressas por um adolescente no *The Sims*. O quintal da frente tinha dois arbustos que não eram podados havia muito tempo, e no verão era impossível passar pelo portão de madeira apodrecida sem precisar afastá-los. Os azulejos da cozinha eram pintados com cenas da região rural da Inglaterra. O quintal dos fundos era uma floresta de ervas daninhas. Havia manchas de um líquido estranho que desciam pela parede do corredor e que, depois de muito analisá-las, chegamos à conclusão que só poderiam se tratar de xixi. Tudo cheirava a mofo. O apartamento de cima era uma ocupação.

O dono do imóvel, Gordon, era um homem bonito de cerca de quarenta anos que usava uma jaqueta de couro grandalhona que deixava evidente sua crise de meia-idade e um cabelo despenteado e escuro demais para ser natural. Ele também era radialista da BBC e fazia questão de que todo mundo soubesse disso: sua voz era alta e elegante, seus gestos, estranhamente rudes e informais.

— Tá, aqui é o corredor — Gordon berrou. — Como vocês estão vendo, tem muito espaço para guardar as coisas. — Abrimos uma das grandes portas brancas e empoeiradas. Bem no meio das prateleiras vazias havia uma caixa preta com as palavras "INFESTAÇÃO DE RATOS!" estampadas em uma fonte amarela em negrito. — Ah, ignorem isso — ele disse, pegando a caixa. — Já foi tudo resolvido. — Nós nos entreolhamos por um segundo. — Sabem de uma coisa? — ele continuou, franzindo um pouco o nariz. — Acho que o melhor é... Eu vou sair do caminho e deixar vocês mesmas darem uma olhada na casa. Me avisem quando terminarem.

Era meio torta, muito excêntrica e não muito estável, mas soubemos que era a primeira casa perfeita não só para nós como para as nossas famílias e para os amigos que pretendíamos convidar todo fim de semana. Voltamos para o térreo para contar ao Gordon que íamos alugar. Ele estava ao telefone.

— Sim... sim... Bom, esse é o pior dos cenários — ele disse, fazendo um gesto desdenhoso para nós. — Sim. Bem, por ora vamos tentar não levar isso para o tribunal. Não quero VOLTAR a ver o juiz. — Ele olhou para nós e revirou os olhos. — Ótimo, vamos amanhã às dez dar uma olhada nesse telhado. Tá. Pois é. Tá. Sim, sim. Tá bom. Tchau. — Ele guardou o celular no bolso de trás da calça jeans. — Esses inquilinos de merda. E aí, se decidiram?

Seguramos as pontas e economizamos para pagar o cheque-caução, por isso passamos o primeiro mês vivendo de forma empolgante, desvairada, frenética e frugal. Não tínhamos quase nada para a casa, então Farly comprou um pacote de Post-it's para colar em diversas superfícies, com informes do tipo "A TV VAI FICAR AQUI" e "A TORRADEIRA VAI FICAR ALI". Jantávamos sanduíches de Marmite com pepino todas as noites. Na segunda noite na nossa casa nova, cheguei e encontrei as duas correndo pela sala de galochas porque tinham visto o primeiro rato e não queriam que ele pisasse no pé delas quando fossem tentar pegá-lo. Farly comprou uma peça de queijo cheddar Pilgrims Choice no supermercado, colocou-a num nécessaire vazio e ficou sacudindo-o pelo tapete, tentando atrair o rato na direção de um resgate seguro.

Além disso, logo conhecemos o gerente do mercadinho do bairro, um cara chamado Ivan que tinha uns cinquenta anos e um corpo de soldado da Marinha. Na nossa primeira visita, ele nos disse, sombriamente, que se "tivéssemos algum problema com as gangues" devíamos procurá-lo na mesma hora, porque ele "daria um jeito". Farly estava usando um colar de pérolas na ocasião. Mas, por mais estranho que pareça, eu me senti mais segura sabendo que Ivan sempre estava a uma caminhada de dez segundos da nossa casa, e, quando a questão do rato se tornou um problema recorrente, ele sempre estava pronto para nos salvar. Muitas vezes saí correndo de casa descalça e de pijama e entrei no mercadinho gritando "VOLTOU, IVAN! VOLTOU!" com uma histeria digna de Blanche DuBois.

"Certo, meu bem, certo", ele dizia. "Vou agora mesmo. Quer que eu leve o revólver?". Eu respondia que não e pedia para ele levar a lanterna, e ele entrava debaixo de cada cama, geladeira e sofá tentando achar o rato.

(Depois de um tempo, Gordon providenciou a visita de um exterminador. Um velhote do East End com um sobrenome irônico: Mouser. Quando ele distribuiu algumas ratoeiras, eu perguntei se havia alguma forma mais humana de lidar com o problema.

— Não — ele disse, cruzando os braços, desanimado.
— Tá — respondi. — É que eu sou vegetariana.
— É só não comer o rato — ele retrucou.)

Camden parecia ser o lugar certo para nós — era um bairro central, ficava perto dos parques mais bonitos e o melhor de tudo: não era e nunca ia ser um bairro descolado. Nenhum amigo nosso morava lá. Na verdade, ninguém da nossa idade morava lá. Quando andávamos pela Camden High Street, cruzávamos com vários adolescentes hispânicos em excursões escolares ou homens de quarenta e poucos anos com corte de cabelo liso estilo Paul Weller e botas de bico fino, eternamente à espera do retorno dos anos dourados do britpop de Camden. "Turminha dos bizarros", como AJ chamava. Descíamos a High Street num sábado à noite e ela falava "Lá vem os bizarros" no meu ouvido, apontando para os transeuntes. Durante os primeiros meses que morei lá, namorei um músico que parecia interessante, mas acabou se revelando um egocêntrico de marca maior. Ele morava em East London e nunca quis me visitar, porque, segundo ele, ir a Camden era "muito 2007".

De vez em quando, durante os anos em que moramos lá, saíamos para ir a uma festa ou noitada em East London, nos víamos cercadas de gente jovem, bonita e descolada e nos perguntávamos se aquele era o lugar em que deveríamos estar morando na nossa idade. Mas, na hora de ir embora, sempre ficávamos exaustas e gratas por morar num lugar onde nunca precisávamos fingir ser mais descoladas do que de fato éramos, ou seja, muito pouco. Podíamos ir ao supermercado de legging e moletom e sem sutiã e não encontrar nenhum conhecido. Podíamos cair na pista e fazer um cancã bêbado e cômico enfileiradas e ainda ser as pessoas mais descoladas do bar. Podíamos sair e passar a noite concentradas apenas em nós mesmas, sem tentar impressionar ninguém. Porque não tinha mais ninguém em Camden para a gente impressionar.

Uma das primeiras coisas que comprei para a casa foi uma panela de tamanho industrial digna de uma cozinha beneficente. Nossos amigos sempre foram bons de garfo e eu estava empolgada por ter um fogão e uma mesa para chamar de meus. Naqueles primeiros anos morando juntas, recebíamos amigos para jantar três vezes por semana. Eu escolhia as receitas mais baratas — panelas e mais panelas de dhal, incontáveis travessas de parmegiana. Fazíamos jantares à luz de velas no nosso quintal malcuidado no verão — em dado momento tão malcuidado que uma árvore pegou fogo de um jeito bíblico e bizarro e nós todas, já bêbadas, tentamos apagar o incêndio com panelas cheias de água e taças do vinho branco meio suspeito que Ivan vendia por cinco libras.

Era meio libertador pensar que a nossa casa estava tão ferrada que não valia a pena consertá-la. Gordon também era muito tranquilo em relação a isso — ele deixava a gente pintar as paredes de cores vivas e não reclamava quando a tinta simplesmente terminava numa linha meio torta na parede da escada no ponto em que a lata tinha acabado. Isso queria dizer que era uma casa na qual podíamos realmente viver, uma casa com que não precisávamos lidar com um cuidado exagerado. Podíamos deixar tudo sujo no sábado à noite, e bastava uma faxina de dez minutos na manhã seguinte para que a casa voltasse a ser aceitável. Podíamos ouvir nossa vitrola no volume máximo e ficar acordadas até as seis da manhã sem que os vizinhos reclamassem — juro que essas casas construídas nos anos 1970 são à prova de música disco, porque nos anos em que moramos lá nunca recebemos nenhuma reclamação relacionada ao barulho. Na verdade, a vizinha disse que nunca escutou nada. E, por esse motivo, nossa casa também era o lugar em que todo mundo ia para ficar chapado.

Vivi a maioria das minhas experiências com drogas nos meus primeiros anos em Londres. Primeiro, criei uma relação próxima com um traficante simpático chamado Fergus. Ele não era o tipo de traficante que fica sentado no carro com cara de mau e te passa um papelote por baixo do painel. Pelo contrário: ele às vezes me visitava numa sexta à noite quando eu tinha convidado amigos para jantar, enrolava baseados na mesa e contava piadas verborrágicas, sempre comendo um pouco do que tinha sobrado, até ir embora com um pote cheio de carbonara. Farly, que sempre foi muito mais responsável que eu e sempre ia dormir antes da meia-noite quando tínhamos convidados para o jantar, nunca teve o prazer de conhecer Fergus, mas sempre ficava perplexa com a forma como eu falava dele, como se fosse "um primo ou um amigo da família". Certa noite, ela acordou às quatro da manhã porque me ouviu oferecendo um tour da casa digno de corretora de imóvel para o Fergus, enquanto ele me dava dicas de feng shui para cada cômodo. No dia seguinte, ela entrou no meu quarto e me encontrou toda ofegante, empurrando a cama até a parede oposta.

— O que você está fazendo? — perguntou.

— Mudando minha cama de lugar. Fergus falou que não estava numa boa posição.

— Por quê?

— Porque a cabeceira está muito perto do radiador. Ele disse que não faz bem para a cabeça ficar perto do calor... Pode dar sinusite.

— Ok, mas o cara te vende drogas pesadas, Dolly — Farly ponderou. — Ele não está em condições de dizer o que é melhor pra saúde de ninguém.

Fergus sumiu do mapa meio de repente, como me disseram que é comum acontecer com traficantes, então me indicaram o CJ — que era um verdadeiro desastre. CJ tinha ficado conhecido como o pior traficante de Londres. Tinha sérios problemas com horários, vivia entregando o "pedido errado" para o "cliente errado" e aparecia na sua porta meia hora depois do combinado para pegar o "produto" de volta. Vivia com o celular sem bateria. O GPS sempre dava pau. Cheguei ao cúmulo de ficar plantada esperando pelo CJ uma hora e meia e ainda dei uma bronca nele ao telefone, dizendo que ele era "o maior inimigo de si mesmo", feito uma professora frustrada. A gota d'água veio numa quinta-feira antes de eu sair de Londres para ir a um festival, quando liguei para ele perguntando se podia me vender MDMA.

— Como? — ele perguntou.

— MDMA — respondi. — Bala.

— Bala, que bala?

— Ecstasy. Não é possível. MDMA.

— Nunca ouvi falar disso — ele retrucou.

Não importava como eu conseguia ou com quem conseguia, mas a aquisição das drogas era quase sempre mais empolgante do que a droga em si. Discutir se ia comprar ou não, ligar para o número, sacar dinheiro, alguém ficar esperando no apartamento enquanto a outra pessoa saía para ir até o carro, depois voltava com um saquinho de plástico minúsculo cheio de erva ou pó, a promessa do que estava por vir — era esse esquema que fazia meu coração bater mais rápido. Uma vez Farly testemunhou todo o esforço necessário para comprar, repartir e usar cocaína e achou inacreditável o quanto aquilo era demorado e tedioso — "É tipo fazer uma torta de carne do zero", segundo ela. Mas a perda de tempo de cortar as carreiras ou enrolar um baseado é justamente a alegria para quem não quer ver a noite terminar — é uma forma de abstração, uma maneira garantida de prolongar a diversão. É um jeito de silenciar a mente racional, que diz "Vai dormir às onze, a gente já falou de todos os assuntos que tinha pra falar", e no lugar dela despertar um desejo artificial de que a festa nunca mais acabe. Para mim, cheirar cocaína sempre foi apenas uma forma de continuar bebendo e de ficar acordada muito depois de já estar cansada. Eu nunca fui a maior fã das sensações que a droga oferecia.

Eu achava que, para escrever, precisava ser uma colecionadora de experiências. E achava que todas as experiências que valiam a pena, e todas as pessoas que valia a pena conhecer, só existiam durante a noite. Sempre me lembrava de uma coisa que Hicks me falou quando estávamos deitadas debaixo das luzinhas pisca-pisca que ela tinha ao redor da janela do quarto na época da faculdade:

"Um dia a gente vai estar numa casa de repouso, Dolly, mortas de tédio, encarando a colcha no nosso colo", ela disse. "E o único motivo que vamos ter pra sorrir vão ser essas lembranças."

Mas essas noites foram se tornando cada vez mais frequentes, tanto que comecei a sentir que essas histórias me definiam, e não que eu as colecionava. Ficar na rua até amanhecer deixou de ser uma coisa que só acontecia uma vez ou outra — pelo contrário, comecei a pensar que toda saída era sinônimo de uma noitada hedonista. E o pior de tudo foi que todo mundo também passou a esperar isso de mim. Uma noite comigo era uma noite que te deixava incapacitado no dia seguinte, e os amigos já esperavam e vinham até mim com essa expectativa de intensidade, mesmo quando nos encontrávamos para um jantar rápido no restaurante tailandês numa noite de quinta. Minha energia, meu saldo bancário e minha saúde mental não acompanharam o ritmo. E eu não queria criar um mito a respeito de mim mesma, nem me transformar numa imagem triste da Bêbada do Vilarejo, uma figura com quem todo mundo tinha medo de marcar um café porque sabia que era possível acabar passando a manhã do dia seguinte num cassino 24 horas em Leicester Square.

"Eu adoro essas histórias, de verdade", Helen disse certa vez, na manhã seguinte à noite em que tínhamos ido a uma festa e eu tinha reunido um grupo de pessoas e entediado todo mundo com as melhores anedotas das minhas bebedeiras. "Mas é que são muitas, Doll."

Outra coisa que ninguém fala sobre beber é que, à medida que você vai envelhecendo, não são as ressacas que ficam incapacitantes, e sim a paranoia aguda e o pavor que tomam conta dos momentos de sobriedade do dia seguinte, e que se tornaram uma constante quando eu tinha vinte e poucos anos. O abismo que existe entre a pessoa que você foi numa noite de sábado, quando foi a atração de toda a área externa de um pub ao afirmar, de forma irritante e aos gritos, que sempre achou que tinha pelo menos três roteiros de sitcom de horário nobre na ponta da língua, e a pessoa que você é numa tarde de domingo, pensando na morte e se perguntando se o carteiro gosta de você, se torna grande demais. O processo de amadurecimento gera uma consciência maior dos nossos próprios atos. E essa consciência mata sem dó qualquer garota baladeira.

Também acabei tendo dois empregos concomitantes, trabalhando na TV e escrevendo como freelancer. Esses trabalhos foram exigindo cada vez mais tempo e concentração, e beber até cair e ficar de ressaca o tempo todo não eram comportamentos que favoreciam a produtividade e a criatividade.

"Você está tentando viver duas vidas", uma amiga me disse certa vez, quando eu estava quase à beira de um colapso. "Você tem que escolher o que prefere ser: a mulher que fica mais louca do que todo mundo na festa ou a mulher que trabalha mais do que todo mundo."

Resolvi me dedicar à segunda opção. A vida se tornou mais plena durante o dia e a necessidade de escapar à noite diminuiu. Mas ainda levaria certo tempo para que eu entendesse que era possível ter aventuras que iam além de noites longas, bares abafados, vinho barato, apartamentos de desconhecidos, carros estacionados com a luz acesa e saquinhos de pó. Eu sempre vi o álcool como algo que me transportava para a experiência, mas, quando avancei pelos vinte anos e me aproximei dos trinta, entendi que o álcool tinha o poder de tolher a experiência na mesma medida que a exacerbava. Claro, havia as confissões irresistíveis que você arrancava de pessoas com pupilas dilatadas nas cabines de um banheiro público, os velhos com boas histórias que você nunca teria conhecido de outra forma, os lugares a que você ia, as pessoas que você beijava. Mas também havia o trabalho que você não conseguia fazer quando estava de ressaca. A má impressão que você causava em amigos em potencial porque estava tão bêbada que mal conseguia falar. Aquelas conversas perdidas nas quais alguém te dizia algo muito, muito importante, mas que acabavam sendo esquecidas porque nem você nem a pessoa se lembrava de nada no dia seguinte. As horas que você passou deitada, suada e em pânico na cama às cinco da manhã, o coração batendo acelerado enquanto você olhava para o teto, desesperada para dormir. As horas perdidas no beco sem saída da sua cabeça, remoendo todas as coisas idiotas que disse e fez, se odiando pelos próximos dias.

Anos depois eu viria a descobrir que, quando vivemos envergonhados do nosso comportamento, passamos a não nos levar mais a sério e nossa autoestima vai ficando cada vez mais baixa. Ironicamente, minha eterna missão adolescente, que consistia em me tornar adulta por meio do consumo excessivo de álcool, acabou sendo, entre todas as minhas escolhas de vida, a que mais me fez sentir como uma criança. Passei um período dos meus vinte anos perambulando por aí e cismando que estavam prestes a me acusar de alguma coisa terrível, como se alguém fosse aparecer e falar "É VOCÊ a escrota que bebeu o óleo de banho de pera e frésia caríssimo na festa que dei na minha casa só pra aparecer! Você me deve 42 libras!" ou "EI,

SUA PINGUÇA! *Ainda* não acredito que você trepou com o meu namorado na frente do supermercado da Mornington Crescent!", e eu teria que aceitar tudo respeitosamente e dizer "Pois é, não me lembro disso, mas vou acreditar na sua palavra e peço desculpas". Imagine como é viver num mundo em que você pensa que SEMPRE tem alguém prestes a dizer que você é uma babaca e ainda estar preparada para concordar. Que tipo de diversão é essa?

Onde quer que eu esteja numa noite de terça, de hoje até o dia em que morrer, podem ter certeza de que preferiria estar num pub obscuro em Camden, bebendo cerveja e conversando com algum desconhecido. Mas, com o passar do tempo, superei aquelas bebedeiras que sempre me faziam apagar, arrasando o dia seguinte como um tsunami, assim como acabei superando a casa de tijolos amarelos caindo aos pedaços. No entanto, por curto período de tempo, sentada no meu jardim do Éden cheio de mato, bebendo vinho branco ácido demais com as mulheres que eu amava, a vitrola no volume máximo e os pratos vazios numa pilha alta ao lado da pia, eu achava que morava na melhor casa do mundo. E acredito nisso até hoje.

Receita: Linguado à Meunière da sedução (serve duas porções)

Preparei esse prato para o já citado músico que namorei quando tinha 24 anos, para tentar fazê-lo se apaixonar por mim, ainda no início do relacionamento. Funcionou por uma semana, mais ou menos. Desde então, tenho feito para outros caras que merecem meu tempo e minha manteiga dourada, e os resultados têm sido positivos e mais duradouros.

— 4 colheres de sopa de farinha de trigo
— 2 filés de linguado
— 1 colher de sopa de óleo de canola (de girassol também serve)
— 50 g de manteiga
— 2 colheres de sopa de camarões pré-cozidos
— Suco de meio limão
— 1 colher de sopa de alcaparras
— Um punhado de salsinha picada fino
— Sal e pimenta-do-reino a gosto

Misture a farinha e os temperos num prato, depois passe os filés na mistura até ficarem cobertos por uma camada homogênea. Tire o excesso sacudindo levemente cada filé.

Aqueça o óleo em fogo alto até ficar bem quente. Frite os filés por 2 minutos de cada lado. Eles devem ficar crocantes e dourados.

Reserve o peixe e cubra-o com papel-alumínio para não esfriar.

Abaixe o fogo e derreta a manteiga na frigideira até ficar levemente dourada. Tire a frigideira do fogo, misture os camarões na manteiga e adicione o suco de limão.

Sirva o linguado nos pratos, regue a mistura de manteiga e limão em cada filé, finalize com as alcaparras e a salsinha. Tempere com o sal e a pimenta.

Sirva com salada verde ou feijão-verde e batatas assadas (não sirva seu coração no prato).

3 de fevereiro

Queridos amigos que eu geralmente só procuro quando quero encher a cara,

Eu adoraria que vocês testemunhassem minha tentativa de me comportar como uma pessoa adulta. Alguns chamam isso de jantar festivo, mas acho que fica parecendo muito antiquado, então vou chamar de algo vago o suficiente para parecer um evento tranquilo, mas nada que passe a ideia de uma festa de arromba, como "um encontrinho", "comes e bebes" ou "um jantar descontraído". O que importa é que com certeza não será uma festa de arromba.

Cheguem ao meu apartamento às sete, por favor. E com isso quero dizer para vocês se planejarem para chegar às sete até receberem uma mensagem muito desesperada minha às seis, pedindo para que cheguem às oito porque não consegui achar nenhum lugar que tivesse couve-rábano para a salada asiática do Jamie Oliver, então tive que pegar um Uber de 25 libras até o supermercado e isso me atrasou em uma hora. Como mencionado, é uma coisa bem descontraída e tranquila.

* * *

A lista de convidados é a seguinte:

01 amigo gay escandaloso (Ed) que adora contar histórias muito detalhadas sobre sua farta e movimentada vida sexual. Ele vai ser meio que nosso bobo da corte sincerão — pensem numa mistura do comediante Julian Clary com os coveiros de *Hamlet*.

01 novo namorado bonzinho do Ed (nome a ser confirmado), com quem todo mundo vai fazer um esforço enorme para interagir até pouco depois do prato principal, quando todos vão esquecer a sua presença e ele vai chamar um Uber e voltar para casa, mas os convidados só vão perceber que ele foi embora duas horas depois.

01 amiga feminista do norte da Inglaterra (Anna) que vai deixar o Ed mais à vontade por ter ideias progressistas e por ser de esquerda e vice-versa.

01 homem solteiro do meu trabalho que não conheço tanto assim (Matthew) e que vai flertar com todo mundo. Matthew não tem uma beleza exatamente padrão, mas é alto e tem voz grave. Meu plano é que todas as pessoas presentes comecem a gostar cada vez mais dele à medida que fiquem bêbadas e concluam que ele é melhor do que nada. Mais ou menos como foram nossos sentimentos em relação ao Nick Clegg nas eleições de 2010.

01 casal muito chique que está noivo (Max e Cordelia) para conferir um toque de maturidade aconchegante à ocasião. Eles vão adorar falar de todos os detalhes da cerimônia que está por vir e vão preencher os momentos em que faltar assunto. Obs.: Lembrar de separar Max e Anna quando a conversa resvalar em temas como desigualdade social, tamanho do Estado e aquecimento global.

01 amiga piranha que bebe demais (Leslie) e que vai fazer a gente se sentir no auge da juventude e ao mesmo tempo mais satisfeitos com a própria vida (valeu, Leslie). Ela também vai ficar responsável pelos registros da noite no Instagram, com uma hashtag tipo #saladaasiaticadelicia ou #jantardearrasar ou algo do tipo.

Tragam uma garrafa de vinho, por favor. Imagino que vocês vão trazer uma garrafa de Oyster Bay, já que é o único que a gente conhece que não tem gosto de merda e custa apenas dez libras. Mas pode ser Jacob's Creek. Os vinhos Echo Falls são bem-vindos, mas o preço será levado em conta.

Depois de jogar os casacos de vocês na cama e oferecer a cada um uma taça de vinho branco morno, do qual já terei consumido meia garrafa antes de vocês chegarem por pura ansiedade induzida pelo desafio digno de reality show que foi achar couve-rábano, eu lhes entregarei quatro pacotes de salgadinhos Kettle Chips. Essa vai ser a entrada.

Já que me desafiei a fazer oito pratos para seguir a tendência que todos chamam de "jantar megatranquilo ao estilo Ottolenghi", estarei ausente pelas primeiras duas horas do evento. Os assuntos seguros sugeridos aos semissóbrios são os seguintes:

— A eficiência da linha Victoria do metrô
— Comparação dos respectivos preços de aluguel
— Celebridades recém-falecidas
— Dicas de cabeleireiro
— Quem vai ser o próximo 007
— A cotação do dólar e da libra na sua última viagem a Nova York

— Qualquer peça que esteja sendo produzida com algum ator de TV que as pessoas conheçam
— Apps de educação financeira
— Roupas de cama

O jantar será servido às dez. A essa altura todo mundo vai estar bêbado o suficiente para fazer piadas de sacanagem envolvendo comida — "Adoro frango assado", "Pega a minha linguiça" etc. —, mas não o suficiente para pegar o celular e ficar assistindo a vídeos mais ou menos engraçados no YouTube. Isso vai acontecer depois do prato principal e antes da sobremesa.

Vídeos sugeridos:

— Apresentadores de jornal cometendo erros ao vivo
— Gatos entalados em objetos
— Crianças tristes porque não comeram chocolate
— Cachorros dormindo em lugares estranhos
— Qualquer stand-up bom
— Qualquer coisa com a Céline Dion

Leslie: seria ótimo se você pudesse incorporar drogas à nossa reunião depois disso. Ou oferecendo a maconha velha que tem na sua bolsa, ou mandando mensagem para o seu traficante para arranjar cocaína. Se você optar pela segunda opção, os outros vão protestar, dizendo que estão "muito sem grana esse mês" ou que não cheiram "há umas duas festas de aniversário", mas pode ficar tranquila, que eles vão querer e vão abrir a carteira quando o cara chegar.

Se você de fato escolher a segunda opção, Cordelia e Max vão brigar porque Max vai se oferecer para pagar um grama extra. Cordelia vai ficar confusa, porque, ao que tudo indica, eles não têm dinheiro para pagar um quarteto de cordas para tocar "Signed, Sealed, Delivered" quando ela entrar na igreja, mas ele está disposto a bancar 60 libras em drogas para pessoas que mal conhece.

Após a meia-noite, será o momento de migrar para a parte do evento que será dominada pelo que chamarei de "Debate Inútil e Clichê". A Gente Acredita em Uma Coisa Óbvia que Li Numa Coluna do *Guardian* vs. A Gente Acredita em Uma Coisa Ligeiramente Menos Óbvia que Li Num Blog da *Vice*. Todos os assuntos e opiniões serão genéricos, pouco comprometedores e previsíveis e serão acompanhados de dados inventados e relatos pessoais exagerados para dar respaldo a argumentos fracos. Tópicos sugeridos:

— Ainda existe esquerda ou direita na política?
— Se as mulheres querem igualdade de gênero, por que se chama feminismo e não igualismo?
— É arte mesmo se eu conseguir fazer igual?
— Por que a gente come porco, mas não cachorro?
— Qual é o legado do Tony Blair, de acordo com o que os nossos pais falaram e que vamos repetir fingindo que é nossa própria opinião?
— Quando é tarde demais para ter filhos?
— Margaret Thatcher era feminista?
— É verdade que o aumento dos preços de imóveis em Londres vai fazer com que as pessoas se mudem para Margate?
— É certo o Matthew estar usando uma camiseta dos Ramones sem saber o nome de nenhum dos integrantes nem de nenhuma das músicas da banda?

Quando Max e Ed ficarem muito exaltados discutindo o tema "Homossexualidade: inata ou adquirida?", é hora da Leslie Bêbada Falando Mais do que Devia, numa sessão em que ela revela um segredo pessoal por meio de um monólogo longo e confuso para uma plateia silenciosa.

Confissões sugeridas para a Leslie:

— Você não gosta de nenhuma pessoa vinda do País de Gales
— Uma infecção recente de clamídia
— Aquela vez que seu tio passou a mão em você quando era adolescente
— Seu caso com um homem casado
— Você acha que consegue falar com os mortos
— Você acha que votar é inútil e chato
— Seu medo de ser infértil

Horários programados para a despedida:
Ed: quatro da manhã, depois de ele provar que sabe a coreografia original de "Pure and Simple", do Hear'Say, e a letra inteira do rap da Lil' Kim na música "Lady Marmalade".
Cordelia: duas da manhã, por causa de um brunch inventado na manhã seguinte.
Max: duas e meia da manhã, depois de receber uma mensagem da Cordelia puta pedindo/mandando que vá pra casa.
Matthew e Anna: quatro e quinze da manhã, no mesmo Uber.
Leslie: quatro da tarde do dia seguinte.

Ansiosa para ver vocês, pessoal! Vai ser ótimo curtir numa boa!! Beijos

Receita: Pizza de maçã com sorvete impossível de errar
(serve quatro porções)

Uma receita que minha mãe me passou para impressionar as pessoas que iam à minha casa precária para jantares precários. Não exige técnica nem esforço.

Para o sorvete
- 4 gemas (os ovos precisam estar muito frescos)
- 100 g de açúcar de confeiteiro
- 340 g de queijo mascarpone
- Essência de baunilha

Bata as gemas e o açúcar até a mistura ficar clara e cremosa.

Adicione o queijo mascarpone e a essência de baunilha, sem parar de bater. Coloque num pote.

Deixe no congelador de um dia para o outro ou por pelo menos 3-4 horas.

Para a pizza de maçã
- — Pacote de massa folhada
- — Pacote de marzipã
- — 500 g de maçãs descascadas e fatiadas
- — 1 pote de geleia de damasco

Abra a massa folhada com um rolo.
Cubra com um círculo de marzipã.
Distribua as maçãs fatiadas.
Asse no forno a 200°C até dourar. Nesse meio-tempo, aqueça a geleia na boca do fogão.
Quando a pizza de maçã sair do forno, cubra com a geleia de damasco morna e deixe descansando.
Sirva com o sorvete.

"Nada vai mudar"

Uma das coisas que mais detestei quando a Farly conheceu o Scott foi que parei de ver a família dela. Eu senti falta da mãe dela, do pai dela e da madrasta dela e do irmão e da irmã dela. Por anos, passei vários fins de semana e feriados com a família da Farly, tanto que era como se eles fossem a minha família. Mas, depois que Scott entrou em cena, ela nunca mais me convidou, então passei a vê-los apenas uma ou duas vezes por ano. Agora o Scott ocupava o lugar que antes tinha sido meu na mesa de jantar, nos aniversários e almoços de domingo, era ele quem os acompanhava nas viagens para a Cornualha no clima outonal aconchegante das férias do meio do ano letivo, enquanto eu via as fotos no Instagram.

Depois de alguns meses morando na nossa nova casa em Londres, Farly me chamou para passear com a família dela numa tarde de sábado. Paramos num pub para almoçar e pude aproveitar a familiaridade agradável dos rituais deles: os apelidos, as piadas internas, as histórias sobre mim e

Farly quando éramos adolescentes. Eu me senti convencida: o espaço que Scott vinha ocupando nos últimos anos era muito diferente do meu, porque nada tinha mudado.

Na última parte da caminhada, ficamos atrás do resto do grupo e do cachorro, como costumávamos fazer na adolescência, por causa da nossa mania de competir para ver quem comia mais no almoço.

— Scott me chamou para morar com ele.

— O que você disse? — perguntei.

— Eu vou me mudar — ela revelou, quase se desculpando, as palavras hesitantes flutuando no ar gelado. — Quando ele pediu, pareceu a coisa certa.

— Quando?

— Quando eu completar um ano com vocês em Camden — ela respondeu.

Fiquei irritada com a expressão "completar um ano", como se eu fosse uma viagem de esqui num ano sabático, ou dar aulas de inglês no Japão — uma coisa que você faz para ter uma história interessante para contar.

— Tudo bem — respondi.

— Desculpa, eu sei que é muito difícil.

— Não, não, eu estou feliz por você.

Continuamos o resto da caminhada em silêncio.

— Quer fazer cookies com gotas de chocolate? — Farly perguntou quando voltamos para nossa casa.

— Quero.

— Legal. Faz uma lista do que a gente precisa e eu pego os ingredientes. E por que a gente não vê aquele documentário sobre a Joni Mitchell que queremos assistir há séculos?

— Claro — eu disse.

Aquilo me lembrou a vez em que a minha mãe me levou ao McDonald's depois que meu peixinho dourado morreu, quando eu tinha oito anos.

Ficamos sentadas no sofá comendo cookies, as pernas entrelaçadas, a barriga saindo para fora do pijama. Graham Nash estava falando das letras confessionais do álbum *Blue*.

— Eu sei de cor cada palavra desse disco — falei.

Tinha sido o único álbum que levamos numa viagem de carro de três semanas que fizemos no verão em que Farly tirou a carteira de motorista, aos dezessete anos.

— Eu também. Minha preferida é "Carey".

— A minha é "All I Want". — Fiz uma pausa para comer o resto do meu cookie e limpar as migalhas da boca. — Acho que nunca mais vamos viajar de carro.

— Por quê?

— Porque você vai morar com o seu namorado e agora você só vai viajar com ele.

— Não fala besteira — ela disse. — Nada vai mudar.

Quero interromper a história aqui para falar sobre "nada vai mudar". Ouvi essa frase inúmeras vezes de mulheres que amo quando tínhamos vinte anos e elas iam morar com o namorado, ficavam noivas, se mudavam para o exterior, se casavam, ficavam grávidas. "Nada vai mudar." Essa frase me deixa louca. Tudo vai mudar. *Tudo vai mudar.* O carinho que a gente tem uma pela outra continua o mesmo, mas o formato, o tom, a regularidade e o grau de intimidade da nossa amizade vão mudar para sempre.

Sabe quando você era adolescente e via sua mãe com as melhores amigas dela e elas pareciam próximas, mas não agiam da mesma maneira que você e suas amigas? Elas sempre se tratavam de um jeito formal e estranho — ficavam meio sem graça quando se encontravam. Sua mãe limpava a casa antes de elas visitarem e elas falavam sobre a tosse dos filhos e o que iam fazer no cabelo. Quando éramos crianças, Farly me disse uma vez: "Promete que a gente nunca vai ficar assim. Promete que quando a gente tiver cinquenta anos vamos ser iguaizinhas. Eu quero que a gente fique sentada no sofá, enchendo a cara de batatinhas e falando de candidíase. Não quero que a gente vire mulheres que se encontram depois de alguns meses para ir a uma feira de artesanato no pavilhão de eventos." Eu prometi. Mas eu não fazia ideia de como era difícil manter esse tipo de intimidade com uma amiga à medida que você fica mais velha — ela não continua existindo por conta própria.

Eu vi isso acontecer inúmeras vezes: uma mulher sempre se encaixa melhor na vida do homem do que ele na dela. É ela quem vai passar a maior parte do tempo no apartamento dele, é ela quem vai fazer amizade com todos os amigos dele e suas namoradas. É ela quem vai mandar um buquê de flores de aniversário para a mãe dele. Não é que as mulheres gostem dessa sandice mais do que os homens, é que elas se saem melhor nisso — elas dão um jeito e seguem a vida.

Isso significa que, quando uma mulher da minha idade se apaixona por um homem, a lista de prioridades que costumava ser assim:

1. Família
2. Amigos

Fica assim:

1. Família
2. Namorado
3. Família do namorado
4. Amigos do namorado
5. Namoradas dos amigos do namorado
6. Amigos

Ou seja, em média, você deixa de ver seus amigos todos os fins de semana e passa a vê-los uma vez a cada seis semanas. Ela se torna um bastão e você é a pessoa que fica bem no final da pista. Você ganha a sua vez, digamos, no seu aniversário ou um brunch, e depois você precisa devolvê-la para o namorado, e assim recomeça a volta longa e chata.

Esses espaços vazios na vida uma da outra vão, vagarosa e inevitavelmente, criando um espaço vazio na sua amizade. O amor continua presente, mas a proximidade, não. Antes que você perceba, vocês não estão mais levando a vida juntas. Estão levando vidas separadas com seus respectivos namorados e marcando um jantar a cada seis semanas para contar uma à outra como está a própria vida. Hoje eu entendo por que as nossas mães limpavam a casa antes de a melhor amiga visitar e perguntar "E aí, quais são as novidades?" de um jeito alegre e pouco natural. Eu entendo como isso acontece.

Então não me diga que nada vai mudar quando você vai morar com seu namorado. Não vão ter mais viagens de carro, o ciclo também vale para as férias — terei minha amiga de volta a cada seis verões, a não ser que ela tenha um bebê, porque nesse caso a hora da minha viagem só chega daqui a dezoito anos. É sempre a mesma coisa. Tudo vai mudar.

***

Farly se mudou no meu aniversário de 25 anos. Ela e Scott encontraram um apartamento para alugar em Kilburn com um quarto e área externa no terraço. Ficava na frente de uma academia, e eles falaram que isso era bom porque parece que gostavam de jogar badminton. Ela fez questão de me mostrar que tinha um ônibus que ia direto de Camden até a Kilburn High Road. Peguei esse ônibus emburrada para ir à festinha de open house.

Passei a noite toda fumando sem parar no terraço do apartamento com a irmã adolescente da Farly, Florence, no meu colo, me mostrando o anuário da escola dela. Mais tarde, quando já estava bêbada, falei para ela que eu torcia secretamente para que um deles traísse o outro ou que Scott fosse gay, porque assim Farly ia precisar voltar a morar comigo. Ela riu e me deu um abraço.

— Eu detesto aquilo ali — Farly disse, apontando para uma camiseta do Manchester United cheia de autógrafos dos jogadores que tinha sido emoldurada e pendurada no corredor, provavelmente porque sentia que eu precisava canalizar minha tristeza para alguma coisa.

— É horrível mesmo — respondi.

— É nojento — ela disse. — Morar com um cara. Argh.

— É tão melhor morar com meninas.

— É a melhor coisa. — Ela sorriu. — Gostou do apartamento?

— Amei. Acho que vocês vão ser muito felizes aqui.

E o que era mais irritante é que enfim eu acreditava nisso.

Nossa amiga da faculdade, Belle, se mudou para o quarto da Farly com um violão e uma vontade de sair para dançar todos os fins de semana, e a vida seguiu como sempre. A geladeira ainda vazava. O banheiro do andar de baixo continuava sem funcionar. Gordon continuava a aparecer na nossa casa sem ser convidado na maioria das manhãs de sábado, tentando desovar móveis horrorosos dizendo que eram "presentes", por pura preguiça de descartá-los ele mesmo. Ainda fazíamos uma coisa chamada "decisão das meninas": uma de nós ia ao supermercado e escolhia o chocolate que as outras iam comer. No início eu vi Farly mais do que quando morávamos juntas, só porque ela fazia questão de me mostrar que "nada tinha mudado". Mas com o passar do tempo comecei a vê-la menos. Tudo mudou.

Três meses depois de eles terem ido morar juntos, eu estava sentada na minha mesa do trabalho quando vi no celular que tinha sido incluída pelo Scott em um grupo de WhatsApp intitulado "Novidade incrível".

Eu sabia o que era, então não abri. Vinha esperando por esse momento desde o dia em que Farly tinha me contado que eles iam morar juntos. Não estava preparada para saber, então continuei trabalhando, como se tudo aquilo fosse nada mais do que um sonho adiado, uma mensagem não enviada na caixa de saída do vazio. Meu celular ficou parado na minha mesa por uma hora, a notificação me encarando.

Finalmente, recebi uma ligação da AJ — que também tinha sido incluída no grupo —, e ela me disse para abrir a mensagem. Ela dizia que Scott ia pedir a Farly em casamento. No Dia dos Namorados. Quatro anos depois do primeiro encontro dos dois. Ele perguntou se podíamos reunir um grupo de amigas dela para uma surpresa num bar depois que ele fizesse o pedido. Eu disse que adoraria. Eu disse que estava ansiosa. Eu disse que estava nas nuvens.

Eu chorei, porque sabia que tinha perdido qualquer que fosse a luta que estava travando contra qualquer que fosse a pessoa que eu tentava enfrentar.

Dilly passou por mim.

— Dollzinha — ela disse. — O que aconteceu?

— Nada — sussurrei.

— Vem cá. — Ela pegou a minha mão e me levou à sala da diretoria. — Me fala o que está acontecendo.

Eu contei a ela sobre o pedido. Ela estava a par da história toda, tendo encontrado Farly algumas vezes e passado anos fascinada pelo triângulo amoroso que eu, Scott e Farly formávamos, dizendo que era "a estrutura perfeita para uma trama de reality show".

— E eu sei que parece que estou fazendo drama — ponderei, entre um soluço e outro. — Sei que as pessoas crescem e as coisas mudam, mas, *meu Deus do céu*, eu nunca pensei que tudo ia mudar quando a gente tivesse apenas 25 anos.

Ela me olhou e suspirou, balançando a cabeça com ar solene.

— Quê? — perguntei.

— Eu sempre soube que devia ter espalhado um monte de câmeras na casa na época da mudança — ela disse, revirando os olhos. — Eu sabia. Eu falei para o Dave na época. Sei que você fala que não quer aparecer na frente das câmeras, mas essa história toda ia dar um arco tão bacana para um reality show.

Reuni nossas amigas e contei o plano do Scott. Combinamos um horário e um local onde ficaríamos esperando a Farly com um presente. Comprei no Etsy um pôster emoldurado com a letra de "There Is A Light That Never Goes Out", a música do Smiths de que os dois mais gostavam. AJ disse que para mim ela compraria o pôster de "Heaven Knows I'm Miserable Now".

Eu nunca quis nada disso. Nunca quis que ela passasse todos os fins de semana com os amigos do Scott e suas esposas em churrascos em bairros de gente esnobe. Eu não queria vê-la em jantares para colocar as novidades em dia. Eu não queria que ela se mudasse depois de um ano. Eu não queria que ela se casasse. E a pior coisa, a grande merda, é que tinha sido tudo culpa minha. Eu queria poder voltar no tempo para nunca apresentar os dois. Nunca namorar o Hector. Nunca ter ido para a casa do Hector naquela noite de neve em Notting Hill. Eu queria poder voltar e ignorá-lo quando ele puxou papo comigo no trem. Eu queria nunca ter entrado naquela merda de trem.

Quando você tem uma Farly na sua vida, o problema é que a história dela se confunde com a sua. Ela não estava vivendo a vida que eu tinha planejado para nós, e eu estava de luto pelo futuro que naquele momento soube que não teríamos. Até Scott aparecer, estávamos seguindo o plano: tínhamos estudado na mesma universidade, na qual escolhemos morar juntas, depois moramos na mesma casa durante dois anos. Quando nos formamos, pensei que viveríamos "Os anos em Londres" — não "O ano em Londres". Pensei que haveria várias casas, não *uma* casa. Pensei que iríamos juntas a centenas de festas e ficaríamos até o dia amanhecer. Pensei que haveria shows e encontros de casal e viagens para cidades europeias e semanas que passaríamos esparramadas lado a lado na praia. Pensei que já tínhamos reservado os nossos vinte anos antes que chegasse a hora inevitável de abrir mão uma da outra. Eu senti que o Scott tinha me privado da nossa história. Ele tinha roubado dez anos que eram meus.

Um mês antes de Scott a pedir em casamento, algumas de nós saímos para beber com a Farly num sábado à noite.

— Scott me disse uma coisa estranha esta semana — ela revelou.

Nós nos entreolhamos — pensando que já tínhamos comprado o pôster do Smiths e reservado o Dia dos Namorados — com os olhos arregalados.

— Fala — eu disse num tom tristonho.

— Ele disse que tem uma surpresa pra mim no Dia dos Namorados, e que é pequena, mas ao mesmo tempo muito grande. E eu sei que parece loucura, mas estou quase achando que talvez ele vá me pedir em casamento.

— Acho que não deve ser isso — Lacey disse de repente, fazendo questão de ignorar nossos olhares intensos, porque qualquer mínimo contato sem dúvida entregaria o jogo.

— É, eu sei. Você tem razão, não pode ser isso — Farly logo respondeu, com uma risadinha modesta.

— É — AJ disse. — Cara, eu acho que você tá levando a sério demais o que ele falou.

— Mas o que pode ser uma coisa pequena e grande ao mesmo tempo? Não consigo pensar em nada — Farly disse.

— Ah, não sei — Lacey respondeu. — Talvez passagens de avião para alguma viagem, algo assim?

— Pode ser uma batina de padre — eu disse, sem mudar o tom.

— O quê? — ela perguntou.

— É uma coisa pequena e grande. De repente ele decidiu virar padre e quer te dar a notícia no seu aniversário de namoro.

— Ai, para com isso, Dolly — Farly reclamou, suspirando.

— Ou talvez... talvez... — eu disse, falando mais devagar do que o normal por causa do litro de vinho branco que tinha ingerido. — Talvez ele tenha resolvido fazer uma tatuagem do Manchester United na cara. Parece uma coisa pequena, mas na verdade é enorme, né? Pode até mudar o que você sente por ele. — AJ me pediu para parar com um discreto gesto de cortar a garganta. — Ou talvez seja a chave de um barco, talvez ele tenha comprado uma lancha para navegar pelo Tâmisa. É uma baita de uma mudança de estilo de vida, ainda mais se ele quiser usar nos fins de semana. Imagino que seja bastante caro manter um barco. Pode ser isso. Ele virou marinheiro, mas ainda não teve coragem de te contar.

— Não quero mais tentar adivinhar o que é — Farly disse, perdendo a paciência.

Não consegui dormir na véspera do pedido de casamento, pensando em como a vida da Farly estava prestes a mudar e ela não fazia a mínima ideia. Mandei uma mensagem para o Scott de manhã: "Boa sorte hoje. Sei que você vai arrasar. Espero que ela diga sim. Se não, foi legal te conhecer, bjs."

"Obrigado pelo voto de confiança, Dolls, bjs", ele respondeu.

Ficamos sentadas no balcão do bar, esperando a mensagem do Scott.

— E se ela disser não? — AJ perguntou. — A gente simplesmente vai embora?

— Ela não vai dizer que não — retruquei. — Mas, se ela disser, eu já pesquisei o que mais está rolando hoje e tem uma noite disco na KOKO, então é só a gente ir dançar. São dez libras pra entrar.

Às dez, recebi uma mensagem do Scott dizendo que eles estavam noivos. Ele disse para ela que iam tomar um último drinque para comemorar antes de voltarem para casa. Pedimos uma garrafa de champanhe, servimos duas taças para eles e ficamos olhando pela janela, esperando o táxi chegar. Finalmente os vimos entrando no bar e AJ apertou minha mão suada duas vezes, o código Morse silencioso e universal.

— PARABÉNS! — todas gritamos quando Farly entrou pela porta.

Ela nos encarou com uma expressão de choque, depois olhou para Scott. Ele sorriu para ela e Farly veio correndo me abraçar.

— Parabéns — eu disse, entregando a Scott sua taça de champanhe. — Você faz a minha melhor amiga muito feliz.

— Fico tão feliz por você ter namorado aquele babaca do Hector — ele comentou, rindo. — Amo você, Dolly.

Os olhos dele se encheram de lágrimas e ele me deu um abraço.

Eu me perguntei se ele sabia o que eu estava sentindo. Eu me perguntei se ele sempre soube. Talvez tenha sido o motivo de ele ter tentado me incluir na noite do noivado, me dado um projeto só meu, de certa forma me feito participar.

Duas horas depois, Farly tinha me convidado para ser sua madrinha de casamento, eu tinha bebido a maior parte do champanhe comemorativo e estava com vontade de falar.

— Eu quero fazer um discurso — anunciei, falando enrolado para AJ, e peguei um garfo para bater na minha taça.

— Não, querida — AJ disse, tirando o garfo da minha mão e fazendo um sinal para as outras meninas, que rapidamente removeram os talheres da mesa e os entregaram para o garçom. — Nada de discurso.

— Mas eu sou a madrinha dela, caralho.

— Eu sei, gata, e não vão faltar oportunidades pra discursos.

Quando AJ foi ao banheiro, entrei embaixo da mesa e achei a chave do carro dela na bolsa. Bati a chave na taça, ouvindo o *ding ding*.

— Quando fiquei sabendo que Scott e Farly estavam noivos, claro que eu fiquei puta da vida — anunciei.

— Ai, meu Deus — Belle grunhiu.

— Porqueu conheço essa doidinha aqui há mais de vintecincoanos.

— Mais de 25 anos? — Lacey perguntou para Hicks.

— CALABOCA! — gritei, apontando para Lacey e derramando meu vinho na mesa.

— QUE PORRA É ESSA, VOCÊ NÃO VAI MAIS SER MINHA MADRINHA! — Farly disse, também bêbada, me interrompendo do outro lado da mesa.

— Mas quando olho ao meu redor, eu vejo que o mundo... — Fiz uma pausa para aumentar o efeito dramático. — ...está como temquesser. Porque a minha melhor amiga ficou com o melhor cara.

— Ounnnn — todo mundo disse, com um suspiro de alívio coletivo.

— Um brinde ao Scott e à Farly — berrei entre lágrimas, voltando a me sentar.

Todo mundo bateu palmas, mas sem muita disposição.

— Lindo — Belle sussurrou para mim. — Mas eu sei que você roubou essa fala do discurso da Julia Roberts em *O Casamento do Meu Melhor Amigo*.

— Ah, ela não vai saber — sibilei com um gesto desdenhoso.

O resto daquela noite, para ser sincera, é um certo mistério até hoje. Convidei Dilly e o marido, que estavam por perto comemorando o Dia dos Namorados, para se juntarem à comemoração. Dancei o cancã, cantando "One", do musical *A Chorus Line*, e num dos chutes mais vigorosos arremessei uma bandeja cheia de pratos das mãos de um garçom, fazendo-os se espatifarem no chão. Eu me despedi do Scott e da Farly, voltei para o meu apartamento em Camden e fiz todo mundo continuar bebendo até as seis da manhã. Acordei no dia seguinte e dei de cara com uma Hicks seminua com as palavras *feliz dia dos namorados* escritas nos peitos com delineador.

Passei o dia seguinte acompanhando o "fim de semana de noivado" da Farly (não quero implicar com esse detalhe específico, mas eu pensava que uma noite era o suficiente) pelas redes sociais. Eles fizeram um churrasco em família e almoçaram no restaurante Wolseley, e os amigos do Scott e suas esposas cobriram Farly de presentes como cadernos de planejamento de casamento da Smythson e garrafas de um litro e meio de champanhe, o que fez meu pôster emoldurado parecer pouca coisa. Comecei a me sentir o quarto Rei Mago de que ninguém se lembra (aquele que tinha levado uma porcaria comprada na internet).

— Senti que você teve dificuldade para lidar com tudo o que aconteceu na sexta — Farly disse ao telefone. — Você está bem?

— Estou ótima! Não sei do que você está falando, "dificuldade para lidar". Tipo, não sou eu quem ficou noiva. Foi você que pareceu estar com dificuldade para lidar. Vi no Facebook que a Michelle te deu aquele planner de casamento da Smythson... Legal, né?

— Quer sair para jantar na semana que vem, só nós duas?

— Claro.

Mandei um e-mail para o Hector — a primeira vez em quatro anos:

Lembra de mim? Scott e Farly vão se casar. Que bom que você me deixou ir na cozinha sem roupa.

Ele respondeu e disse que tinha ficado sabendo pelo Facebook. Disse que não trabalhava mais na prefeitura, que agora fazia assessoria de imprensa para o setor do turismo e ganhava uma boa grana de ajuda de custo. Perguntou se podia me convidar para um almoço com drinques, para brindar à nossa eficiência como cupidos. Pensei que não éramos exatamente os cupidos mais felizes do mundo, mas aceitei porque estava deprimida. Procurei os poemas eróticos dele na minha caixa de entrada, num arroubo de nostalgia forçada. Cancelei o almoço um dia antes da data combinada.

— Por que você acha que mandou e-mail para ele? — Farly perguntou entre mordidas no hambúrguer num restaurante alguns dias depois.

— Não sei. Acho que eu só queria ter um namorado.

— Sério? — Ela limpou a boca com o guardanapo. — Você sempre fala que não quer.

— É, mas nos últimos tempos eu ando mudando de opinião.

— O que causou isso?

O que tinha causado aquilo? Eu estava com inveja. Dessa vez não era do Scott, eu estava com inveja da Farly.

— Você ficando noiva.

— Por quê? — ela perguntou.

— Porque eu odeio isso de a sua vida estar tão diferente da minha. A gente sempre fez as coisas ao mesmo tempo, e agora não, e eu odeio isso — expliquei, suspirando. — Os nossos filhos vão ter idades muito diferentes, e eu odeio isso. Você vai comprar um apartamento com um cara, e eu tive que implorar para conseguir pagar o aluguel com três semanas de atraso este mês, e odeio isso. Você sai por aí com o Audi que o Scott ganhou no trabalho, e eu ainda não sei dirigir, e odeio isso. Os amigos dele são tão diferentes de mim e eu tenho medo de eles te roubarem porque a vida deles lembra a sua nova vida, e a minha não, e odeio isso. Sei que parece loucura e que isso não é sobre mim e estou estragando seu momento especial e que eu deveria apenas ficar feliz por você. Mas eu sinto que fiquei tão pra trás que tenho medo de perder você de vista.

— Se você tivesse conhecido seu marido aos 22 anos, eu teria achado muito, muito difícil — ela disse.

— Jura?

— Claro! Eu ia odiar.

— Porque às vezes parece que eu estou ficando louca.

— Você não está ficando louca. Eu ia sentir exatamente a mesma coisa. Mas eu não escolhi conhecer o Scott aos 22 anos. Eu não estava procurando um marido.

— Pois é — eu disse, meio desanimada.

— E eu vou estar presente para celebrar e viver todos os acontecimentos importantes da sua vida, seja no mês que vem ou daqui a vinte anos.

— Está mais pra quarenta anos — grunhi. — Eu ainda não moro num apartamento com cortinas.

— A gente não está mais na escola. As coisas vão acontecer em momentos diferentes. Você também vai fazer várias coisas antes de mim.

— Tipo o quê? Usar metanfetamina?

Então eu acabei aceitando o Scott. Entendi que ele não iria embora tão cedo. Comecei a sair com os dois e revisitei meu conhecido e bem-sucedido papel de Vela Oficial do Casal. É irritante porque sempre dão esse papel às mesmas pessoas, mas eu me saio muito bem nele. De todos os meus anos neste mundo, passei poucos namorando alguém. Sou capacitada e tive muita prática para fazer o papel de vela, sou Dolly Alderton, a Que Sempre Fica de Vela.

Passei minha adolescência inteira andando com as minhas amigas e os namorados delas. Sorrindo enquanto eles brincavam de lutinha no sofá ou fingindo que jogava o jogo da cobrinha no celular enquanto eles se beijavam num canto da sala. Eu sou ótima nisso de sorrir e fingir naturalidade com casais, porque é assim que passei a maioria das noites de semana em volta de uma mesa quando tinha vinte e poucos anos. Eu deixo os casais fingirem brigar para decidir de quem é a vez de colocar ou tirar a louça da máquina de lavar. Dou risada quando eles contam longas histórias sobre os hábitos noturnos um do outro. Fico quieta quando eles analisam a vida de pessoas de que nunca ouvi falar de um jeito exageradamente animado ("Como ASSIM?! Impossível a Priya ter comprado aquele azulejo! Eu não ACREDITO! Depois de tudo aquilo! Nossa, desculpa, conta pra Dolly quem é Priya e aquela história do loft desde o início") para provar que têm uma vida superinteressante que não me inclui. E eu passo todo esse tempo fingindo que não sei por que fiquei de vela, o motivo de ficar apenas sorrindo e escutando. Mas é claro que sei que sou um mero afrodisíaco nesse jogo de Alegria Doméstica — sei que quando eu for embora eles vão arrancar as roupas e se pegar, porque ficaram muito empolgados com aquele discurso de casal sobre a viagem que tinham feito para as Filipinas, especialmente quando os dois falaram o nome da mesma ilha ao mesmo tempo quando perguntei qual foi a melhor parte. Eu não passo de um membro da plateia não muito feliz de estar ali.

Mas assisto a essas performances mesmo assim, porque sequer cogito a alternativa: perder minhas amigas.

E quando Farly e Scott não estavam fazendo o Showzinho Deles, eu descobri que, para minha grande surpresa, até que eu e Scott nos dávamos bem. Na verdade, lamentei não ter percebido isso antes, porque eu poderia ter aproveitado a companhia do Scott quando ele ia em casa quando eu e Farly ainda morávamos juntas, em vez de mal falar com ele. Scott era engraçado e inteligente. Lia o jornal e tinha opiniões. Ele se revelou um cara bem legal, e em retrospecto me pareceu óbvio que Farly escolheria alguém legal para se casar. Era eu quem tinha entendido tudo errado.

Quando não estava empolgada ajudando Farly a planejar o casamento, eu também tentava me esforçar mais para ser legal com os amigos do Scott. Sempre que os encontrara no passado, eu tinha feito o maior papelão para tentar provar que era diferente deles. Uma vez fiquei muito mais bêbada do que deveria num almoço de domingo na nossa casa e passei um sermão sobre como "comer carne é errado" enquanto eles comiam cordeiro. Outra vez, num pub, eu tinha acusado um dos amigos dele de misoginia depois de ele ter feito um comentário sobre a minha altura. Mas depois que

Farly e Scott ficaram noivos, eu fiz de tudo para relaxar, ser educada e conhecê-los de verdade. Afinal, era com eles que ela passava a maior parte do tempo agora. Não tinha como serem completamente desinteressantes.

E aí, de repente, numa noite de sexta de agosto, todos paramos de pensar no casamento. Florence, a irmã da Farly que tinha dezoito anos, foi diagnosticada com leucemia. "A vida está em suspenso" foi a frase que o pai da Farly ficou repetindo nos meses que se seguiram. A vida estava em suspenso. O casamento foi adiado em um ano. Florence era uma das madrinhas, e queriam garantir que ela estivesse bem na cerimônia. Eu tinha passado meses obcecada com o casamento, e agora não poderia me importar menos com ele.

No mês que se seguiu ao diagnóstico, Farly fez 27 anos. Queríamos comemorar com ela para distraí-la da doença da Florence, mas ela estava exausta porque vinha passando todo o seu tempo livre no hospital. Ela não queria beber, não queria sair com muitas pessoas, não queria precisar contar como estava se sentindo para um monte de gente. A família dela não podia comparecer porque todos estavam acampados no hospital. Foi Scott que decidiu: eu e AJ iríamos ao novo apartamento deles e ele faria um jantar para nós quatro.

A primeira vez em que eu tinha estado presente em um aniversário da Farly foi quando ela fez doze anos. Ela tinha assoprado mais velinhas de aniversário comigo do que sem mim. Eu me lembro do primeiro como se tivesse acontecido ontem — quando ela ainda era apenas uma amiga com quem eu me sentava na aula de matemática. Ela estava com um vestido cor-de-rosa da Miss Selfridge e a gente dançou a "Macarena" no salão da igreja de Bushey.

Mas esse aniversário foi diferente de todos os outros que tínhamos comemorado juntas. Eu nunca tinha visto Farly tão pequena, frágil como um filhote de passarinho. Não nos abraçamos forte, não enchemos a cara. Fomos silenciosas e delicadas, e Scott foi ainda mais.

Ele tinha levantado cedo para ir à peixaria, já que tanto AJ quanto eu tínhamos parado de comer carne. Ele fez robalo recheado com erva-doce e laranja e batata assada e serviu a comida com a concentração de um participante do *MasterChef*, com direito a mordidinha no lábio. Estava maravilhoso. Ele beijava Farly na testa toda vez que passava por ela. Ele segurava a mão da Farly debaixo da mesa. Eu vi o homem pelo qual ela havia se apaixonado.

Fui à cozinha e mandei uma mensagem para o Scott contando que eu tinha escondido uma caixa de cupcakes de aniversário atrás do sofá. Esperamos Farly ir ao banheiro, e AJ fez uma barricada com uma cadeira enquanto eu, frenética, espalhava os bolinhos numa travessa e Scott procurava uma caixa de fósforos.

— O QUE TÁ ACONTECENDO?! — Farly gritou.

— UM MINUTO! — berrei enquanto eu e Scott acendíamos as velas.

Cantamos "Parabéns pra você" e lhe demos presentes e um cartão. Ela apagou as velas e deu risada, e nós três lhe demos um abraço coletivo.

— Por que demorou tanto? — ela perguntou. — Vocês assaram os cupcakes enquanto eu fazia xixi? Porra, fiquei tanto tempo lá dentro que comecei a fazer meus exercícios de coxa.

— Que exercícios de coxa? — AJ perguntou.

— Ah, são umas séries de exercícios de que eu ouvi falar. — Ela começou a se inclinar para a frente e descer e subir de novo, e um pouco de sua cor costumeira e vibrante tomou conta do seu rosto. — Eu tento fazer todos os dias de manhã. Acho que não está fazendo diferença nenhuma. Minhas pernas continuam sendo dois presuntos.

AJ começou a imitar Farly, subindo e descendo com uma postura desajeitada, como se assistisse a um vídeo de exercícios.

Do outro lado da sala, Scott olhou para nós e nossos olhares se cruzaram. Ele sorriu para mim. "Obrigado", ele balbuciou. Eu retribuí o sorriso e de repente vi o mundo que agora existia entre nós. A dimensão invisível criada a partir da história, do amor e do futuro que compartilhávamos em nome daquela pessoa. Foi quando soube que tudo tinha mudado: nós tínhamos nos transformado. Não havíamos escolhido um ao outro. Mas éramos parte da mesma família.

Diário dos dates ruins: Uma conta de restaurante de trezentas libras

É dezembro de 2013 e eu estou no terceiro encontro com um empresário gato que conheci no Tinder. Ele é o primeiro homem rico com quem saio na vida, e saber que está gastando dinheiro comigo me deixa muito dividida. Às vezes, quando ele pega a conta do restaurante com um gesto educado, eu fico lisonjeada — como se sentisse que relacionamentos adultos deveriam funcionar assim. Em outros momentos, fico frustrada comigo mesma por ser tão previsível e ficar toda abalada só porque um cara mais velho que tem um carro chique e problemas com álcool quer comprar champanhe para mim. Esse meu conflito interno me leva a ser muito hostil com ele.

— Você não pode me comprar! — grito, sem nenhum motivo, no restaurante que ele escolheu em Mayfair, depois de tirar proveito de três garrafas de vinho. — Eu não sou um bem que você pode possuir... Eu não vou me obrigar a me arrumar toda só pra você me pagar um prato de lagosta! Eu mesma posso pagar!

— Tudo bem, linda, então você paga — ele responde, já um pouco bêbado.

— Vou pagar mesmo! — retruco, irritada. — E sem dividir a conta. Vou pagar TUDO.

A garçonete chega com a conta, que totaliza trezentas libras.

Vou ao banheiro para mandar uma mensagem para AJ, que mora comigo, pedindo para ela me emprestar duzentas libras e transferir o valor para a minha conta o quanto antes.

As crônicas da festa ruim: Minha casa em Camden, Natal de 2014

Venho insistindo para fazermos uma festa temática do Rod Stewart desde que nos mudamos para a casa em Camden, dois anos e meio atrás. A meu ver, Rod Stewart, enquanto conceito, é o elo entre a cafonice divertida do Natal e a *joie de vivre* irresponsável de uma festa que alguém de vinte e poucos anos faz na própria casa.

As meninas que moram comigo, Belle e AJ, acabam concordando sem muito ânimo que a nossa festa de Natal tenha Rod Stewart como tema, mas fazem questão de deixar claro que isso não é responsabilidade delas.

No período que antecede à festa, eu acelero tanto meu envelhecimento quanto minha ruína financeira procurando objetos e decorações com a temática Rod Stewart. Temos copos de plástico com o rosto dele estampado, cinzeiros do Rod Stewart, tortinhas de frutas customizadas com carinhas de Rod Steward de papel comestível, um Rod Stewart de papelão em tamanho real, uma placa do Rod Stewart indicando onde fica o banheiro e uma faixa do Rod Stewart em que se lê "FELIZ NATAL, BABY!!". Sabrina, India, Farly, Lauren e Lacey chegam cedo para ajudar a instalar as decorações do Rod na casa, e todas concordam com Belle e AJ, que acham que foi tudo um desperdício de dinheiro.

— Ai, meu Deus — digo, prendendo a faixa à parede enquanto Sabrina mantém estável a cadeira na qual subi. — Acabei de perceber que os pôsteres da banda Faces que encomendei não chegaram a tempo. Será que alguém vai dar falta?

— Não — ela responde, suspirando. — Fora você, ninguém vai notar nada disso.

Os primeiros convidados a chegarem às sete em ponto são minha nova amiga americana, simpática e um pouco escandalosa, e seu namorado barbudo. Está na cara que começaram a beber há muito tempo. Eles também trouxeram seu cachorro, da raça Cavalier King Charles Spaniel, que está usando uma roupinha com estampa natalina.

Os outros convidados só começam a chegar aos poucos por volta das nove horas, então tentamos manter a conversa rolando com os dois primeiros convidados, mas eis que o namorado apaga no sofá com o cachorro deitado em cima dele e passa a noite inteira assim, de forma que é a primeira visão de todo mundo que chega para a festa. Amigos vão chegando devagar, um de cada vez. O clima é de desânimo. O cara continua desmaiado com o cachorro em cima, uma cena deprimente que fica bem na entrada da festa. Um convidado — amigo de um amigo, um diretor de clipes que mora em Peckham, como tantos outros jovens descolados — chega na festa, olha rapidamente a visão do que o aguarda e inventa que esqueceu que tinha outro compromisso, indo embora em seguida.

Mais ou menos na metade da noite, eu vou ao banheiro para descansar um pouco dos convidados, grupinhos incompatíveis que não têm nenhum assunto em comum. Ao fundo, "You Wear It Well" toca no repeat enquanto pessoas reclamam da playlist que só tem Rod Stewart. AJ e Belle estão no banheiro — AJ sentada na privada, Belle na lateral da banheira. Comentamos que a festa está horrível. Pensamos em maneiras de fazer as pessoas irem embora e acabarmos com a festa. AJ diz que precisa tirar um cochilo de dez minutos porque está cansada e para baixo. Alguém bate na porta e meu irmão entra.

— Que pessoal estranho lá embaixo, né, gente? — ele comenta.

Quando volto, a festa está ainda mais vazia. Tem um skinhead muito alto de jaqueta bomber de couro atacando a geladeira.

— Ahn, oi... Quem é você? — pergunto.

— Me falaram pra vir aqui — o homem responde com um sotaque romeno muito carregado, bebendo uma lata de cerveja que ele pegou sem ninguém oferecer. — Pra fazer a entrega.

— Entrega?

— Sim — ele diz, me olhando com uma expressão sugestiva. — Entrega.

— Tá, mas será que você poderia... — eu o conduzo até a porta da frente — esperar aqui?

Passo pela americana, que está dançando coladinho com o cachorro de roupinha ao som de "Sailing" enquanto uma plateia perplexa os observa. A essa altura, seu namorado já está apagado estirado no sofá há mais de três horas.

— ENTÃO, EU ACHO QUE O TRAFICANTE DE ALGUÉM ESTÁ AQUI — anuncio para o grupo, irritada. — Desculpa ser a estraga-prazeres... E não culpo ninguém por querer ficar chapado nessa festa horrível, mas será que vocês podem pedir para o traficante esperar lá fora ou no corredor, pelo menos?

A festa chega ao fim pouco depois da meia-noite.

Na manhã seguinte, durante o café, Belle e eu fazemos uma grande investigação para tentar entender como a festa pôde ter dado tão errado. Comento que meus preparativos para a festa temática podem ter criado uma expectativa muito alta.

— Você acabou Rodando — ela diz, balançando a cabeça com ar de sabedoria.

Deixamos o Rod Stewart de papelão na sala por um tempo. Um lembrete de que, nessa vida, não adianta se precipitar. Nós os decoramos de acordo com o momento — colocamos um sutiã rosa nele quando o escândalo de Lord Sewel com a prostituta vira notícia, um chapéu de duende no Dia de São Patrício. Oito meses depois, quando vamos nos mudar e encaixotamos nossos pertences, a única coisa que deixamos para trás é o Rod Stewart no meio da sala, passando a maldição das festas ruins para os futuros inquilinos.

> **Receita:**
> **Sanduíche "Me expulsaram da boate"**
> *(serve duas porções)*

Um sanduíche que tantas vezes comi com a AJ, sentadas na bancada da cozinha, balançando as pernas e falando mal daquele segurança babaca que disse que estávamos bêbadas demais para voltar para a festa e "acabando com a diversão dos outros".

— 2 ovos
— 4 fatias de pão (de preferência de fermentação natural, mas tudo bem se for industrializado)
— Maionese
— Mostarda de Dijon
— Rúcula (opcional)
— Azeite e manteiga para fritar
— Sal e pimenta-do-reino a gosto

Frite os ovos em azeite com um tiquinho de manteiga numa frigideira bem quente. Com uma colher, regue os ovos com azeite uma ou duas vezes para cozinhar a gema.

Torre o pão.

Para cada sanduíche, passe maionese numa fatia do pão e mostarda na outra.

Recheie cada sanduíche com um ovo frito e um punhado de rúcula. Tempere com sal e pimenta-do-reino.

Coma em cerca de cinco mordidas grandes e com gosto. Suje o rosto de mostarda.

Sirva qualquer bebida alcoólica que ainda tiver na sua casa em dois recipientes limpos (no nosso caso costumava ser uma garrafa velha de vodca barata que a Farly tinha ganhado de Natal em 2009 e que morava no fundo do nosso freezer).

Coloque um disco do Marvin Gaye para tocar.

Diário dos dates ruins: A vez em que beijei de manhã sem beber um pingo de álcool

Primavera de 2014. Acordo com o despertador às nove horas de um sábado, depois de cinco horas de sono. Recebi uma mensagem de WhatsApp do gatíssimo (e americano) Martin: "Dollzinha, aquele nosso café ainda está de pé?" Parece que viraram a minha cabeça do avesso feito uma meia suja, mas falo para ele que está confirmado. Demos match no Tinder três dias atrás e desde então conseguimos manter um fluxo ininterrupto de "Jura? Esse é o meu disco preferido do Springsteen!", "Eu também acredito em reencarnação", "É, talvez todo mundo esteja um pouco perdido na vida" e daí por diante. Nesse momento, enquanto procuro os cílios postiços da noite anterior pelo quarto e os colo de novo, estou convicta de que ele vai virar meu namorado até o fim da semana e que vou me mudar para Seattle com ele no mês que vem. Pois essa é a única solução que faz sentido na cabeça de uma mulher solteira que está de ressaca e envergonhada por ter caído de um ônibus na noite anterior: casamento e imigração.

O modelito: uma blusa de lã imensa e tão larga que parece um vestido, short jeans estilo *hot pants* porque todas as minhas calças estão sujas, meia-calça rasgada e tênis de lona branco.

— Sem casaco? — AJ resmunga, igualmente de ressaca, quando passo por ela na escada.

— Não precisa — digo, animada.

— Você está FEDENDO a uísque, aliás — ela grita quando eu fecho a porta.

Martin está sentado no balcão do Caravan King's Cross. Felizmente ele é idêntico às fotos. Quando chego, ele está escrevendo num caderno. Acho que isso dá um toque teatral muito bacana à narrativa do nômade perdido que ele tenta construir a todo custo no perfil de Instagram que eu já stalkeei.

— Tá escrevendo o quê? — pergunto por cima do ombro.

Ele se vira, olha para mim e sorri.

— Não é da sua conta — ele responde e me dá dois beijinhos nas bochechas.

O clima já é de paquera e a gente ainda nem tomou café, que dirá seis cervejas. Acho que é porque ele é americano.

Martin me conta a história da vida dele: ilustrador de Seattle com quase quarenta anos, ganhou uma fortuna num emprego importante e resolveu gastar tudo viajando o mundo por um ano e escrevendo um livro. Ele está fazendo "turismo de Tinder" para conhecer gente nova. Está na Inglaterra há um mês, pretende ficar mais algumas semanas em Londres e depois seguir viagem.

(*Observação: nessa ocasião notei que Martin se mostrou especialmente reticente quando perguntei sobre o tema de seu livro, dizendo apenas que era não ficção. Também notei que ele anotou algumas coisas enquanto eu falava. Ele levou o caderno quando foi ao banheiro e ficou lá dentro por muito tempo. Concluí que ou A) o intestino dele não tinha reagido bem à cafeína e ele queria passar um tempo pensando na vida no banheiro, ou B) ele era um homem discreto e intuiu que eu era uma pessoa intrometida que estava de ressaca e não respeitava o limite dos outros e que talvez pegasse o caderno dele para ler quando ele fosse ao banheiro, ou C) ele estava escrevendo alguma coisa constrangedora, tipo a lista de pedidos que ele fazia ao universo ou a lista de pessoas com quem tinha transado e não queria que eu visse, ou D) ele estava escrevendo um livro sobre todas as mulheres com quem tinha ficado na Inglaterra e eu era a próxima. Sempre suspeitei que fosse a opção D e até hoje espero encontrar um livro chamado* Para todas as inglesas que já peguei: Meu tempo com as inglesas, *com um parágrafo constrangedor sobre mim, nas prateleiras das livrarias.*)

Depois de tomar nosso café, sentamos num banco em frente ao lugar e observamos os chafarizes jorrando água de um jeito rítmico e pornográfico, e ele cita Hemingway, e eu acho isso só um pouquinho exagerado, mas estou gostando do clima descontraído do encontro, então relevo. Ele pega outro caderno, no qual desenhou mapas de todos os países que visitou até agora, marcando o caminho que percorreu com pegadas bonitinhas. Pergunto se ele tem uma namorada em cada porto. Ele ri e diz "algo do tipo" com seu sotaque irritante e maravilhoso.

Ele pega a minha mão e me leva pela escadaria que fica na frente da faculdade de arte Central Saint Martins, andando em direção ao Regent's Canal. Andamos um pouco até estarmos debaixo da ponte mais próxima, depois ele abre o próprio casaco, me puxa para perto e me embrulha com o tecido. Ele beija minha cabeça, meu rosto, meu pescoço e minha boca. Passamos meia hora nos beijando.

São onze da manhã.

Eu e Martin nos despedimos às onze e meia e agradecemos um ao outro pela manhã agradável. Estou de volta na cama ao meio-dia e meia e durmo a tarde toda. Acordo às quatro, convencida de que foi tudo um sonho.

Como era de se esperar, Martin some depois do nosso encontro matinal e, quando reaparece, se mostra reticente em relação a um próximo encontro. Uma semana depois, calibrada de Prosecco numa sexta à noite e incentivada pelas minhas amigas, envio uma mensagem de WhatsApp cheia de erros de digitação perguntando para Martin se "posso ser sincera" e sugerindo que a gente embarque numa "relação platônica, mas sexual" enquanto ele está em Londres. Eu me ofereço para ser "a namoradinha do porto de Londres". Digo que é "o que Hemingway faria".

Martin nunca mais me responde.

Tudo o que eu sabia sobre o amor aos 25 anos

Homens adoram mulheres que se reprimem. Faça o cara esperar cinco encontros para transar, três no mínimo. É assim que você mantém ele interessado.

É péssimo, mas os namorados das suas melhores amigas não vão embora tão cedo. Quase nenhum vai ser a pessoa que você tinha imaginado para a sua amiga.

É mais barato comprar suspensórios e meia-calça no atacado pelo eBay.

Namoro virtual é coisa de gente fracassada, e eu me incluo nesse grupo. Sempre desconfie de pessoas que pagam para publicar um perfil constrangedor num site de relacionamentos.

Esquece aquilo que eu falei antes sobre usar creme depilatório quando você está saindo com alguém. Se depilar tudo, você estará decepcionando as outras feministas. A gente precisa se opor ao controle que o patriarcado impõe sobre a anatomia feminina.

Nunca transforme um álbum tão bom quanto *Blood on the Tracks*, do Bob Dylan, em "álbum do casal" com um namorado novo, porque, anos depois do término, você vai continuar não conseguindo ouvi-lo. Não cometa esse erro aos 21 anos.

Se um homem ama você porque você é magra, ele não é homem coisa nenhuma.

Se você está pensando em terminar com alguém, mas tem questões práticas atrapalhando, faça o seguinte teste: imagine que você pudesse entrar numa sala e apertar um botão vermelho bem grande que vá terminar o relacionamento sem drama. Sem conversas chatas de término, sem choro, sem precisar buscar suas coisas na casa dele. Você terminaria? Se a resposta for sim, você precisa terminar.

Se um homem tem 45 anos e sempre foi solteiro... existe um motivo. Não espere para descobrir qual é.

A pior sensação do mundo é levar um pé na bunda porque a pessoa disse que não gosta mais de você.

Sempre leve o cara para a sua casa, porque aí você pode convencê-lo a tomar café da manhã e fazê-lo se apaixonar por você.

Sexo casual quase nunca é bom.

Fingir orgasmo vai fazer você se sentir culpada e péssima, além de ser injusto com o cara. Use com moderação.

Tem mulher que dá sorte e tem mulher que não dá. Existem caras do bem e caras do mal. Com quem você acaba ficando e a maneira como tratam você é pura sorte.

Suas melhores amigas vão abandonar você por causa de homens. Vai ser uma despedida longa e lenta, mas aceite e faça novas amigas.

Em noites longas e solitárias, quando seus piores medos ficam repassando pela sua cabeça como baratas e você não consegue dormir, sonhe com a época em que você foi amada — "em outra vida, uma vida de trabalho árduo e sangue" (como diz em "Shelter from the Storm"). Lembre-se de como era se sentir segura nos braços de alguém. Torça para encontrar isso de novo.

Motivos para querer namorar e motivos para não querer namorar

Motivos para querer namorar:
— Mais chances de ganhar um bolo de aniversário de verdade
— Acesso à Sky TV?
— Uma coisa sobre a qual falar
— Uma coisa com a qual falar
— Tardes de domingo
— Mais compreensão quando você faz uma bobagem grande no trabalho
— Alguém pra passar a mão na sua bunda na fila da pipoca
— É muito caro viajar sozinha
— E é impossível passar protetor solar nas próprias costas
— Às vezes você não dá conta de comer uma pizza grande sozinha
— A pessoa pode ter carro
— É legal fazer um sanduíche para alguém que não seja você mesma

— É legal pensar em alguém que não seja você
— Sexo frequente e sem constrangimento
— Cama mais quentinha
— Todo mundo namora
— Se você namorar, as pessoas vão achar que você é legal e digna de amor
— Se você não namorar, as pessoas vão achar que você é superficial e problemática
— O alívio de não precisar flertar com as pessoas
— Medo de morrer sozinha, o vazio etc.

Motivos para não querer namorar:
— Todo mundo que não é você te irrita
— "Conversar para decidir alguma coisa"
— Talvez a pessoa não goste das músicas do Morrissey
— A pessoa com certeza não vai gostar das músicas da Joni Mitchell
— A pessoa vai perceber quando você estiver aumentando alguma história
— Ter que ir ao aniversário chato dos amigos da pessoa em Finsbury Park
— Ouvir sobre o que você fez na noite anterior quando estava bêbada
— Dividir a sobremesa
— Ter que assistir a qualquer esporte ao vivo ou na TV
— Ter que passar tempo com as namoradas dos amigos e falar sobre *The Voice*
— Ter que ficar sempre migrando de um apartamento para o outro com calcinhas na bolsa
— Ser honesta sobre seus sentimentos
— Ter que deixar seu quarto bem limpo e organizado

— Não ler tanto
— Nunca poder deixar seu celular sem bateria para a pessoa não achar que você morreu
— É provável que você sinta falta de flertar com outras pessoas
— Banheiro cheio de pelos

Tottenham Court Road e comprar merda na Amazon

Quando eu tinha 21 anos, perto do fim do último verão que passei me apresentando no Festival de Edimburgo antes de precisar voltar para casa, procurar emprego e começar a minha vida adulta, saí para comemorar o aniversário de trinta anos da minha amiga Hannah. Ela me dirigia numa série de comédia que eu vinha ajudando a divulgar, e eu e dois outros atores a levamos a um restaurante chique para não deixar a data passar em branco.

Antes de o dia chegar, ela tinha feito comentários genéricos sobre estar deprimida por fazer trinta anos, e todos nós achamos que ela estava exagerando para fazer graça.

Mais ou menos na metade do jantar, ela repousou os talheres na mesa e começou a chorar.

— Nossa, Hannah, você está triste *de verdade*? — perguntei, na mesma hora me arrependendo do cartão de "Feliz aniversário, vovozinha" que eu tinha dado a ela.

— Eu estou ficando mais velha — ela disse. — Consigo sentir. Sinto no meu corpo inteiro, ele já está ficando mais lento. E só vai piorar.

— Você ainda é tão nova! — argumentou Margaret, que era alguns anos mais velha do que ela, mas Hannah continuou chorando, ofegante, com as lágrimas caindo no prato.

— Quer ir embora? — ela perguntou, fazendo carinho nas costas da Hannah, que assentiu.

Enquanto descíamos a Princes Street, jogando conversa fora, fazendo de tudo para manter o clima leve e distrair Hannah, ela parou no meio da rua e levou as mãos à cabeça. Mais do que chorar, agora ela berrava.

— Então é isso? — ela questionou, gritando na escuridão da noite. — A vida é só isso mesmo?

— Só isso o quê? — Margaret perguntou num tom apaziguador, abraçando Hannah.

— Essa porra de... Tottenham Court Road e comprar merda na Amazon — ela respondeu.

Por anos essas palavras ficaram grudadas num cantinho escondido do meu cérebro, como um Post-it que eu não conseguia arrancar. Ficaram lá feito uma conversa sussurrada dos seus pais que você entreouviu e não entendeu, mas sabia ser muito importante. Sempre me perguntei como essas duas coisas — a Tottenham Court Road e a Amazon — seriam capazes de causar tanta tristeza.

— Você vai entender quando tiver mais de 21 anos — Hannah disse quando perguntei.

Enfim compreendi os ardis e as sutilezas dessa frase no ano em que completei 25 anos. Quando você começa a se perguntar se a vida é só ficar esperando o ônibus na Tottenham Court Road e comprando livros que nunca vai ler na Amazon, em suma, você está tendo uma crise existencial. Você está começando a entender que a vida é banal. Você enfim está entendendo que as coisas não fazem muito sentido. Você está saindo do reino de fantasia do "quando eu crescer" e aceitando que já cresceu, que já aconteceu. E não foi como você tinha imaginado. Você não é quem imaginou que seria.

Quando começa a se fazer essas perguntas, você começa a cavar um buraco e fica muito difícil levar a sério as questões práticas do dia a dia. Ao longo do meu 25º ano de vida, foi como se eu tivesse criado uma trincheira com meus pensamentos e perguntas sem respostas, e ficava apenas espiando a partir dessa escuridão, observando as pessoas se importando com coisas que antes tinham sido importantes para mim: cortes de cabelo, notícias, festas, jantares, promoções na Tottenham Court Road, ofertas da Amazon — e eu não conseguia nem cogitar sair dali, que dirá mergulhar naquilo tudo de novo.

Passei um tempo sem beber para tentar equilibrar meu humor, mas só acabei pensando e remoendo ainda mais as coisas. Tentei usar o Tinder, mas os encontros, em sua maioria platônicos, me deixaram ainda mais desanimada e com uma sensação de vazio. O entusiasmo e a paixão que eu costumava ter pelo meu trabalho, antes tão intensos, estavam começando a diminuir. As amigas com quem eu morava, AJ e Belle, muitas vezes entravam no meu quarto e me encontravam chorando ainda enrolada numa toalha do banho que eu tomara havia três horas. Parecia impossível articular o que eu estava sentindo para qualquer pessoa, eu passava uma enorme quantidade de tempo sozinha. Dentro do meu corpo havia uma vibração de desinteresse, tédio e ansiedade, baixo e ao mesmo tempo perturbador, como uma máquina de lavar num ciclo impossível de desligar. Tudo isso chegou ao auge no começo do verão, quando Dilly me falou que achava que eu devia sair do emprego para me dedicar exclusivamente à escrita. Não fazia a menor ideia de como ia ganhar dinheiro e para onde iria em seguida, e AJ avisou que ia morar com o namorado, menos de um ano depois de Farly ter ido embora também. Eu estava deprimida e tinha perdido um emprego e uma colega de casa.

A resposta, é claro, era a resposta de sempre quando você é uma mulher de vinte e poucos anos solteira e com uma leve propensão a ser dramática: mudar de cidade. Sempre adorei Nova York e muitas vezes fora lá visitar Alex, que ainda era uma amiga próxima mesmo depois que seu irmão, Harry, tinha terminado comigo tantos anos antes. Quando ela ficou noiva e me pediu para ser madrinha bem no meu verão do desgosto, pareceu um bom presságio. Ela e o noivo disseram que Farly e eu poderíamos ficar de graça no apartamento em que eles moravam no Lower East Side durante a viagem de lua de mel. Compramos as passagens, fizemos a reserva num hotel para a festa de casamento e agendamos uma viagem de uma noite às montanhas Catskills, quase no final da nossa estadia de duas semanas. Por incrível que pareça, essa seria a primeira viagem internacional que eu e Farly faríamos juntas. E era uma ótima oportunidade para fazer um reconhecimento do que poderia vir a se tonar a minha nova casa: o dia a dia, as pessoas e como eu poderia me ver vivendo lá.

Mas uma semana antes da viagem, Florence foi diagnosticada com leucemia. Farly sentiu que devia ficar em casa dando apoio à irmã e à família, o que era compreensível. Perguntei se ela queria que eu ficasse também, mas ela me disse para ir a Nova York sozinha e aproveitar meu descanso merecido.

Nos meus primeiros dois dias na cidade, me vi tomada por um agradável furacão de deveres de madrinha de casamento. Todo o lado britânico dos familiares e amigos da Alex tinha viajado para o casamento, e passamos os dias que antecederam a cerimônia fazendo coroas de flores, organizando cadeiras, buscando coisas em lavanderias e botando o papo em dia com pessoas que não víamos havia muito tempo. Senti uma saudade terrível da Farly, mas ainda assim foi uma distração agitada, nova e maravilhosa de que eu tanto precisava.

No dia do casamento, usei um vestido preto de alcinha com uma fenda que ia até a coxa (Alex me deu todo o apoio, sabendo o quanto eu estava precisando de um casinho nas férias, sem falar que eu também sabia que ia ver o Harry pela primeira vez em anos) e li o poema "O pastor amoroso" no galpão do Brooklyn onde eles se casaram. Quando li os versos "Não me arrependo do que fui outrora porque ainda o sou. Só me arrependo de outrora te não ter amado", não consegui segurar as lágrimas. Chorei pelo amor que Alex e o marido sentiam um pelo outro e pela solidão profunda que se apossara de mim naquele ano, e da qual só me dei conta naquele momento.

No casamento só havia uma única mulher solteira além de mim, e dei a sorte de terem me colocado para sentar perto do único convidado solteiro do sexo masculino: um galês robusto que trabalhava construindo pontes.

— Ótimo poema — ele elogiou com seu sotaque sensual, sonoro e sincopado. — O choro também foi um toque bacana.

— Não foi planejado! — retruquei.

— Mas deve ter planejado esse vestido — ele disse, sorrindo.

Bebemos negroni atrás de negroni e comemos frango frito e macarrão com queijo e flertamos de um jeito que só é aceitável quando você é uma das únicas pessoas solteiras num casamento. Fizemos uma análise detalhada de todas as nossas pontes favoritas do Reino Unido. Dei sobremesa na boca dele. Ele gritou para me apoiar quando me levantei para fazer o discurso de madrinha e me deu uma piscadinha quando nossos olhares se cruzaram no meio da minha fala. Ele se comportou como um namorado de muitos anos. Nosso relacionamento foi ficando mais íntimo com a intensidade de um pé que faz o acelerador encostar no chão (de um jeito que só é aceitável quando você é uma das únicas pessoas solteiras num casamento).

Logo antes da primeira dança, meu galês foi atender a uma ligação lá fora e sumiu. Alex, com sua coroa de rosas e seu vestido branco longo com mangas estilo quimono que a deixavam com a aparência de uma mulher pré-rafaelita envolta em seda, puxou o marido para a pista de dança. A música mais romântica de todos os tempos — "Sea of Love", do Phil Phillips — foi a escolha perfeita para os noivos dançarem coladinhos.

Quando o refrão tocou, todos os outros convidados já haviam se juntado a eles — dúzias de casais, inclusive Harry e sua nova namorada, sorriam e acompanhavam o ritmo daquela música tão emocionante. Eu fiquei sentada, do lado de fora, olhando para dentro. Tentei imaginar como seria se sentir segura com a pessoa com quem você dormia — uma ideia que me parecia tão distante. Olhei os espacinhos que havia entre um corpo e outro e imaginei os lugares que tinham compartilhado, as histórias que tinham escrito juntos, as memórias, a linguagem, os hábitos, a confiança e os sonhos futuros sobre os quais deveriam ter falado, bebendo vinho no sofá no fim de noite. Eu me perguntei se algum dia teria aquilo com alguém, se minha personalidade sequer permitia que eu flutuasse num mar de amor. E se eu sequer queria isso. Senti alguém cutucando meu ombro, me virei e vi Octavia, uma das outras madrinhas. Ela sorriu e estendeu a mão, depois me levou para a pista e dançou abraçada comigo até o fim da música.

Depois disso, eu me joguei ainda mais nos negronis. Quando saí para fumar um cigarro e encontrei meu galês, o Campari me deu coragem para encostá-lo na parede e dar um beijo nele.

— Não posso fazer isso — ele disse, se afastando.

— Por que não? — perguntei.

— Não vem ao caso. Mas não posso mesmo.

— Não — eu disse, falando enrolado. — É que não... não vai ser assim. Eu estou em Nova York, estou viajando, sou uma madrinha deprimida e coloquei um vestido para me exibir, e ainda paguei a costureira para aumentar a fenda. Você é o meu casinho de viagem, combinado? Está decidido.

— Não posso — ele repetiu. — Eu adoraria, mas não posso.

— Tá, mas então o que era aquele tal de... — Imitei o movimento de colocar sobremesa na boca. — E aquela... — Dei uma piscadinha exagerada.

— Eu estava... paquerando — ele respondeu sem muita convicção.

— Bem, então que grande perda de tempo. Sabia que eu estava sentada do lado de uma atriz muito interessante, muito inteligente? Eu ia adorar ter conversado com ela. Ela parecia incrível. Acho que eu disse cerca de três palavras para ela a noite inteira. Eu estava ocupada demais brincando de ser sua namoradinha.

— Nossa, eu sinto muito se foi perda de tempo! — ele disse, bufando e voltando para a festa.

No dia seguinte, fui ao apartamento da Alex e do marido em Chinatown para me despedir antes de irem para a lua de mel e para brindarmos ao casamento no terraço. Botamos em dia a fofoca do casamento e eles explicaram o motivo do comportamento do galês (ele tinha namorada, é claro).

Alex me mostrou o apartamento inteiro e me entregou a chave.

— Você vai ficar bem? — ela perguntou.

— Vou ficar ótima — respondi.

— Pegou o número da Octavia? Ela está na cidade até o fim do mês, então você não está sozinha.

— Vou ficar bem... É bom passar um tempo sozinha também. Conhecer melhor Nova York. Vai ser uma grande aventura.

— Liga pra gente se precisar de alguma coisa — ela disse, me dando um abraço.

— Não farei isso de jeito nenhum. Vão para o México e nadem pelados no mar e bebam tequila e transem até dizer chega.

Na manhã seguinte, acordei no apartamento, dei comida para os dois gatos pretos deles, reguei as plantas de acordo com as instruções e me sentei com um caderninho para planejar como ia passar meu tempo na cidade e todas as coisas que queria fazer.

Mas tinha um grande problema: uma revista estava me devendo o pagamento de dois trabalhos, um valor que somava pouco menos de mil libras e que eu tinha calculado que seria mais do que o suficiente para minha estadia em Nova York. Eu tinha 34 libras na conta bancária e mais onze dias na cidade. Isso não era raro na minha vida de jornalista freelancer — eu vivia correndo atrás do departamento financeiro das empresas para cobrar pagamentos três meses depois da publicação de uma matéria e da emissão da nota. Mas a urgência nunca tinha sido tão grande. Liguei para o meu editor, o editor pediu que eu ligasse para o departamento financeiro, o departamento financeiro me transferiu de uma pessoa para a outra, porque estavam tentando descobrir o motivo do atraso do meu pagamento. Passei uma hora deitada na cama da Alex com meu celular no viva-voz, a música estridente de espera tocando sem parar, a ligação internacional fazendo minha conta aumentar a cada minuto. A pessoa com quem falei concluiu que eu receberia "logo".

Sem dinheiro e sem amigos, logo ficou óbvio que Nova York era um lugar muito diferente daquele que eu conhecera sempre que visitara a Alex. Não é um bom lugar para quem está falido. Ao contrário do que acontece em Londres, todos os museus e galerias cobram uma taxa de entrada, que costuma custar 25 dólares, e assim eu ia zerar minha conta. E era agosto, então estava fazendo um calor insuportável, de forma que eu não conseguiria passar muito tempo andando sem rumo pela rua ou sentada no parque. A cidade que eu sempre tinha amado, onde sempre tinha me sentido bem-vinda, de repente parecia querer me expulsar. Quando andei pela Quinta Avenida, olhei os arranha-céus e eles pareceram monstros enormes e assustadores que queriam me perseguir até me jogar no aeroporto.

Comecei a reparar em todas as coisinhas que eu odiava em Nova York e que nunca tinham me incomodado antes. Percebi que o metrô era muito confuso e pouco eficaz. Diferentemente do sistema de Londres, com sua gama de nomes de linhas excêntricos e às vezes inspirados na realeza (Jubilee, Victoria, Piccadilly), as linhas de Nova York não poderiam ter nomes mais sem graça e difíceis de distinguir (A, B, C, 1, 2, 3 etc.). É muito fácil confundir o som de B com D, e a linha 1 poderia muito bem ser a 3. É impossível saber exatamente qual letra ou número você deveria pegar sem precisar anotar essas informações. Em muitas das estações o metrô só passa a cada dez minutos, então, se você precisar fazer três baldeações e der azar, pode acabar perdendo meia hora a mais e precisar ficar esperando em pé naquelas estações abafadas. Para tornar esse processo ainda mais frustrante, a maioria das plataformas não tem nenhum painel de informações com o horário do próximo metrô.

Além de tudo isso, sempre tem algum nova-iorquino escroto, aquelas pessoas escandalosas e impacientes que resolvem brigar com você na fila do supermercado ou de um café. Aquelas pessoas que ou são extremamente grossas, ou estão tentando oferecer "a experiência imersiva da vida em Nova York". Eu poderia ter achado graça nisso quando me sentia segura e feliz. Mas agora, me sentindo tão sozinha, odiei o quanto gritavam comigo. "Ô, MOÇA, SAI DA FRENTE, CARAMBA!", um garçom que estava passando por mim berrou na Katz's Deli quando parei na frente do balcão para pedir um bagel.

Também percebi que toda hora me empurravam em Nova York. Eu nunca tinha achado a ambição coletiva daquele lugar tão opressora. Todo mundo estava a caminho de algo importante, ninguém olhava os outros nos olhos. As pessoas andavam com uma postura altiva, balançando os braços como se estivessem marchando, gritando no headset. Até a vida amorosa das pessoas era ambiciosa. Passei uma tarde inteira entreouvindo a conversa de duas amigas num café, e elas falavam sobre os encontros que teriam com homens como se fosse uma operação militar — tudo envolvia datas, números, cálculos e regras.

E, meu Deus, as regras. Eu nunca tinha percebido como eram todos obcecados por regras. Levei bronca por ter pegado e cheirado uma laranja no supermercado antes de comprá-la. Levei bronca quando visitei o Apthorp (o amado prédio de Nora Ephron, sobre o qual ela tinha escrito um artigo) porque cheguei muito perto da fonte decorativa no pátio. Eu nunca tinha pensado em mim mesma como uma criatura anárquica, mas os certinhos de Nova York trouxeram esse meu lado à tona.

E ainda tinha os hipsters que se levavam muito a sério. As pessoas que serviam bons cafés ou trabalhavam em lojas descoladas, as pessoas que diziam "Essa é a coisa mais engraçada que eu já ouvi na vida" com um tom sem emoção e o rosto inexpressivo quando alguém contava uma piada, em vez de rir. As pessoas que olhavam você de cima a baixo até você ficar sem graça. O mesmo jeito marrento de um pirralho de Hackney, só que sem a capacidade de rir de si mesmo, o bom humor e o cinismo. Algumas das pessoas mais frias e desagradáveis que conheci na minha vida eram jovens de menos de trinta anos que figuravam nas panelinhas badaladas de Nova York.

Depois de uma semana da minha grande aventura em Nova York, me dei conta de que os lugares são reinos de memórias e relações, de que o cenário é apenas um reflexo do que você sente por dentro. Eu me senti mais vazia, triste e cansada lá do que vinha me sentindo em casa. A fantasia de me mudar foi esvanecendo dia após dia. Tive uma epifania assustadora: "a Tottenham Court Road e a Amazon" iam me seguir aonde quer que eu fosse — mesmo viajando eu ainda era a mesma pessoa frustrada de Londres. Quando comprei as passagens, eu planejava tirar férias dos meus pensamentos, mas isso era impossível. O cenário externo podia ter mudado, mas tudo o que acontecia dentro de mim permanecia idêntico: eu estava ansiosa e inquieta, não gostava de quem eu era.

Certa noite, deitada no sofá da Alex terminando uma garrafa de Prosecco que tinha sobrado do casamento e que ela havia dito que eu podia beber, fiquei a noite toda tentando conhecer gente nova através do "turismo de Tinder". Passei quase todo mundo para a direita. Mandei uma mensagem-padrão vaga e animada para todos os meus matches, me descrevendo como uma "visitante londrina" em busca de nova-iorquinos que pudessem me mostrar "qual é a boa". Abri uma segunda garrafa de Prosecco à meia-noite, bem a tempo de receber uma chamada de vídeo da AJ e da India.

— Ooooooooi! — elas gritaram em uníssono, sentadas ao redor da mesa da minha cozinha.

— Oi, gente! — eu disse. — Estão bêbadas?

— Estamos — India gritou. — Acabamos de ir ao supermercado e compramos três garrafas de vinho.

— Ótimo. Também estou bêbada.

— Quem está aí com você? — AJ perguntou, olhando para a câmera.

Pensei em contar que a viagem estava péssima, mas não quis deixá-las preocupadas. E, mais importante ainda, meu orgulho não permitiria. Nas redes sociais, eu estava convencendo todo mundo de que aquela era a melhor viagem da minha vida.

— Ninguém — respondi. — Hoje resolvi pegar mais leve.

Passamos quinze minutos botando as novidades em dia, e fiquei contente em ver rostos familiares e saber o que elas andavam aprontando.

— Está tudo bem com você? — AJ perguntou quando eu me despedi. — Você parece meio pra baixo.

— Estou ótima. Estou com saudade de vocês duas.

— A gente também está com saudade! — ela disse.

As duas me mandaram beijos, e depois fiquei sozinha de novo.

Na metade da segunda garrafa de Prosecco, recebi uma resposta de um dos meus matches do Tinder, Jean, um corretor da bolsa francês muito bonito de 32 anos, que perguntou se eu estava a fim de sair para beber um drinque de fim de noite. Decidi que *aquele* homem ia ser meu casinho de férias, que ele era exatamente a aventura divertida e empoderadora de que eu precisava para transformar a viagem numa boa história e voltar a me sentir como eu mesma. Mas ele morava no SoHo, a um quilômetro e meio dali, e eu não podia ir até lá andando porque tinha começado a chover e não tinha mais dinheiro na conta para pagar um táxi.

"Eu tenho dinheiro", ele escreveu. "Pago seu táxi."

Decidi ignorar as semelhanças entre essa proposta e o filme *Uma Linda Mulher*, passei rímel, coloquei um salto alto e fiquei debaixo da chuva tentando encontrar um táxi. Quando acenei para um, uma combinação de chuva torrencial e embriaguez torrencial fez o celular escorregar da minha mão. A tela se quebrou em milhares de pedaços, os pingos de chuva se infiltraram nas rachaduras e a tela ficou preta.

Quando cheguei ao endereço que ele tinha me dado, Jean estava esperando do lado de fora, por sorte. Ele pagou o táxi e abriu a porta do carro para eu saltar.

— Obrigado por ter vindo — ele disse, puxando meu rosto para me dar um beijo.

Por um instante, a atenção daquele completo desconhecido me fez sentir uma leve efervescência de excitação, e pareceu que o peso do meu profundo desânimo tinha ido embora. E então percebi o quanto isso era patético e sintomático, e fiquei triste na mesma hora. Eu precisava beber mais.

Até que o Jean era gente fina. Não tínhamos nada em comum, mas a conversa fluiu, graças à cerveja que ele me deu e ao maço de Lucky Strike que fumamos de uma só vez no sofá dele. Fiquei com a impressão de que ele tinha o costume de fazer isso. Depois de uma hora conversando e nos beijando, ele me levou para o quarto. Uma caixa branca e vazia com luzes néon muito estranhas e um colchão no chão que fazia as vezes de cama. Tentei ignorar o cenário enquanto tirávamos a roupa um do outro.

— Espera, espera — ele disse quando abri o zíper da minha calça jeans. — Eu só faço sexo grupal.

— Quê? Como assim? — perguntei, falando enrolado.

— Eu só consigo transar com alguém assistindo — ele explicou como se aquilo fizesse todo o sentido. — Ou com alguém transando com a gente.

— Tá. Mas isso não vai rolar agora, então...

— O cara que mora comigo está no outro quarto — sugeriu. — Ele quer vir. Posso falar para ele vir?

— Não, não pode — respondi, e de repente tomei consciência de que isso não tinha nada de aventura. Eu estava num quarto com um cara que podia muito bem ser o Patrick Bateman de *Psicopata Americano*. — Eu não quero fazer isso — completei, em pânico, ouvindo as batidas aceleradas do meu coração no ouvido e procurando a janela mais próxima.

— Ah, vai, vai ser legal — ele argumentou, tentando me beijar. — Parecia que você curtia uma festa.

— Não, não curto, não quero fazer nada disso.

— Tá, então a gente não faz isso.

Ele deu de ombros e se afastou.

Eu percebi como aquilo tinha sido idiota, como eu tinha sido irresponsável apenas porque queria me distrair dos meus problemas. Eu estava sozinha numa cidade desconhecida e estava bêbada, ninguém sabia onde eu estava, eu não tinha dinheiro nem celular.

— Acho que vou andando pra casa — eu disse, levantando da cama dele.

— Tá — ele respondeu. — Mas está chovendo. Você pode ficar aqui se quiser.

Olhei para o relógio — eram quatro da manhã. Eu poderia dormir até a tempestade passar e o dia nascer, depois tentar encontrar o caminho de volta para o apartamento da Alex. Dormi o mais longe possível dele, o rosto grudado na parede branca do quarto.

Na manhã seguinte, acordei às sete e meia, me vesti e fui pegar minha bolsa na sala. Sentado no sofá estava um homem com uma expressão muito, muito irritada e usando um roupão azul-marinho. Tinham surgido quatro ventiladores que não estavam ali na noite anterior, e todas as janelas estavam escancaradas. Tinha pedaços de papel grudados na parede, todos com FUMER TUE escrito com caneta vermelha e FUMAR MATA logo abaixo.

— Bom dia! — cumprimentei, nervosa.

— Saia já da minha casa, porra — ele disse, com um sotaque francês bem mais carregado do que o do Jean.

— Como?

— Eu tenho asma. Sabia? Minha asma é grave. Por que você veio na minha casa fumar o seu cigarro nojento às três da manhã, caralho?
— Mil desculpas, mas Jean disse que tud...
— O Jean que se foda.
Voltei para o quarto do Jean.
— Ei — eu disse, sacudindo o corpo dele para acordá-lo.
— Ei! O cara que mora com você está surtando.
Jean abriu os olhos e conferiu o relógio.
— Estou atrasado para o trabalho! — ele soltou, em tom de acusação.
— Ele está surtando lá na sala. Ele ficou puto porque a gente fumou ontem à noite. Ele ligou vários ventiladores e colou uns avisos na parede. Parece uma coisa meio... *Rain Man*.
— Ele não ficou puto porque a gente fumou, ele ficou puto porque você não quis transar com ele.
— Tá, estou indo embora. Tudo de melhor pra você.
Saí do apartamento, e no caminho cumprimentei o francês puto com quem ele morava com um humilde aceno de cabeça.
— SAI DAQUI. SAI DAQUI. SAI DAQUI, SUA VAGABUNDA DO CARALHO! — ele gritou com sotaque carregado.
Saí cambaleando sob o sol forte do SoHo e senti que ia vomitar. Fui sacar dez dólares do caixa eletrônico mais próximo, onde fui informada de que meu saldo era insuficiente. A ânsia de vômito me invadiu numa onda, e lembrei que eu não comia havia dois dias.
Enquanto tentava encontrar o caminho, entrei na Starbucks, torcendo para eles deixarem jarras de leite ao lado dos sachês de açúcar. Pedi um copo de papel para o atendente e o enchi de leite, sentei a uma mesa e bebi devagar.

— Tudo bem com você, querida? — uma mulher de meia-idade perguntou. — Você está parecendo uma... — Ela analisou minha roupa, meus olhos contornados pelos restos de rímel da noite anterior, o copo de leite na minha mão.
— Uma gatinha de rua.

— Está tudo bem — respondi, apesar de nunca ter me sentido pior na vida.

Fiquei andando em círculos por algumas horas até enfim ver um edifício que reconheci. Entrei no apartamento da Alex, coloquei meu celular no arroz e me enrolei no edredom com os gatos dela, mas a vontade era de cobrir a própria viagem com o edredom. Eu não tinha dinheiro para comprar um sanduíche, muito menos para antecipar meu voo de volta. E acho que eu nem queria voltar para casa — eu estava presa entre duas cidades nas quais não queria estar. Eu não podia ligar e pedir ajuda para Farly, porque ela precisava do meu apoio muito mais do que eu do dela. Eu não podia ligar para os meus pais, porque não tinha coragem de deixá-los preocupados e fazia uns dez anos que passara da idade de ficar precisando chamar alguém para me salvar. Depois de um tempo, acabei ligando para a Octavia, que foi extremamente generosa. Ela me levou para comer *dim sum*, segurou minha mão enquanto eu falava, me deu um abraço e me emprestou um pouco de dinheiro.

No dia seguinte, fiz uma viagem de três horas até uma cidadezinha nas Catskills, ao norte de Nova York. Eu e Farly já tínhamos pagado a hospedagem no chalé, então achei que não custava nada aproveitar, e me senti grata por ter a oportunidade de ter espaço, silêncio e vista para o céu.

Cheguei na metade da manhã, deixei a bagagem e saí para caminhar e espairecer. Quando voltei para o chalé, à tarde, depois de ter ficado encantada com a imensidão das montanhas e pensado na possibilidade de recomeçar quando voltasse para casa, eu já estava me sentindo mais calma.

No fim da tarde, fui andando até a cidade e comi batata frita com queijo numa lanchonete local. Achei uma delícia ouvir os grilos e a conversa animada dos moradores da cidade. Tinha uma fogueira acesa atrás do meu chalé quando voltei, e peguei um dos cobertores do quarto e me sentei perto dela, observando as estrelas. Pela primeira vez desde que havia chegado em Nova York parecia que eu estava conseguindo respirar.

Quando voltei para o meu quarto, eu tinha recebido uma nova mensagem no Tinder — uma resposta atrasada à mensagem genérica de "topo tudo" que eu tinha enviado quando estava bêbada duas noites antes. O nome dele era Adam. Tinha 26 anos, um sorriso perfeito de menino americano bonzinho e até a barba e o rabo de cavalo dos hipsters do Brooklyn.

"Oi, moça", ele escreveu. "Desculpa por não ter respondido antes. Como você está?"

"Queria que você tivesse respondido antes", eu disse. "Eu poderia ter saído com você, em vez de passar por uma situação em que dois franceses tentaram me forçar a fazer um ménage."

"Poxa...", ele escreveu. "Nova York nem sempre é fácil. Como vai a viagem?"

"Estou odiando", respondi. "Estou nas Catskills por uma noite, e foi uma pausa bem-vinda."

"Quanto tempo você tem na cidade antes de ir embora?"

"Três longos dias. Volto amanhã no início da noite."

"Sai comigo quando voltar", ele disse. "Não vou tentar fazer ménage com você, prometo. Se quiser podemos ser só amigos."

Um amigo. Talvez eu precisasse de um novo amigo.

No dia seguinte, depois de fazer uma longa trilha e dar um mergulho, embarquei no trem do fim da tarde para Manhattan, peguei o metrô para o Brooklyn e bati na porta do Adam.

— Oi — ele disse, saindo pela porta, os olhos azuis brilhando por trás dos óculos de aro grosso, abrindo os braços para me dar um abraço. — Que legal te conhecer. Bem-vinda de volta à cidade que você odeia.

— Obrigada — eu disse, me entregando ao abraço e sentindo o cheiro de sabonete na camisa de flanela que ele estava usando.

— Eu vou te fazer amar Nova York.

Adam me mostrou o apartamento dele e abrimos uma garrafa de vinho. Conversamos por horas, contamos todas as nossas histórias um para o outro — nossas músicas favoritas, nossos filmes favoritos, falamos sobre nossos respectivos amigos e famílias, nossos empregos. Ele era espontâneo, animado, alegre e curioso, exatamente o que eu estava precisando.

Lá pelas nove da noite começamos a nos beijar. À meia-noite eu estava deitada na cama dele com o rosto colado no dele. Foi o toque delicado daquele homem, sua generosidade, a ternura que ele me mostrou que fizeram com que eu me abrisse. Foi então que contei tudo para ele, falei tudo. Contei da decepção amorosa que tinha sofrido aos vinte e poucos anos. Contei dos anos que tinha vivido passando fome para tentar sentir que eu controlava alguma coisa. Contei da única vez em que tinha me apaixonado, a intimidade que me parecia insuportável, a dependência que eu temia. Contei sobre as minhas amigas que, uma a uma, tinham se apaixonado por alguém e me deixado para trás. Contei que eu sofria crises de ansiedade que me deixavam catatônica desde a infância, que não conseguia ficar perto de janelas porque sempre sentia que estava prestes a cair e morrer. Contei sobre a irmã mais nova da minha melhor amiga, com quem eu tinha crescido e que estava agora numa cama de hospital com câncer. Contei que eu não estava conseguindo lidar com a vida adulta e que era incapaz de ligar para alguém e pedir ajuda. Contei que eu tinha muita facilidade para enterrar os problemas debaixo de um monte de distrações. Eu só conseguia expressar bem a minha tristeza com estranhos, eu só conseguia contar essas histórias num reino de fantasia efêmero no qual eu não me responsabilizava por nada.

— Você está tão triste — ele disse, acariciando meu rosto.

Fechei os olhos para segurar o choro.

— Eu estou tão perdida.

— Agora você não está perdida — ele garantiu, me puxando mais para perto.

E eu queria acreditar nele, então, naquele momento, acreditei.

— Eu quero falar uma coisa, mas não faz sentido nenhum — ele disse, beijando a minha cabeça.

— O quê?

— Eu te amo. — Ele suspirou. — E não quero que você pense que eu sou, tipo, perigoso ou louco igual àquele francês maluco, e eu sei que *não tem como*, porque eu só te conheço há... — Ele olhou o relógio. — Seis horas. Mas eu sinto que poderia te amar. Foda-se, eu já te amo.

— Eu também te amo — eu me ouvi dizendo.

No instante em que as palavras saíram da minha boca, percebi como eram absurdas. Mas eu sabia que não estava dizendo isso para ele — eu estava dizendo para alguma outra coisa. Para a capacidade de acreditar na esperança e na bondade.

    Adam tirou folga do trabalho no dia seguinte, a primeira vez na vida que ele ligava dizendo que estava doente, e me levou às partes da cidade que eu não conhecia. Nós andamos, conversamos, comemos, bebemos, nos beijamos. Vivemos um típico romance de férias por dois dias — não conseguíamos lembrar como era a vida separados, mas sabíamos que nunca viveríamos juntos. Dormi na casa dele na noite seguinte.

    No dia seguinte, consegui, a muito custo, me separar do Adam por três horas inteiras para encontrar Octavia, que ficou chocada com tudo o que tinha acontecido desde que tínhamos nos visto pela última vez. Subimos no alto do 30 Rock e ficamos olhando a cidade linda, incansável e implacável.

    — Acho que eu quero voltar para casa — eu disse, olhando as luzes reluzindo no rio Hudson.

Adam me levou ao aeroporto no meu último dia. Depois de um beijo de despedida demorado, ele colocou as mãos nos meus ombros e me encarou.

    — Então, eu tive uma ideia — ele anunciou.
    — Qual?
    — Não ache que eu sou louco.
    — Tá.
    — Fica.
    — Eu não posso ficar.
    — Por que não? Você está infeliz onde mora. Você odeia Londres. Você está desempregada. Você não sabe o que vai fazer. Fica aqui e começa de novo.

— Onde eu ia morar? — perguntei.
— Comigo — ele respondeu.
— Como eu ia pagar o aluguel?
— A gente dá um jeito. Você vai arranjar trabalho e pode escrever sobre as coisas que sempre quis. Eu te dou seu espaço e seu tempo. Pensa em como você vai se sentir muito mais livre aqui.
— Mas e quando o implacável departamento de imigração de vocês tentar me mandar embora?
— Aí a gente casa, porra. É isso que você quer ouvir? Porque eu topo. Eu te levo à prefeitura amanhã no primeiro horário e a gente se casa. E aí você pode ficar o tempo que quiser.
— Eu não posso fazer isso. É loucura.
— Por que você não fica? — ele perguntou, apertando de leve a minha mão. — Foi você quem falou que não tem nada te esperando em casa.

Eu refleti por um tempo.
— Porque o problema sou eu — respondi. — Não a cidade. Não são as circunstâncias. Sou eu que preciso mudar.

Houve um silêncio entre nós. Depois nos beijamos pela última vez.
— Me liga quando chegar lá — ele pediu. — E não bebe demais no voo, o avião não vai cair.

No voo para casa, fiquei sonhando acordada, pensando na Tottenham Court Road e em comprar merda na Amazon. Pensei na risada da Farly e no barulho das amigas com quem eu morava se arrumando de manhã para ir trabalhar e no cheiro do perfume da minha mãe no cabelo dela quando eu a abraçava. Pensei na banalidade prazerosa da vida, em como vivê-la era um privilégio.

Era a véspera do meu aniversário de 26 anos. Belle e AJ estavam no trabalho quando cheguei em casa, mas tinham deixado um bolo caseiro meio torto e um cartaz me desejando feliz aniversário. Na noite seguinte, todas saímos para dançar em Camden para comemorar, e eu contei a elas como tinham sido aquelas duas semanas estranhas fora do país. Lauren e eu ficamos bebendo e tocando violão até o dia nascer, momento em que recebi um imenso buquê de rosas vermelhas enviado pelo Adam.

Depois que voltei para casa, as coisas melhoraram por um tempo. Aquela tristeza intensa que vinha me perseguindo por tanto tempo começou a se dissipar. Fiz planos concretos das coisas que queria fazer. Voltei a me apaixonar — perdidamente — pela cidade. Li livros do Bill Bryson sobre a Inglaterra e comi chocolates Toffee Crisps. Lembrei que eu tinha muita sorte por morar no mesmo lugar em que tinha crescido, um lugar cheio de amigos.

Dois meses depois da volta, larguei meu emprego e virei freelancer. Um mês depois, me ofereceram uma coluna no *The Sunday Times*. Eu e Lauren fizemos um curta-metragem sobre uma personagem de 25 anos que não sabe o que quer fazer da vida e nem quem é e tenta se agarrar a tudo, menos a si mesma, para encontrar uma solução. AJ se mudou, uma das nossas outras amigas incríveis da faculdade, India, foi morar com a gente. Saímos do palácio amarelo caindo aos pedaços de Camden e nos mudamos três quilômetros para o norte, para um apartamento sem ratos, com um banheiro que funcionava e aquecimento central.

Octavia, minha salvadora, voltou para Londres e se tornou uma amiga próxima. Eu e Adam mantivemos contato e nunca vamos perdê-lo, ele me vê quando vem para Londres e eu sempre almoço com ele quando visito Nova York. Ele me remete a um período tumultuado da minha vida, cujas histórias gosto de relembrar, mas nunca mais quero reviver. Aquela fase em que eu tinha 25 anos e estava tão perdida, tão sem rumo, que quase me mudei para outro país por um cara que mal conhecia. Ele tem o lado dele dessa história e eu tenho o meu, a gente leva as duas metades por aí como se fossem aqueles colares bregas de coração partido que os adolescentes usam.

12 de dezembro

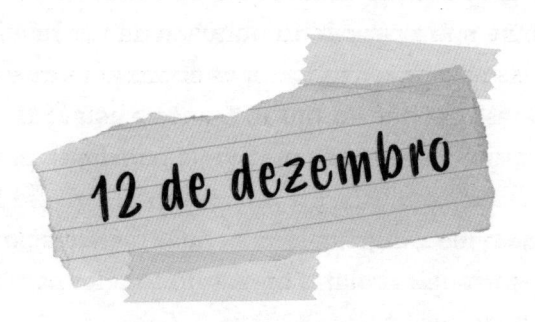

Queridos e queridas,

Feliz Natal! É o que desejamos todas nós (só eu, porque agora moro sozinha) aqui do apartamento da Bracken Street, nº 32, que é muito mais caro do que deveria ser pela situação em que se encontra!

Que ano! Já começou com tudo quando me promoveram na start-up de suco orgânico (Limão na Mão) em que eu era gerente de mídias sociais fazia quatro anos. Fui promovida para um cargo de liderança e ao mesmo tempo misterioso, supervisora de campanhas de mídias sociais, que basicamente significa que todo dia eu publico quatro vídeos nos stories do Instagram, nos quais pedaços de fruta aparecem com rostinho desenhado e vestindo chapéus de tricô em miniatura, além de desempenhar todas as minhas antigas funções sem ganhar um centavo a mais por isso.

(Pai, se você estiver lendo, não, eu não vou explicar o que eu faço no trabalho pela milésima vez! Sim, sei que minha educação custou muito dinheiro. Sei que eu poderia "ter feito qualquer coisa"! É só fingir que eu sou advogada para os seus amigos do clube de golfe. Não é como se eles fossem me procurar no Google para ver se é verdade, e mesmo se fizerem isso só vão encontrar meu nome numa rede social que não existe mais, chamada Bebo, porque ninguém nunca nem ouviu falar da empresa onde eu trabalho! Ha ha!)

Como falei no começo deste e-mail, saí do apartamento aconchegante que dividia com a minha melhor amiga Katya em Kentish Town há um tempo, porque ela e o namorado disseram que estavam "precisando de um pouco de privacidade" e que agora conseguiam bancar a hipoteca sem mim (ambos têm empregos de verdade). Então fui morar sozinha em Penge, um bairro descolado de Londres. A região é bem arborizada — ok, talvez tenha mais galhos do que árvores — e TEM TUDO para virar um lugar badalado (*Metro*, 2016). Deve ser por isso que estou pagando 1.200 libras de aluguel numa quitinete grande com um quarto que fica num mezanino logo em cima do fogão. Que bom que amo comida — que maravilha é dormir com o quarto inteiro cheirando a salmão assado!

Depois de sete anos muito felizes, eu e Jordan nos separamos amigavelmente este ano. Nós dois tínhamos um pouco de inveja dos amigos que viviam transando com gente desconhecida do Tinder e, como ambos sofremos de medo da morte e de um FOMO sufocante, estávamos cada vez mais conscientes de que, quando o fim chegar, a gente não quer ter transado com apenas três pessoas, e isso contando entre nós dois. Lemos alguns livros sobre poliamor e até fizemos uma tentativa, mas, com nossas respectivas rotinas de trabalho, não conseguimos sincronizar as agendas e arranjar tempo para ficar juntos e ainda ficar com as outras pessoas, então achamos que seria mais prático cada um seguir seu caminho e pronto. O gato ficou com ele.

Então agora estou conhecendo as delícias dos apps de paquera! Os homens não querem compromisso, o sexo é sempre pornográfico e meu celular vive sem espaço de armazenamento por causa das fotos de paus depilados que recebo no WhatsApp. Sou a própria Carrie Bradshaw de Penge!

(Leiam minhas façanhas sexuais em www.asaventurasdeandrea.org. "Divertido e desesperado", *Huffington Post*.)

Quanto à saúde, minha hipocondria continua evoluindo à medida que minha ansiedade aumenta. Só no último ano, me autodiagnostiquei com cinco tipos de câncer, três infecções sexualmente transmissíveis e quatro transtornos psiquiátricos. Também parei de andar em regiões de grama ou floresta desde que li sobre a doença de Lyme (ainda acho que sofro disso, e vocês?).

Minha avaliação no Uber caiu para 3,5. Que decepção. Mas nesse novo ano quero encarar esse desafio, com otimismo e entusiasmo renovados.

Nas redes sociais, as coisas andam bem agitadas. Alcancei a marca de 2 mil seguidores no Twitter no último mês de novembro — atingindo a meta que eu havia projetado (vocês devem lembrar que esse era meu principal objetivo na retrospectiva que enviei ano passado). E mais empolgante ainda: tive quatro fotos no Instagram que receberam menos de sete likes e consegui me segurar e não agendar uma sessão emergencial com a minha terapeuta on-line. Evoluindo em todas as áreas!

Entre meus objetivos para esse ano estão parar de tomar antidepressivo, sair do cheque especial e encontrar o tom perfeito de blush cremoso para a minha pele. Torçam por mim no novo capítulo dessa jornada dinâmica e imprevisível que chamamos de vida.

Por este ano é só. Desejo a todos vocês um feliz Natal e um Ano-Novo cheio de felicidade!

Beijos,

Andrea

Lista de compras da semana

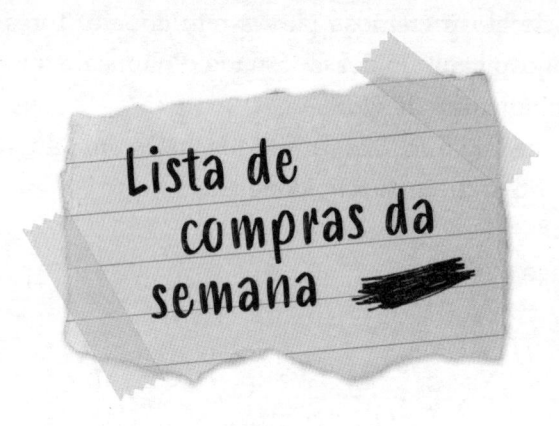

— Papel higiênico
  — Calcinhas
  — Vontade de ler todos os cadernos do jornal
  — Café em cápsulas
  — Marmite
  — Maçãs
  — Produtos de limpeza que não tenham cheiro de perfume da Britney Spears
  — Habilidades de gerenciamento de tempo
  — Cachorro (filhote de dachshund miniatura)
  — Torneira que sirva chá de Yorkshire forte e cremoso
  — Uma torradeira melhor com um timer mais confiável
  — Colegas de casa que gostem de ver *Countryfile*
  — Um motorista particular
  — Saco de lixo
  — Cachorro (filhote de norfolk terrier, pelo macio)
  — Jarvis Cocker
  — Um estoque infinito de queijo cheddar

— Tempo para assistir a cada episódio de *Seinfeld* três vezes
— Um cinema só meu
— Melhorar na gramática
— Me importar menos com críticas
— Capacidade de dizer "não" para as coisas
— Vinte pares de meia-calça sem furos
— Leite

Florence

Quando conheci a Florence, ela tinha seis anos e eu mal tinha entrado na adolescência. Farly abriu a porta de casa e deu de cara com a irmã mais nova parada no degrau, se balançando de um lado para o outro, com o cabelinho curto e armado.

— FLORENCE! — ela berrou. — O QUE FOI QUE VOCÊ FEZ COM O SEU CABELO?

Florence abriu um sorriso sapeca.

— PAI, EU NÃO ACREDITO QUE VOCÊ DEIXOU ELA FAZER ISSO! — Farly gritou, com a voz típica de adolescente, para o pai, Richard, que estava em pé ao lado do carro. — ELA ESTÁ PARECENDO UM MENINO!

Florence continuou sorrindo.

— Ela implorou para cortar assim, meu anjo — Richard disse, dando de ombros. — O que eu podia fazer?

Eu me apaixonei por ela na mesma hora.

Florence e eu ficamos mais próximas quando ela chegou mais perto da adolescência. Como eu, ela sempre achou que estava pronta para ser adulta. Ela queria ter a própria identidade e independência. As crianças da idade dela a entediavam. Ela usava os livros, os filmes e a música como fuga. Era obsessiva, vivia indo atrás de cada palavra publicada por seus novos escritores preferidos, assistindo diversas vezes a todos os filmes de seus diretores preferidos. Como eu, ela achava difícil ser uma adolescente numa escola só para meninas, e eu sempre procurei assegurá-la de que o melhor ainda estava por vir, que ser adulta, embora às vezes fosse difícil ou chato, era a melhor coisa do mundo.

— Sabe quando falam que a época da escola é a melhor fase da vida? — disse para ela numa tarde de um fim de semana, enquanto estávamos deitadas no jardim da família delas, pegando sol.

— Sei — ela disse. — O que tem?

— Pura mentira.

— É mesmo? — ela perguntou, acariciando meu braço, hábito que sempre acompanhou a presença dela quando eu e Farly estávamos no fim da adolescência.

— Sim. É a maior besteira que eu ouvi na minha vida. A escola é a *pior* fase da vida, Floss. As coisas boas pra valer só começam quando você sai da escola.

— Obrigada, Aldermaston — ela disse (era o apelido que a família tinha me dado. Qualquer pessoa que entrasse pela porta da casa ganhava um).

Mas Florence não tinha nada com que se preocupar, porque ela se transformou numa adolescente sensacional. Muito melhor do que eu tinha sido: como a maioria das adolescentes, eu só me importava comigo mesma, mas a visão de mundo da Florence era ampla e ela era muito empática, ainda mais para alguém tão jovem e que tinha crescido relativamente protegida pela família. Floss era criativa, corajosa, curiosa e apaixonada pelas coisas. Ela tinha um blog sobre filmes, no qual analisava o cinema indie norte-americano e reclamava da Hollywood moderna. Ela escrevia num diário todos os dias. Ela escreveu metade de um romance. Escreveu e dirigiu peças de teatro que foram encenadas na escola. Fez uma apresentação sobre as pautas LGBTQ+ na reunião da escola dela, que era toda conservadora. Ela participava de manifestações. Uma vez ela apareceu na nossa casa em Camden com uma câmera e duas amigas e perguntou se podia usar a sala como cenário para filmar um curta-metragem de conscientização sobre a violência doméstica.

Ela também se tornou uma pessoa que comprava briga durante o jantar em família, e eu achava isso incrível, maravilhoso. As refeições com a família da Farly eram quase sempre pontuadas pela Florence gritando "ISSO É MISOGINIA!" para alguém durante uma discussão acalorada. Numa ocasião memorável, ela desceu o pau no Scott quando ele ousou questionar a qualidade dos filmes do Wes Anderson e disse que achava que eram uma experiência meramente estética. Floss fez um discurso longo e apaixonado, enumerando os motivos de ele estar errado antes de sair da mesa furiosa e voltar com um imenso livro de capa dura sobre cinema e batê-lo na mesa com toda a força.

Florence foi diagnosticada com leucemia no verão em que terminou o ensino médio. Ela enfim tinha alcançado a linha de chegada da adolescência e estava prestes a começar a vida, e de repente disseram que ela estava com câncer. Mas, pelo que os médicos diziam, embora o tratamento e a recuperação prometessem ser muito difíceis, o prognóstico era otimista. E ela também estava muito otimista. Ela foi direto fazer quimioterapia no Kingston Hospital e fez amizade com a equipe de enfermagem e faxina, ela erguia a cama na posição mais alta possível para conversar e dar conselhos para todo mundo. Disseram-lhe que ela não poderia ter filhos, notícia que muitas pessoas ao seu redor acharam devastadora, mas a que ela reagiu com a elegância e o bom humor de sempre, dizendo que já tinha gente demais no mundo.

Ela começou um blog divertido e sincero no qual documentava sua jornada contra o câncer, conquistando milhares de leitores. Ela fazia selfies da cabeça recém-raspada e gravava vídeos engraçados em que aparecia dançando ao redor da cama. Não paravam de chegar e-mails e cartas de pessoas que a seguiam. Eu senti um orgulho imenso dela e sempre mandava mensagens dizendo que ela não tinha o direito de ser uma escritora tão boa aos dezenove anos.

Um dos posts dizia:

> A pior coisa que ouvi naquela noite [a data do diagnóstico, 8 de agosto] não foi o diagnóstico em si, mas as seguintes palavras: "Queremos que você passe a noite aqui." Eu não estava nada preparada pra isso. Depois o médico disse: "E amanhã de manhã o hematologista vai fazer uma punção lombar em você." Foi aí que eu soube que tinha alguma coisa errada. Ninguém faz uma coisa dessas sem motivo.
>
> O hematologista foi me visitar para dar oi e se apresentar antes de ir embora naquela noite. Eu só queria uma resposta, sério, então perguntei na lata: "O que você acha que é?" (apontando para o meu pescoço inchado e cheio de caroços). Ele soltou um suspiro e em seguida respondeu: "Tem 50% de chance de ser câncer."

Quando se ouve a palavra "câncer", você ouve "morte". Você pensa em todas as possibilidades do seu futuro murchando e deixando de existir. E você chora. E como eu chorei... Aquele homem simpático, que obviamente não sabia lidar com as emoções alheias, me deu uma palmadinha nas costas e tentou me consolar com frases como "Não vim aqui pra te fazer chorar". Bem, mas o que você espera que a pessoa faça quando você diz que ela pode ter câncer?! Que ela dê um pulo e grite "Ebaaa! Minha vida ficou tão melhor agora!"? Não, é claro que todo mundo fica triste. E eu fiquei. E fiquei brava. E preocupada com os meus pais, que estavam chorando tanto quanto eu.

E eu me lembro de dizer: "Eu ainda não tô pronta pra morrer. Eu ainda nem vivi." E depois: "E ainda não transei! Não é justo."

Mas eu já passei dessa fase. E agora eu tô mais: "Quando eu acabar com a raça desse câncer, o mundo vai se ver comigo, porque eu vou dar trabalho." Tipo, quem é que vai me dar um fora? Eu venci o câncer. Perto disso, tudo fica fácil.

Eu mandei uma mensagem dizendo que tinha adorado o post e garanti que ela com certeza ia transar depois que tudo aquilo passasse.

"A gente vai sair pra caçar", ela respondeu. "Vou achar um cara maravilhoso pra você, prometo."

Florence comemorou o aniversário de dezenove anos no hospital; a equipe de enfermagem fez um cartaz para ela e o pendurou do lado de fora do quarto. Ela descobriu que tinha sido aceita na Universidade de York para cursar cinema, e disseram que podiam reservar a vaga dela por um ano, até ela se recuperar por completo. Ela voltou para casa depois do último ciclo de quimio e fez bolo de chocolate com Guinness para a equipe que tinha cuidado dela.

Farly fechou o próprio mundo durante essa fase. Ou estava na escola primária onde agora trabalhava como professora, ou no hospital, ou com a família. Scott estava sempre ao lado dela, e eu o amava por oferecer tanto apoio para minha amiga e sua família. Nós trocávamos mensagens e telefonemas frequentes, e ele me contava como ela estava — a experiência nos aproximou, e eu me senti grata porque a minha melhor amiga tinha alguém tão forte e amoroso ao seu lado.

Floss continuou escrevendo seu blog quando saiu do hospital. Seu irmão, Freddie, era um doador de medula óssea compatível, o que foi uma notícia incrível, mas ela precisava se recuperar da quimioterapia antes de poder fazer a cirurgia, num hospital do centro de Londres. De repente, porém, sua saúde começou a se deteriorar e ela foi levada às pressas para o hospital antes do previsto. Em seguida veio uma sucessão de problemas, e um nunca era resolvido antes que outro aparecesse. Seus rins não estavam funcionando, ela não conseguia falar, seus órgãos foram entrando em colapso. Ela foi levada para a UTI e precisou ser entubada. Farly tirou licença do trabalho para passar todos os dias no hospital com a família.

Eu tinha acabado de sair do meu emprego, onde passara três anos, para viver da escrita, o que significava que eu estava trabalhando em casa e podia pegar um ônibus para encontrá-la. Almoçamos juntas quase todos os dias por um mês, sempre indo ao café que fica em cima da loja Heal's da Tottenham Court Road e pedindo a mesma coisa: duas saladas Caesar e uma porção de batata frita para dividir. Ela me contava como Floss estava naquele dia, mas parecia que a situação nunca melhorava. Estava tudo em aberto e ninguém fazia ideia do que ia acontecer em seguida — o transplante de medula parecia uma possibilidade cada vez mais distante. Eu tentava acalmá-la, repetindo as mesmas banalidades de sempre: ela está no melhor lugar possível, está em boas mãos, os médicos sabem o que estão fazendo. Eu sabia que os especialistas já ofereciam todos os dados e a ciência que Farly poderia querer, então eu sentia que meu dever como amiga que não entendia das coisas era oferecer um espaço onde ela pudesse ter esperança. Mas, na verdade, eu não fazia a menor ideia do que estava acontecendo.

Todos os dias ela perguntava quais eram as minhas novidades, desesperada por alguma sensação de normalidade que a distraísse e revigorasse antes de voltar para passar a tarde no quarto de hospital. Eu contava sobre os artigos que estava escrevendo naquela semana. Mostrava os caras do Tinder. Ela me pagou uma taça de Prosecco no dia em que recebi o convite para assinar minha primeira coluna, dizendo que estava feliz em poder ter algo para comemorar.

Em dado momento, pareceu que a Floss estava mostrando pequenos sinais de recuperação, e Farly disse que eu deveria ir visitá-la no hospital. Eu disse que adoraria, embora estivesse com medo de não conseguir manter a calma. Enquanto lavava as mãos antes de entrar no quarto, percebi que nunca tinha visitado alguém no hospital.

— Uma pessoa veio te ver — Farly disse quando entrei no quarto.

Floss não conseguia falar, mas sorriu para mim, e de repente senti alívio e uma onda de amor por aquela menina que era o mais próximo que eu já tivera de uma irmã mais nova. Sentei no pé da cama e fiquei falando com ela, esperando distraí-la de alguma forma, contei sobre a nova temporada de *Girls* que eu sabia que ela ia adorar, sobre uma nova banda que eu vinha escutando e que achava que ela ia curtir. Farly me pediu para contar sobre as coisas que eu vinha escrevendo, e ela sorriu de novo quando falei sobre o novo curta que eu e Lauren estávamos fazendo e eu disse que em breve ela precisaria editar o roteiro. Depois de quinze minutos, eu me despedi daquela menina linda e espetacular, um furacão em forma de gente, sabendo que aquela poderia ser a última vez que a via.

— Sinto como se estivesse vendo ela ir embora — Farly disse em um dos nossos almoços, pouco depois da minha visita. — Eu sinto, eu sei que está acontecendo.

— Você não sabe — retruquei. — Tem gente que chega ao fundo do poço e fica completamente saudável de novo. A gente sempre escuta essas histórias.

Mas, depois de ver a Floss tão doente e ouvir que aquele era um dia bom, eu entendia por que a Farly estava pensando aquelas coisas e sabia que era importante deixá-la se expressar.

Na semana seguinte, no começo de uma tarde, eu estava escrevendo à mesa da cozinha quando Farly me ligou.

— Ela se foi — ela disse, quase sem ar. — Ela morreu.

Eu nunca tinha visto tanta gente reunida em um velório como vi no dia em que nos despedimos da Florence. Todas as nossas amigas foram ao velório, junto de grandes grupos de professores e alunas da escola em que ela estudava, familiares, amigos que ela conheceu em suas viagens, pessoas que tinham se comovido com sua gentileza, perspicácia, inteligência e generosidade ao longo dos anos, e eram centenas. Tanta gente compareceu que muitos precisaram ficar do lado de fora do crematório e assistir à cerimônia pelo telão. Olhei para o céu e sorri quando percebi isso, pensando que ela ficaria feliz, e torcendo para que soubesse o quanto era amada. Freddie fez o discurso fúnebre, o rabino — que a conhecia desde pequena — falou com admiração sobre seu carisma e sua coragem. Sua melhor amiga leu um texto incrível que Florence tinha escrito para o anuário da escola. "A vida às vezes pode parecer difícil, mas na verdade é tão simples quanto inspirar e expirar", ela leu. "Abra o coração das pessoas com a sua fúria e destrua os egos com a sua modéstia. Seja quem você sempre quis ser, não quem você se sente condenado a ser. Coloque tudo o que sente pra fora, sem medo. Você existe para que alguém possa te amar. Deixe que te amem."

Entre o funeral e a shivá — um período de luto da fé judaica, que acontece em casa —, todas as meninas foram para a nossa casa. Fomos à loja do Ivan e compramos vinho. Fiz uma panela enorme de ovos mexidos enquanto India preparava infinitas rodadas de torradas. Falamos sobre a Florence — tudo que ela tinha de engraçado, genial e absurdo —, choramos, rimos e brindamos à memória dela.

A casa da família também ficou lotada para a shivá. Ficamos todos em pé na cozinha e o rabino fez orações e mais uma vez falou da Florence. Farly começou a ler um poema, e eu observei enquanto ela declamava os versos no microfone, parecendo menor do que nunca. Ela parou depois de um dos versos e começou a chorar, passando o poema para o rabino, que continuou a ler em voz alta. Eu, do outro lado da cozinha lotada, olhei para aquela criatura pequenina que parecia um passarinho e que estava se partindo ao meio, os ossos e as palavras se desfazendo, e minha vontade era avançar por entre as pessoas e abraçá-la. Foi o pior momento da minha vida.

As pessoas ficaram até tarde. As amigas da escola ficaram sentadas no quarto da Florence, entre seus livros e roupas. A mim foi confiada a tarefa de cuidar do livro de condolências. India, AJ e Lacey bebiam sem parar em copos de plástico o xerez que tia Laura lhes dera como um agradinho. Todos os colegas da escola em que Farly dava aulas tinham ido prestar suas homenagens, inclusive a diretora. Mais tarde, como manda a tradição judaica, a família enlutada sentou-se em cadeiras formando uma fila, e as pessoas desejaram a cada um deles uma vida longa.

Fui até Farly e me inclinei para abraçá-la.

— Eu te amo muito — eu disse. — E te desejo uma vida muito longa e muito feliz.

— Obrigada. — Ela retribuiu o abraço apertado. — Você viu todos os professores da minha escola?

— Sim. São muito simpáticos. Eu estava falando agorinha com a diretora.

— Você gostou dela?

— Gostei. Foi uma conversa ótima, que pessoa legal.

— Fico feliz que você tenha gostado dela — ela disse, sorrindo. — Sobre o que vocês falaram?

— Pedi para ela cuidar de você quando voltar para o trabalho. Pedi para me prometer que vão cuidar de você.

— Eu vou ficar bem, Doll — ela garantiu, com os grandes olhos castanhos se enchendo de lágrimas até uma escapar por entre os cílios e rolar pelo rosto. — Eu só preciso descobrir como vou viver sem ela.

Passei os dias que se seguiram na casa da família com a Farly. Não falávamos muito, mas eu fazia chá e nós ajudávamos sua madrasta, Annie, com as tarefas domésticas. Depois que Florence morreu, uma jornalista do *The Telegraph* descobriu o blog dela e entrou em contato com a família perguntando se podiam publicar alguns trechos no jornal, junto de uma matéria sobre ela. Eles deram a permissão, porque sabiam que teria sido o que ela gostaria, e, por causa do artigo, ainda mais gente entrou em contato com Annie e Richard para expressar a tristeza que sentiram ao saber do falecimento de uma menina tão cheia de vida.

"Envie cartas", Annie disse, certa manhã, enquanto lia uma pilha enorme de cartões e cartas de pessoas que prestavam suas condolências. "Quando eu ficava sabendo de alguém que tinha passado por algo ruim, eu sempre tinha medo de que uma carta fosse algo invasivo. Mas nunca é uma invasão, e sempre ajuda. Se tem algo que podemos aprender com tudo isso, é sempre mandar cartas."

Naquela tarde, levamos o cachorro para passear. Farly e eu andamos lado a lado. Usamos toucas de lã iguais com frufru na ponta que tínhamos comprado havia poucos dias, quando fomos a um shopping comprar palmilhas para os sapatos que ela ia usar no funeral. Naquela semana intensa em que ficamos inseparáveis, pareceu que tínhamos voltado a ser adolescentes. A diferença era que dessa vez não estávamos falando sobre os garotos do MSN. Em algum momento dos nossos quinze anos andando lado a lado, da escola às aulas da faculdade, passando pelas ruas que contornavam nossa primeira casa juntas em Londres, tínhamos parado de brincar que éramos adultas e sem perceber havíamos realmente nos tornando adultas.

— Uma vez ela me disse que nunca queria ser esquecida. Eu me sinto mal por continuar com a vida normal — Farly revelou.

— Ela disse isso antes de saber que ia morrer — argumentei. — Eu sei que ela ia detestar ver você de luto pra sempre.

— Talvez.

— Você vai encontrar uma forma de mantê-la por perto e viver com ela sem parar sua vida.

— Tudo vai ficar tão estranho sem ela.

— Vai ser um novo normal — eu disse. — Mas ela se certificou muito bem de que nunca seria esquecida, pode ficar tranquila.

— Isso é verdade.

— Você tem que viver. Você não tem escolha. Ou você segue em frente, ou se perde.

Continuamos andando ao longo da margem do rio. Era um dia muito frio e ensolarado, parado e claro como a paisagem dentro de um globo de neve que ninguém balançou. Passamos por uma fileira de casinhas com portas coloridas em Chiswick. A brisa fresca e úmida tocava os pubs caiados. Se não fosse pelas pontes nas quais os metrôs passavam velozes, podíamos quase estar num vilarejo à beira-mar.

— Ant e Dec, os apresentadores, moram ali — ela disse, apontando para as casas. — Numa daquelas.

— Não moram, não.

— Moram, sério.

— Não moram, você só está dizendo isso porque a porta é minúscula.

— EU JURO que eles moram aqui.
— Juntos?
— Não, não juntos, eles são vizinhos.
Continuamos andando.
— Eu nunca quero morar longe de você — eu disse.
— Nem eu.
— Não me importo onde vou estar morando quando for mais velha, só quero que seja perto de você.
— Eu também.
— Hoje em dia eu já acho que estamos longe demais. Quero que a gente se esforce pra morar em casas muito próximas. Quero que isso seja prioridade daqui pra frente.
— Também quero — ela concordou.
Seguimos pela beira do rio, o sol de dezembro ainda preenchendo o céu.
— Sempre penso em você quando o tempo fica assim. É o seu tipo de dia preferido — comentei.
— É mesmo. Frio e com sol.
— Sim. E o meu tipo preferido é o dia nublado e chuvoso porque sou uma neurótica autoindulgente e você vive alegre e saltitante.
— *Rá*.
— É verdade. A gente entendeu tudo errado quando era criança. A gente sempre achou que você era a amiga sensível, mas no fim das contas eu que sou sempre toda confusa. Você é muito mais resiliente do que pensa.
— Tenho minhas dúvidas — ela retrucou.
— Você é, sim. Você tem a estrutura mais forte de todas. Eu não conseguiria enfrentar o que você está enfrentando.
— Você não tem como saber. A gente nunca sabe como vai reagir a alguma coisa até acontecer. — Continuamos

andando lado a lado, olhando a luz do sol tremeluzir na superfície da água. — Todos os dias têm sido assim desde que ela morreu.

— Ela está aqui — eu disse. — Ela está com a gente. Ela vai estar aqui toda vez que você levantar a voz contra uma injustiça ou rir do seu filme favorito. Ela vai estar presente.

Atravessamos a ponte Kew, ainda vendo Annie e a irmã andando atrás de nós, o cachorro parrudo trotando ao lado delas, o rabinho balançando de um lado para o outro.

— Você quer ser cremada? — ela perguntou.

— Quero — respondi. — E quero que espalhem as minhas cinzas em Devon. Na praia Mothecombe.

— Eu também — ela disse. — Mas quero que espalhem as minhas onde a Floss vai ficar, na Cornualha. Só me sinto mal por não ficar com você.

— Ah, não tem problema, vamos estar juntas não importa para onde formos depois. É só nos encontrarmos.

— Com certeza.

— Você acha que é muito solitário se eu ficar sozinha numa praia? O que acha do Hampstead Heath? O parque é meu lugar preferido em Londres, e meus pais sempre me levavam lá quando eu era criança.

— Lá não, de jeito nenhum, você vai acabar sendo pisoteada.

— É, você tem razão. E é muito chique e previsível.

— Por isso que é legal ser espalhada no mar — ela ponderou, pensativa. — Apesar de eu ter medo de tubarão.

— Mas você já vai estar morta.

— Verdade.

— Essa é a ideia, o tubarão poderia até fazer um estrago, mas você ficaria bem. Não tem mais volta.

— Tá, então pode ser no mar.

Fomos para casa andando sob aquela luz bonita, e eu me senti grata pela vida da Florence e por tudo que ela tinha me ensinado. Eu me senti grata pelo sol na ponte enquanto andava, um passo de cada vez. Eu me senti grata por compreender naquele momento que a vida de fato pode ser tão simples quanto inspirar e expirar. E me senti grata por saber o que era amar a pessoa que andava ao meu lado tanto quanto eu a amava. De um jeito tão profundo, tão intenso. Tão absurdo.

Receita: Ovos mexidos
(serve duas porções)

Você só vai precisar de manteiga, ovos e pão. Nenhum ovo mexido precisa de leite ou creme de leite. Não complique, porque essa receita é fácil — tanto de fazer quanto de comer quando você estiver triste.

— 2 colheres de sopa de manteiga
— 4 ovos frescos (e mais 1 gema se você estiver com vontade de se mimar) batidos de leve com um garfo
— Sal e pimenta-do-reino a gosto

Derreta 1 colher de manteiga em fogo baixo, numa panela larga.
Adicione os ovos à panela.
Mexa-os com uma colher de pau em movimentos lentos e constantes.
Tire a panela do fogo quando os ovos ainda parecerem úmidos.
Tempere e adicione a outra colher de manteiga.

> **Mensagens de texto que India, minha colega de casa, me deixou enviar do seu celular fingindo ser ela (também não sei por que ela deixa)**

Uma mensagem para Sam, um ex-colega de trabalho

India 20h47
Muito bom dia pra você, Sam! Como vai a vida? Meio do nada, eu sei, mas eu estava pensando: em que bairro de Londres você está morando agora?

Sam 20h48
Richmond. Por quê? Vai se mudar para a zona sul?

India 20h50
Não, infelizmente. Vou continuar em Highgate. A gente tem tido problemas com a coleta de lixo. Não estão recolhendo o lixo comum toda semana, e as lixeiras estão enchendo bem rápido. O que você acha de eu levar duas lixeiras nossas para Richmond semana sim, semana não?

Eu posso ir levar e pegar de volta no dia seguinte, então não precisa se preocupar com isso.

Sam 20h51
Ahn... como assim?
Você quer cruzar 25 quilômetros pra trazer lixo semana sim, semana não?
Por que você não joga num lugar qualquer?

India 20h51
Porque eu gosto de saber que está em boas mãos.

Sam 20h52
As lixeiras?

India 20h52
Sim.
Não vai te dar trabalho, você nem vai perceber.

Sam 20h53
Para com isso.

India 20h53
Tá, sem problema, vou mandar mensagem pra minha amiga de Peckham.

Sam 20h54
Você só pode fazer isso em lugares que estão a mais de 15 quilômetros?
Parece um pouco exagerado.

Por que você não fala com um amigo de Camden?
Faria mais sentido.

India 20h56
A questão é ser um bairro diferente, Sam.
O norte de Londres não funciona pra mim. Preciso de um bairro completamente diferente numa parte completamente diferente da cidade.

NO DIA SEGUINTE

India 21h
Oi, como vai a sua lixeira?

Sam 21h01
Meu Deus.
Quer falar de lixeira de novo? Eu tô pouco me lixando.

India 21h01
Você só fala lixo!

Sam 21h02
Hahahahaha. Boa.

India 21h02
Não, mas sério, tudo bem se a gente começar esse esquema a partir da semana que vem?

Sam 21h03
Meu Deus. Isso é sério?

India 21h03
Aqui a coleta é na terça, então posso mandar de metrô na segunda? bjs

Sam 21h05
Achei que você tinha bebido, India. Eu moro em Barnes.

India 21h05
Baldes de lixo?

Sam 21h06
Fica a mais de uma hora.

India 21h06
Verdade, demora muito de metrô.

Sam 21h07
Nem tem metrô.

India 21h07
Eu levo aí num táxi grande.

Sam 21h08
Para com isso. Eu não quero o seu lixo.

India 21h09
Ok. Não sei o que vou fazer agora, mas pelo jeito você não quer se dar ao trabalho.

Sam 21h09
Por que você não leva pra outro lugar?

A não ser que você coloque documentos
pessoais no lixo, ninguém vai saber.

India 21h10
Pode ser.
Eu só queria levar para Barnes porque é mais prático.

Sam 21h10
Não é, é ridículo.

India 21h11
Eu entendo se você não quiser ter sua
privacidade invadida e tal. E se não quiser que
eu fique indo e vindo até a sua casa.

Sam 21h11
Não quero ser uma creche de lixeira, não. É estranho.
Mas, se um dia você quiser beber alguma coisa em Barnes,
é mais do que bem-vinda.
Só não traga as lixeiras.

Uma mensagem para Shaun, um conhecido da faculdade

India 19h21
Oi, tenho a impressão de que
você tem bom faro pra reconhecer uma
oportunidade de negócio. Acertei?

Shaun 19h22
Quem é?

India 19h22
India Masters, bacharel em belas artes (com honras).

Shaun 19h53
Como posso ajudar?

India 19h54
Eu identifiquei uma lacuna no mercado, das grandes. A ideia é vender frigobares em cores variadas. Já tenho o plano de negócios, só preciso de um sócio que seja meu parceiro, nem precisa fazer nada. Será que você é o cara pro serviço?

Uma mensagem para Zac, um amigo da faculdade

India 18h53
Posso te pedir um favor??

Zac 18h54
Claro, meu bem.

India 18h54
Posso pegar emprestado uma calça sua para uma reunião de trabalho essa semana?

Zac 18h54
Haha. Pode.
Que tipo de calça? E por quê?

India 18h55
Só reparei que você usa umas calças bonitas.
E não posso comprar uma nova agora.
E é uma reunião bem importante com um cliente.

Zac 18h55
A minha vai ficar muito comprida.

India 18h55
Acho que não, sabia?

Zac 18h55
Você tá mto estranha.
Indy, qual é a sua altura?

India 18h56
Tenho 1,57.

Zac 18h57
Eu tenho 1,80.

India 18h57
Eu posso dobrar a barra.
Não se estressa com isso, só me encontra e traz a calça.

*Uma mensagem para Paul, um cara
com quem India ficou uma vez*

India 19h02
Oi, tudo bem?

Paul 19h16
Tudo e vc?

India 19h18
Bom saber de você. Eu queria pedir uma coisa... Estou começando a montar um grupo de dança, principalmente de dança tradicional irlandesa, mas não desanima por causa disso, com certeza a gente vai dar um toque mais moderno. Enfim, dá pra ganhar muito dinheiro se apresentando em festas de casamento, e pensei se você não gostaria de uma fatia dos lucros. Não ia demorar pra você aprender as coreografias, e, pra ser sincera, a gente precisa de alguém alto pra ficar no fundo. Me fala o que você acha.

Paul 19h56
Oi, nossa, muito obrigado por pensar em mim.
Parece muito legal, mas infelizmente minha agenda está muito cheia este ano e acho que não vou conseguir me dedicar ao projeto.
Sinto muito.
Mas tire várias fotos.
Se cuida e até mais. bj

India 19h58
Mas não vai querer uma fatia mesmo?
Nem uma lasquinha?

23 de março

Olá, todas as mulheres que a Emily conheceu nos últimos 28 anos!

Espero que estejam bem e que estejam animadas com as celebrações do próximo fim de semana. Achamos que seria bom todas vocês saberem como o dia vai transcorrer.

No sábado, começaremos pontualmente às 8h. Pedimos que nos encontrem na Torre de Londres para uma aula de culinária estilo Tudor. Vamos fazer carne de caça recheada e pera cozida. Esse vai ser o café da manhã, que será servido às 9h com uma dose generosa de hidromel.

Às 10h vamos para o norte, para o centro esportivo de Kentish Town, onde vamos jogar futebol de dildo. É bastante simples: vamos nos dividir em dois times e jogar um amistoso, só que com todo mundo usando um cintaralho preto bem grande. (POR FAVOR, se você ainda não enviou, envie-nos uma frase que represente sua lembrança favorita com a Emily. Vamos escrever todas com corretivo no cintaralho e ela vai poder guardar pra sempre.)

Ao meio-dia em ponto vamos vestir o nosso primeiro traje de gala (uma mistura de discoteca com Kenan & Kel), sair do centro esportivo e nos dirigir até o pub favorito da Emily, ao qual ela foi duas vezes há mais de dez anos, o Sparrow and Ape, em Camden.

12h30 – O almoço (incluso no valor que vocês já pagaram) será um delicioso *mezze* para dividir, no qual cada uma terá direito a um falafel, três azeitonas e meio pão sírio e uma taça de Prosecco. Se você não bebe Prosecco ou nenhum tipo de espumante, recomendamos que providencie suas bebidas alcoólicas para o dia todo.

14h – Depois do almoço, achamos que seria legal fazer uma brincadeira chamada "Mas somos mesmo próximas?". Faremos um círculo, e Emily vai precisar dar a volta e responder a perguntas sobre nós. Se ela errar mais de uma resposta, você será expulsa da despedida de solteira e lhe pediremos que volte para casa (exemplo: na primeira rodada, pediremos que ela responda qual é sua profissão; na segunda rodada perguntaremos qual é seu nome do meio etc.). Não só achamos que isso tornará o dia mais desafiador como também precisamos diminuir o grupo de 35 para trinta pessoas, já que o local onde o jantar será servido mais tarde tem lotação para este número. Essa parece ser a única opção justa.

15h – Estamos muito animadas porque encomendamos moldes de chocolate inspirados no ânus de vários homens e feitos pela empresa de chocolates artesanais Sucre et Crème (muitíssimo obrigada à madrinha Lisa, que cuidou dessa parte). A missão da Emily será descobrir qual dos ânus de chocolate representa o do seu noivo.

16h – Achamos que esse será um bom momento para vestirmos nosso segundo traje de gala, intitulado "Minha Emily Favorita". Nas últimas semanas recebi vários e-mails preocupados de pessoas perguntando com que roupa deveriam ir, e queremos deixar bem claro: a ideia é se divertir. Então não se estressem muito! Emily do lacrosse, Emily do ano sabático e Emily gorda e desempregada são todas ótimas opções! Alguém falou em Emily do Convento, e essa é a única ideia que nos deixa um pouco em dúvida... Não esqueçam que teremos mães e avós presentes para essa atividade.

17h – Antes que todo mundo fique um pouco alegrinha demais e desenvolva amnésia, queremos dar a Árvore de O.B. de presente para a Emily. Espero que todas tenham recebido o e-mail em que pedíamos para guardarem e trazerem um absorvente interno usado num envelope. Faremos uma figueira decorada com os nossos absorventes para presentear a Emily e lembrá-la que sempre estaremos unidas pela feminilidade e pela amizade. Achamos que esse vai ser um momento superespecial para ela.

18h – Nos despedimos das vovós e das mamães e chamamos um Uber para elas.

18h30 – Nos dirigimos ao Ribs N Bibs em Stockwell.

19h15 – Chegamos ao restaurante e, na mesma hora, vestimos nossas roupas de sair. (Salto alto, por favor!! O máximo de glamour possível para a Emily.)

19h30 – Entradas.

20h30 – Performance surpresa de membros do Blue Man Group completamente nus. Emily fez questão de dizer que não queria nenhum stripper cafona, então consideramos essa uma boa solução. (Atenção, madrinhas: lembrem-se de trazer uma muda de roupa para a Emily, porque quando acabar ela vai estar coberta de tinta.)

21h – Pratos principais.

22h – Pudim e minicurso de chapéus artesanais. Contaremos com a presença da mundialmente famosa chapeleira Madame Meringue, que aceitou nos ensinar a fazer chapéus estilo "fascinator" descartáveis com sobras do pudim. Aqui vocês podem ver os incríveis tutoriais de boina de torta banoffee que ela faz, se quiserem ter uma ideia.

23h – Vamos a pé até a casa noturna FLUID em Vauxhall, onde reservamos uma cadeira (não tinham mais mesas).

4h – A boate fecha.

E é isso!

A última coisa que falta dizer é que Emily pediu para avisarmos a todas que o convite para a despedida de solteira infelizmente NÃO GARANTE um convite para o casamento. Será uma cerimônia (mais ou menos) pequena e não cabe todo mundo no local, mas ela mesmo assim está torcendo para que você esteja presente para celebrar seus últimos dias de solteira.

Todas as participantes que forem flagradas falando com a Emily sobre o casamento ou tentando arranjar um convite serão retiradas do evento imediatamente — queremos que esse seja um dia divertido pra ela, não mais um dia pensando na logística da cerimônia.

Obrigada a todas pela transferência de 378,23 libras — esse valor cobre todos os custos do evento, exceto transporte, pratos principais no restaurante, bebidas no restaurante e bebidas na boate.

Ainda falta recebermos o dinheiro das seguintes participantes:

EMILY BAKER
JENNIFER THOMAS
SARAH CARMICHAEL
CHARLOTTE FOSTER

Se não transferirem o valor até as 23h de hoje, elas não poderão participar, infelizmente, e as outras convidadas precisarão arcar com os custos de seus lugares.

Preparem-se pra festa!!

Beijos,
As Madrinhas

Minha psicóloga diz

—Por que você está aqui?

Por que eu estava lá? Eu nunca imaginei que estaria. Numa salinha logo atrás da Oxford Circus com carpete bege e um sofá vinho. Que sempre cheirava a perfume e mais nada, não importa o quanto eu inspirasse profundamente — nada de resto do almoço, nada de café frio —, e, exceto pelo perfume daquela mulher, não havia nenhuma prova de que houvesse vida além daquela sala. Seria o mesmo cheiro que eu viria a farejar numa mulher qualquer em uma festa e para sempre me faria sentir um aperto no peito e pensar nas tardes de sexta, à uma da tarde. Eu estava lá pagando por hora. Num vácuo de vida em que nada existia além de uma conversa entre duas pessoas — a cabine de comentaristas, a análise pós-jogo em um programa de TV. Era o programa de debates menos conhecido criado a partir do outro, mais popular. Era *Strictly: It Takes Two*. Era *Dancing on Ice: Defrosted*. Era a sala de que eu sempre me lembraria quando estivesse prestes a tomar uma decisão ruim — no banheiro de um pub, com um homem no banco de trás de um táxi. A sala que prometia que ali minha vida ia mudar.

Eu sempre tinha prometido a mim mesma que nunca estaria numa sala como aquela. Mas eu não sabia mais para onde ir. As outras opções já tinham se esgotado. Eu tinha 27 anos e sentia que estava presa num ciclo eterno de ansiedade. Fazia nove meses que eu era freelancer e tinha passado quase todos os dias desse período sozinha com os meus pensamentos. Tinha me esquivado das preocupações das amigas e da família, vivia à beira das lágrimas, mas não conseguia me abrir com ninguém. Acordava todo dia sem ter a mínima ideia de onde eu estava ou do que ia acontecer, toda manhã eu voltava para a minha vida como se a noite de sono anterior tivesse sido um soco na cara que me deixara desnorteada.

Eu estava lá porque precisava. Estava lá porque tinha protelado a decisão de estar lá, porque sempre dizia que não tinha tempo nem dinheiro, porque considerava uma coisa supérflua e boba. Contei para uma amiga que eu sentia que estava prestes a implodir, e ela me deu o telefone de uma mulher. Minhas desculpas para não ir já tinham acabado.

— Eu acho que vou cair e morrer — respondi.

Ela — Eleanor — me olhou por cima dos óculos e voltou para o caderno no qual fazia anotações rápidas. Tinha cabelo castanho com uma franja ondulada partida ao meio, estilo anos 1970, olhos felinos e castanhos e nariz grande. Devia ter quarenta e poucos anos. Parecia a atriz Lauren Hutton, só que mais jovem. Reparei que tinha braços torneados, bronzeados e elegantes. Pensei que ela devia estar me achando a maior chorona. Uma coitada. Uma menina extremamente privilegiada que estava torrando seu suado dinheirinho sem necessidade, só para poder ficar tagarelando sobre si mesma durante uma hora por semana. Ela devia reconhecer mulheres iguais a mim de longe.

— Não consigo abrir nem fechar as janelas do meu apartamento, tenho que pedir para alguém — continuei, com a voz falhando e tentando segurar o choro que parecia estar pressionando a parte de trás dos meus olhos como a água de uma barragem. — Às vezes, não consigo nem entrar num lugar se tiver uma janela aberta, porque morro de medo de cair. E preciso ficar com as costas grudadas na parede quando o metrô para numa estação. Eu me vejo caindo no buraco e morrendo. Vejo essa cena toda vez que fecho os olhos. Depois passo a noite inteira revendo a visão na minha cabeça e não consigo dormir.

— Certo — ela observou com seu sotaque australiano. — E há quanto tempo você sente isso?

— Piorou muito nos últimos seis meses — eu disse. — Mas vai e vem por boa parte dos últimos dez anos. Minha relação com a bebida piora quando fico muito ansiosa. Acontece a mesma coisa com a obsessão pela morte. A obsessão do momento é o medo de cair.

Fiz para ela o tour dos Grandes Sucessos da Minha Crise Emocional Recorrente, um a um. Falei sobre o meu peso, que sempre tinha sido tão mutável quanto as nuvens no céu — e sobre o fato de eu conseguir olhar para qualquer foto que tivessem tirado de mim desde 2009 e dizer o peso exato que tinha naquela ocasião. Falei sobre a minha obsessão com o álcool, que não tinha mudado em nada desde a adolescência, minha sede insaciável quando a maioria das pessoas da minha idade já sabia a hora de parar, minha fama de sempre beber o mais rápido possível, as vastas lacunas que essas noites deixaram na minha memória ao longo dos anos, a vergonha e a angústia cada vez maiores que sinto por causa dessas horas perdidas e daquela pessoa irreconhecível, uma louca que sai aprontando pela cidade e pela qual eu deveria ser a responsável, mas que não me lembro de ser ou de conhecer.

   Contei sobre a minha incapacidade de me entregar de verdade a uma relação e minha obsessão pela atenção masculina, que sempre andava junto do medo de me aproximar demais de alguém. Sobre como tinha sido difícil ver todas as minhas amigas, uma a uma, entrarem em relacionamentos sérios sem dificuldade, como se entrassem numa piscina gelada num dia de sol escaldante. Sobre como todos os meus namorados tinham perguntado por que eu não fazia o mesmo, sobre como sempre temi ter nascido toda errada para o amor.

   Falamos sobre meu hábito de me espalhar como a última colherzinha de Marmite pela vida do máximo de pessoas possível. Contei para ela que eu dava quase toda a minha energia para os outros, mesmo quando não me pediam. Descrevi como isso me fazia sentir que eu controlava o que as pessoas pensavam de mim, mas que me fazia sentir cada vez mais uma fraude. Contei que eu ficava pensando no que diziam de mim pelas minhas costas, que eu provavelmente concordaria com quase qualquer ofensa que me falassem. Contei do imenso esforço que já tinha feito para que gostassem de mim: gastar todo o meu dinheiro em rodadas de bebidas para pessoas que eu tinha acabado de conhecer e não conseguir pagar meu aluguel na semana seguinte, começar noites de sábado às quatro da tarde e continuar até as quatro da manhã para comparecer a seis festas de aniversário de pessoas que mal conhecia. De como eu me sentia cansada, abatida e covarde por tudo isso, de como eu às vezes me odiava. De como era irônico e patético que eu tivesse o maior círculo de amizades entre as pessoas que eu conhecia, mas não sentisse que podia contar essas coisas para nenhum dos meus amigos. De como eu tinha um medo profundo de depender de alguém. Que eu era capaz de chorar na cama de um estranho que conheci em Nova York, mas não era capaz de pedir ajuda para nenhuma das minhas melhores amigas.

— Mas não dá para ver nada disso na minha vida — contei. — Eu me sinto boba por vir aqui, porque podia ser muito pior. Eu tenho amigas ótimas, uma família ótima. Meu trabalho vai bem. Vendo de fora, ninguém ia saber que tem algo errado comigo. Eu simplesmente me sinto uma merda. O tempo todo.

— Se você se sente uma merda o tempo todo, isso tem um efeito muito, muito grande na sua vida — ela ponderou.

— Talvez.

— Você sente que vai cair porque está partida em centenas de pedacinhos que ficam flutuando — ela disse. — Você está em um estado de confusão. Você não tem uma base. Não sabe ficar sozinha consigo mesma.

Meus olhos enfim cederam, e as lágrimas começaram a sair do ponto mais profundo do meu peito.

— Sinto que não tem mais nada me segurando — revelei, a falta de ar pontuando a frase como soluços, o fluxo de lágrimas quente e contínuo como sangue.

— É claro que você sente isso — ela disse com uma nova delicadeza. — Você não tem nenhuma percepção de si mesma.

Então era por isso que eu estava lá. A ficha caiu. Eu achava que tinha medo de cair, mas na verdade simplesmente não sabia quem eu era. E tudo que eu usava para preencher aquele espaço vazio já não era o suficiente, eu acabava me sentindo ainda mais distante de mim mesma. Essa ansiedade opressora tinha ficado escondida por um tempo e finalmente tinha chegado, escorregado da caixa de correio e aterrissado no meu pé. Fiquei surpresa com esse diagnóstico. Logo eu, que sempre pensei que a percepção que tinha de mim mesma era firme feito uma rocha. Faço parte da Geração Percepção de Si, é isso que a gente sabe fazer. Estamos preenchendo seções de "Sobre Mim" desde 2006. Eu achava que eu era a pessoa mais autoperceptiva que conhecia.

— Você nunca vai saber o que eu penso de verdade a seu respeito — ela argumentou quando eu estava prestes a ir embora, mostrando que já tinha entendido como eu funciono. — Você pode deduzir se eu gosto de você pelo meu comportamento, mas nunca vai saber de fato o que eu penso de você como pessoa. Para termos qualquer progresso, você precisa abrir mão desse pensamento.

A princípio fui invadida por uma paranoia angustiante, depois por uma sensação quase imediata de alívio completo. Ela estava me dizendo para parar de fazer piadas ruins. Ela estava me dizendo para parar de pedir desculpas por usar todo o estoque de lencinhos de papel que ela deixava na mesa ao meu lado. Estava me dizendo que naquela sala eu não precisava me esforçar com cada palavra, gesto ou anedota para me adaptar a ela e fazer com que gostasse de mim. Aquela pessoa dentro de mim sem nenhuma percepção de si mesma, amor-próprio ou autoestima — uma presença polimorfa que mudava para agradar os outros, um emaranhado de ansiedade — estava ganhando permissão para simplesmente *existir*. Ela estava me dizendo que eu podia me sentir segura para me expor naquela sala logo atrás da Oxford Circus, com o carpete bege e o sofá vinho.

Saí do consultório e andei nove quilômetros para chegar à minha casa. Eu me senti aliviada por ter enfim chegado àquela sala e ao mesmo tempo senti o peso terrível do que ainda estava por vir. Tentei me convencer de que era possível resolver tudo em três meses.

— Ela acha que eu não tenho percepção de mim mesma — contei para India enquanto ela fazia o jantar naquela noite.

— Que besteira — ela retrucou, indignada. — Você é a pessoa que mais tem percepção de si mesma que eu conheço.

— É, mas não estou falando desse tipo de percepção de mim. Não é, tipo, se vou votar contra o Brexit ou de como eu prefiro comer batata. Ela quer dizer que eu me parto em vários pedacinhos e me dou para várias pessoas, em vez de ser uma coisa inteira. Eu vivo inquieta, perdida. Não sei viver sem as coisas que uso como muleta.

— Não sabia que você se sentia assim.

— Eu sinto que estou me perdendo — falei para ela.

— Não quero que você fique triste — India disse, me abraçando, descalça na nossa cozinha, enquanto o espaguete fervia no fogão com um leve borbulhar. — Não quero que você faça isso se for te deixar triste.

Na sexta-feira seguinte, contei para Eleanor que India tinha dito que não queria que eu passasse por esse processo porque estava preocupada de eu ficar triste. Eu disse para ela que concordava em parte com isso.

— Tudo bem, mas deixa eu te contar uma novidade — ela rebateu, com seu jeito direto que me acalmava e o tom sarcástico que eu passaria a apreciar tanto com o tempo. — Você já está triste. Você está triste pra caralho.

— Eu sei, eu sei — concordei, pegando mais um lencinho de papel. — Desculpa por acabar com a caixa. Imagino que você precise de muitos, considerando o seu trabalho.

Ela garantiu que era para isso que a caixa de lenços estava ali.

E assim o processo começou. Toda semana eu ia até lá e nós duas, como detetives, investigávamos a pessoa que eu era para tentar responder como eu havia chegado ali aos 27 anos. Fizemos uma investigação forense no meu passado, às vezes falando sobre algo que havia acontecido na noite anterior, às vezes sobre algo que tinha acontecido na aula de educação física, vinte anos antes. Fazer terapia é se embrenhar em uma grande escavação arqueológica na sua psique até encontrar alguma coisa. É um episódio semanal de um programa científico de TV em que você é o experimento, um esforço conjunto entre o especialista e o apresentador.

Falamos e falamos até que ela propôs uma teoria de causa e efeito que fazia sentido, depois, e mais importante ainda, entramos na questão de como mudar aquilo. Às vezes ela me dava tarefas para fazer — atitudes que eu deveria experimentar, coisas que eu deveria procurar melhorar, perguntas a responder, coisas nas quais deveria pensar, conversas que eu precisaria ter. Passei dois meses chorando toda sexta-feira à tarde. Toda sexta à noite eu dormia por dez horas direto.

As pessoas se enganam muito quando pensam que fazemos terapia para botar a culpa nos outros. À medida que as semanas passavam, descobri que era exatamente o contrário. Já ouvi falar que existiam psicólogos que assumiam um papel meio defensivo como uma mãe sem noção na vida dos pacientes, sempre garantindo que nada era culpa deles, mas sim da namorada, do chefe ou de um amigo. Eleanor quase nunca me deixava transferir a responsabilidade dos meus atos para outra pessoa e sempre me obrigava a questionar o que eu tinha feito para acabar numa situação particularmente ruim, e por isso mesmo eu sempre ia para as sessões com um aperto no peito.

— A não ser que alguém morra — ela me disse numa sexta-feira —, se alguma coisa ruim aconteceu num relacionamento, você contribuiu para isso de alguma forma.

Eleanor e eu levamos alguns meses para conseguir rir juntas pela primeira vez. Cheguei ao consultório — péssima — depois de uma semana difícil de trabalho. Eu estava com pouco dinheiro e nenhuma autoestima, preocupada com o aluguel e com a minha carreira, que parecia estar indo para o buraco. Minha paranoia estava passando dos limites, eu estava achando que todo mundo com quem tinha trabalhado me achava incompetente, inútil, sem talento. Não saía de casa havia três dias. Descrevi para ela uma fantasia muito realista em que um comitê de desconhecidos falava que eu era uma escritora horrível. Ela ficou me olhando enquanto eu falava, depois seu rosto se contorceu numa expressão de incredulidade.

— Então — ela disse, soltando o ar e levantando as sobrancelhas —, eu acho uma *loucura* você pensar uma coisa dessas.

Percebi que, quanto mais enfática e direta ela ficava, mais marcante se tornava seu sotaque australiano. Parei de encarar meu lencinho e olhei para ela. Não era a reação que eu esperava.

— *Um comitê só de gente que você nunca viu?* — ela perguntou, balançando a cabeça com ar perplexo. — Isso é de um narcisismo EXTREMO.

— Bom... — eu disse, rindo tanto que acabei roncando. — É mesmo. Falando assim... É ridículo.

— Ninguém está falando sobre você.

— É — respondi, dando batidinhas com o lenço nas lágrimas e de repente me sentindo um personagem que o Woody Allen interpretaria. — Você tem razão.

— Sério! — ela reforçou, ainda chocada, afastando a franja das maçãs do rosto pronunciadas com um movimento delicado. — Você não é tão interessante assim, Dolly.

Quando cheguei ao terceiro mês, tive a primeira sessão sem lágrimas. A caixa de lencinhos permaneceu intocada. Um marco da terapia.

Se por um lado minhas amigas mais próximas me apoiaram nesse processo, logo ficou claro que as pessoas erradas começaram a me achar uma chata graças ao novo hábito de refletir sobre meu comportamento. Passei a beber cada vez menos — sempre me perguntando se estava bebendo por diversão ou para fugir de algum problema. Tentei abandonar o hábito de agradar os outros, sabendo que doar meu tempo e energia sem impor limites era justamente o que vinha abrindo o rombo que eu não queria ver se transformar em um buraco sem fim. Passei a ser mais sincera, dizia para as pessoas quando ficava chateada, ofendida ou brava e valorizava a calma que acompanhava a sensação de ser íntegra, cujo preço módico era ter diálogos um pouco desagradáveis. Ganhei mais consciência de mim mesma e dos meus processos, e parar de fazer papel de trouxa para agradar os outros foi uma consequência inevitável.

Eu sentia que estava evoluindo a cada semana que passava, sentia que o meu interior fazia fotossíntese a cada dia em que eu colocava um novo hábito em prática. Fiquei obcecada por colocar plantas em casa, uma espécie de personificação do reino vegetal. Pesquisei o que era adequado para cada espaço, de acordo com a luz e a sombra, e enchi o apartamento de verde: jiboias desciam pelas estantes de livros, uma samambaia-americana ficava em cima da minha geladeira, uma costela-de-adão ficava encostada na parede branca e iluminada do meu quarto. Pendurei um filodendro perfeito acima da minha cama, e à noite sempre tinha uma gotinha fria de água que se desprendia das folhas em forma de coração e caía na minha cabeça. India e Belle questionaram até que ponto isso era saudável para mim, comparando a situação à tortura chinesa da gota d'água. Mas eu tinha lido que era a gutação — um processo pelo qual uma planta elimina a água de que não precisa à noite, ela se esforça para se livrar de tudo que pressiona suas raízes. E eu disse às duas que enxergava o sentido daquilo. Era uma coisa que eu e o filodendro estávamos fazendo juntos.

— Se você trouxer mais uma planta — Farly disse um dia, olhando para o meu quarto —, sua casa vai virar *A Pequena Loja dos Horrores*.

Bebendo menos, experimentei a novíssima sensação de acordar com uma memória linear da noite anterior. As coisas que as pessoas diziam, as roupas que usavam, os sinais que trocavam entre si quando achavam que estavam sendo discretas. Percebi que, sempre que eu comparecia a um evento, as pessoas queriam tudo de ruim. Se eu estivesse à mesa do pub, elas queriam outra garrafa de vinho, queriam ligar para o traficante, queriam ficar do lado de fora acendendo um cigarro atrás do outro, queriam usar a bebida como desculpa para contar as fofocas mais maldosas sobre alguém que a gente conhecia. Sem perceber, eu tinha virado a chefe do mercado clandestino das noitadas. Eu era o sinal verde para todo mundo fazer merda — e só percebi isso quando parei de ser essa pessoa.

O golpe mais violento e mais genial da Eleanor veio quando estávamos discutindo isso numa tarde de sexta.

— Percebi que as pessoas querem que eu seja fofoqueira — contei a ela. — É isso que elas esperam de mim quando chego a algum lugar, ainda mais quando estão enchendo a cara.

— E você fez fofoca?

— Um pouco, sim — respondi. — Eu não percebia que era tão fofoqueira assim.

— Por que você fazia fofoca?

— Não sei. Pra me sentir próxima das pessoas? Pra puxar assunto? Talvez pra sentir que tenho algum poder. É o único motivo que existe para as pessoas fofocarem. É óbvio que eu fazia isso pra me sentir poderosa.

— É isso mesmo — ela disse com o ligeiro sorriso que reservava aos momentos em que ficava satisfeita porque eu tinha chegado a uma conclusão antes dela. — É uma maneira de diminuir os outros para se sentir maior.

— É, acho que sim.

— Sabe quem também faz isso? — Ela fez uma pausa. — Donald Trump.

Eu caí na gargalhada.

— Eleanor, eu passei a gostar muito do seu jeito de me dar a real — eu disse. — Mas essa foi meio pesada até para os seus padrões.

— Tá, algum outro político conservador, então. Nigel Farage — ela disse, dando de ombros de leve, como se eu tivesse sido pedante.

"Hoje a minha psicóloga me comparou com o Trump", escrevi numa mensagem para Farly quando estava saindo do consultório e andando pela Regent Street. "Acho que estou evoluindo muito."

Depois, quando estava na terapia havia cerca de cinco meses, de repente senti que tínhamos deparado com um bloqueio. Minha evolução tinha estagnado. Comecei a me flagrar ficando na defensiva com ela. Ela me disse que eu estava na defensiva. Numa certa sessão, argumentei que talvez não valesse a pena ficar procurando uma resposta nos acontecimentos e decisões da minha vida, ficar remoendo sem parar aquilo que tinha acontecido com tal namorado uma vez ou aquilo que meus pais tinham dito ou não quando eu era criança. Que talvez tudo fosse em vão, que talvez eu tivesse simplesmente nascido daquele jeito. Ela achava que havia uma chance de eu ter simplesmente nascido daquele jeito? Ela me encarou com uma expressão vazia.

— Não acho, não — respondeu.

— Mas é *óbvio* que você não acha — argumentei, num tom rabugento. — Porque se fosse assim a sua profissão seria inútil.

Quando fazia merda, eu às vezes criava uma versão da história para que ela pegasse leve comigo. Depois eu me lembrava de quanto pagava por sessão, do monte de trabalho a mais que tinha precisado pegar para arranjar a grana, do privilégio que era ter esse dinheiro. E do desperdício que seria se eu não falasse a verdade. Conversei com algumas amigas que faziam terapia e ficavam nervosas antes de uma sessão porque tentavam pensar em alguma coisa interessante para contar ao terapeuta. Eu era o oposto. Eu sempre pensava no que poderia esconder dela, ou em um jeito mais positivo de contar uma história para que não parecesse tão grave.

Mas é claro que ela sempre percebia quando eu estava mentindo. Porque eu tinha revelado a ela como eu funcionava. E eu sempre ficava ressentida pelo quanto ela me conhecia e chorava quando ela me desafiava. Não porque não gostasse dela por questionar algo que eu tinha feito, mas porque eu não gostava de mim mesma por ter tomado aquela atitude.

Depois de seis meses, cheguei a um ponto em que eu quase falava "Tá, mas que porra VOCÊ fez pra saber tanto disso, hein? Vai... Me fala como VOCÊ é perfeita, então" numa sessão. E percebi que eu precisava dar um tempo, mas não falei nada. Ela me disse que "estava sentindo certa raiva vinda de mim", eu disse que estava ótima. Comecei a desmarcar sessões. Fiquei um mês e meio sem aparecer.

Quando voltei, percebi que ela era muito mais compreensiva do que eu me lembrava e me perguntei se os questionamentos insistentes e implacáveis dela não seriam coisa da minha cabeça. Talvez ela tivesse se tornado a tela em branco na qual eu projetava toda a raiva e o julgamento que nutria por mim mesma. No meio da sessão, ela me perguntou por que eu tinha parado de ir às sessões nas datas combinadas sem avisar. Pensei em dar uma desculpa, pensei no dinheiro e no tempo que eu estava gastando com aquilo, pensei que era tarde demais para desistir.

— Não sei — respondi.

— É porque essa relação está ficando muito íntima? — ela perguntou. — É uma questão de dependência? Você não quer depender disso?

— Sim — respondi, suspirando. — Acho que é isso, acho que eu queria ter o controle.

— É, acho que pode ser o motivo — ela disse, pensando em voz alta. — O que acontece na sua vida lá fora se reflete aqui.

— Faz sentido.

— O que você está tentando controlar?

— Tudo — respondi, me dando conta disso ao falar em voz alta. — Estou tentando influenciar a opinião que as pessoas têm sobre mim. Como elas me tratam. Estou tentando impedir que qualquer coisa ruim aconteça. Morte, tragédia, decepção. Estou tentando controlar tudo.

A epifania dela foi a minha epifania; decidi me abrir para o processo. Eu me entreguei a Eleanor, confiei nela, e assim dei início a um novo ciclo da nossa jornada juntas.

— Você precisa continuar vindo aqui, e a gente precisa continuar conversando — ela me disse. — Precisamos falar, falar, falar até fazer todas as conexões.

Acho que, em parte, o que aconteceu foi que cheguei a um ponto em que eu não suportava mais que Eleanor soubesse tanto sobre mim — os recônditos mais sombrios da pessoa que eu sou, minhas experiências mais sagradas, vergonhosas, humilhantes, horríveis, valiosas. E em troca eu não sabia nada sobre ela. Às vezes eu imaginava Eleanor em casa, pensava em como era a vida dela quando não estava sendo a psicóloga de alguém. Eu me perguntava o que ela dizia sobre mim para as amigas, se ela já tinha lido meus trabalhos ou visto meus perfis nas redes sociais ou pesquisado sobre mim no Google, da mesma forma que eu fizera com ela da primeira vez que me mandou um recibo com seu nome completo.

Algumas semanas depois, ela me perguntou o que eu estava achando da terapia, e revelei que me incomodava não saber nada sobre ela. Falei que eu entendia que esse era o mais adequado, mas que às vezes eu sentia que essa troca era injusta. Por que eu tinha que me despir toda semana e ela sempre podia ficar de roupa?

— Mas como assim você não sabe nada sobre mim? — ela questionou, genuinamente intrigada.

— Não sei nada sobre você como pessoa.

— Sabe, sim.

— Não sei, não. Eu não teria nada pra contar pra uma amiga sobre você.

— Você vem aqui toda semana e falamos sobre amor, sexo, família, amizade, felicidade, tristeza. Você sabe as minhas opiniões a respeito de tudo isso.

— Mas não sei se você é casada, se tem filhos, onde mora. Não sei para onde você gosta de sair. Não sei se você faz academia — argumentei, pensando especificamente nos braços tonificados para os quais eu sempre me pegava olhando nos momentos mais tensos, me perguntando quanto peso ela levantava.

— E você acha que saber alguma dessas coisas ia te ajudar a entender quem eu sou? Você sabe muito sobre mim.

Com o passar do tempo, aprendi a linguagem da Eleanor. Depois de todas as sessões mais chorosas, ela sempre dizia: "Se *cuida*" — com ênfase no "cuida". Isso queria dizer: "Vê se não enche a cara loucamente este fim de semana."

Também era mau sinal quando ela dizia "Caramba" quando eu contava alguma coisa. Mas o pior, de longe, era: "Fiquei preocupada com você essa semana." Quando Eleanor me dizia que tinha ficado preocupada comigo naquela semana era porque tinha sido uma sessão *daquelas* na sexta-feira da semana anterior.

Nunca deixei de ter medo das sextas, mas a sensação foi diminuindo cada vez mais. Eu e Eleanor passamos a rir juntas mais vezes. Contei que, às vezes, depois das sessões, eu ia direto para uma padaria e devorava um brownie em cerca de cinco segundos ou entrava numa loja e comprava qualquer coisa que custasse dez libras e de que eu definitivamente não precisava. Ela disse que era porque eu me preocupava com o que ela pensava de mim — e eu concordei. Não é uma coisa natural ficar sentada numa salinha com alguém que não existe no resto da sua vida e contar suas histórias mais explícitas e pessoais para ela — aquelas que você nunca contou em voz alta, aquelas que nunca contou para ninguém, talvez nem para si mesma. Mas, quanto mais saudável eu ficava, menos julgamento eu projetava nela. Sua imagem verdadeira começou a ganhar forma na minha frente: uma mulher que estava do meu lado.

Quando uma amiga me disse que é a relação entre paciente e terapeuta que traz a cura, e não a conversa em si, eu entendi. Minha sensação de calma e paz que só aumentava parecia algo que estávamos construindo juntas — como nas sessões de fisioterapia que se faz para fortalecer um músculo. Eu fiquei com uma parte dela e sei que sempre a terei comigo. O que a gente trabalhou me ajudou a desenvolver uma nova compreensão de mim mesma, e isso vai se manter para sempre. Era assim que ela chamava: "trabalhar". E essa sempre foi a sensação que eu tinha. O tempo que passei com Eleanor foi desafiador e difícil, foi um confronto. Ela não deixava passar nada. Ela me fazia pensar no papel que eu desempenhava em todas as situações. Às vezes eu tentava me lembrar de um tempo em que meu comportamento não tinha consequências, depois de tardes de sexta mais difíceis do que a média, eu me perguntava como a vida seria se não tivesse decidido fazer aquela trilha que me levava a mim mesma. Teria sido mais fácil continuar sendo uma babaca bêbada que cruzava a cidade de táxi às quatro da manhã? Alguém que nunca pensava nas próprias atitudes, só ia empurrando com a barriga e fazia tudo de novo na semana seguinte?

Eleanor adorava me dizer que a vida é uma merda. Ela me dizia isso toda semana. Ela me dizia que a vida ia me decepcionar. Ela me lembrava de que não tinha nada que eu pudesse fazer para controlar a vida. Eu aceitei essa inevitabilidade e relaxei.

Quando chegamos ao nosso aniversário de um ano, nossas conversas passaram a fluir com facilidade, com mais familiaridade, ela me recomendava livros que achava que iam me ajudar. Ela quase sempre dizia "até mais", em vez de "se *cuida*". Ela parou de dizer "ah, não" com um tom preocupado quando eu contava alguma história, e eu passei a ouvir com certa frequência um "Nossa, parece ÓTIMO!" dito com uma animação genuína. Teve uma sexta-feira em que cheguei a não ter o que contar para ela.

Eu não sabia ao certo por quanto tempo queria continuar indo lá ou que liberdade esperava sentir no final. Mas sabia que, quanto mais tempo passava indo lá, mais as coisas faziam sentido. Ao falar sobre mim, eu tinha conquistado alguma harmonia, como ela tinha previsto. Eu liguei os pontos, percebi os padrões. Meu discurso começou a se conectar com minhas atitudes. O abismo entre quem eu me sentia por dentro e a maneira como me comportava foi diminuindo. Aprendi a conviver com meus problemas, a procurar dentro de mim, ainda que fosse doloroso, em vez de sair em busca de uma viagem para as Ilhas Mais Distantes da Experiência Humana quando as coisas davam errado. A vontade de beber era cada vez menos frequente, e, quando surgia, a intenção era comemorar, não fugir, então o resultado nunca era tão desastroso.

Eu me sentia mais firme, mais forte. As portas que eu tinha dentro de mim se abriram uma atrás da outra, tirei todas as tralhas que havia nos cômodos e expliquei para ela o que era cada quinquilharia que saía lá de dentro, depois joguei tudo no lixo. A cada porta que abria, eu sabia que estava chegando mais perto. De ter mais percepção de mim mesma, de sentir mais calma. E de me sentir em casa.

12 de junho

Querida Dolly Não Sei das Quantas Alderton,

Muito bem! Você conquistou seu lugar no casamento de Jack Harvey-Jones e Emily White. Parabéns por ter chegado até aqui — você foi uma das duas últimas pessoas que disputaram o derradeiro convite para a cerimônia, bem como para a festa. A outra pessoa foi a Rose, prima da Emily. No fim, escolhemos você porque é extrovertida e bebe bastante, e achamos que isso vai ajudar a dar uma animada na mesa dos amigos introvertidos do Jack da faculdade de economia. Rose vai apenas comparecer à festa, mas não tem problema, já que não fomos convidadas para o casamento dela quando ela e o marido "fugiram", sem contar que Rose tem uma marca de nascença bem visível no rosto e ia estragar as fotos da cerimônia durante o dia, de qualquer forma.

Então que rufem os tambores! O sr. e a sra. Keith White esperam poder contar com o prazer de sua companhia no casamento de sua filha Emily com o sr. Jack Harvey-Jones no Vale do Lugar Nenhum.

(Sabemos que é meio louco dizer "sr. e sra. Keith White", mas os pais do Jack, que são gente muito chique, insistiram que é assim que se escreve, e são eles que vão pagar os drinques de boas-vindas, então a gente não pode se dar ao luxo de discutir com eles.)

Você está cordialmente convidada para assistir enquanto o pai da Emily a entrega de bom grado a outro homem, como se estivesse vendendo um carro usado. Quando as amigas feministas radicais da Emily a questionarem sobre isso, ela vai mentir e dizer que a igreja disse que era obrigatório e que eles não tiveram opção, e gostaríamos muito que você embarcasse nessa também.

E, *por favor*, imploramos que não traga presentes, só sua presença! Mas, tá, se FIZER QUESTÃO, você pode escolher uma lembrancinha da nossa lista na Liberty, uma loja de artigos de luxo, na qual você terá o privilégio de comprar algo bobo — como uma centrífuga para saladas de cinquenta libras — ou muito luxuoso — como a estatueta de porcelana de um coelho com chapéu em tamanho gigante. Você decide, sério.

Além disso, se quiser, você pode fazer uma doação para uma instituição beneficente de sua escolha, não importa qual, só achamos que seria legal dar essa sugestão. (Alguém compre o sofá Chesterfield pra nossa sala, por favor!!)

A gente sabe, Dolly Não Sei das Quantas Alderton, que você está solteira e ganha no máximo 30.000 libras, enquanto nós dois juntos ganhamos 230.000 libras ao ano. Também sabemos que moramos num apartamento de 700.000 libras em Battersea, cuja entrada foi paga por nossos pais, enquanto você se desdobra para pagar 668 libras de aluguel todo mês, então, seguindo esse raciocínio, achamos que faz sentido que *você* seja a pessoa certa para *nos* dar presentes caros que vão enfeitar nossa casa já totalmente mobiliada.

Não, mas falando sério, a gente só quer que você esteja lá, então não se preocupe com o presente nem com esse papo da doação. Se você aparecer com as mãos abanando, só vamos fazer uns comentários maldosos quando formos jantar com nossos amigos em comum sem você no ano que vem. E, na verdade, é até melhor pra gente, porque precisamos continuar falando do casamento até engravidarmos, de forma que sua decisão egoísta de não celebrar nosso amor com um jogo de panelas Le Creuset pode muito bem render o material necessário para tocar nesse assunto em todas as conversas até podermos migrar para os trimestres e o parto humanizado, então a gente agradece.

Agora vamos às bebidas! Todos os convidados receberão uma taça de champanhe/vinho branco espumante genérico numa taça de champanhe no momento da chegada. Depois cada convidado paga pelas próprias bebidas, infelizmente. Tentamos fazer as bebidas para 120 pessoas caberem no nosso orçamento de 75.000 libras, mas não rolou, muito triste. Sabe como é casamento, né?

No anexo você vai encontrar informações sobre uma pousada caríssima que a gente recomenda muito, almoçamos muitas vezes lá aos domingos, e é sempre incrível. Mas sem pressão para se hospedar lá, viu? Você pode ficar onde quiser na comunidade rural e remota onde vamos nos casar.

Reserve logo e aproveite!

Então até lá! Ah, aliás, eu sei que todo mundo que você conhece recebeu um convite para acompanhante porque estão todos namorando ou casados. E, verdade, não conhecemos nem metade desses companheiros e companheiras, mas achamos que seria legal essas pessoas terem alguém presente na festa, sabe, porque gente que namora gosta de ficar junto. Infelizmente, você não terá direito a esse tipo de apoio (:() e vai precisar vir sozinha. Desculpe, é apenas uma questão de números. Tenta ligar para o irmão tarado do Jack, porque *acho* que ele é a única outra pessoa solteira da festa, então pode ser bacana pegar o mesmo trem e dividir o quarto com ele! Se bem que talvez ele leve aquela menina francesa que conheceu numa conferência, então a gente vai confirmar e te avisa.

Dress code: traje de cerimônia, seja lá o que isso quer dizer.

Como chegar: a igreja e o local do evento são belíssimos, então preferimos que não tenham carros no cenário nesse dia, porque não queremos estragar as fotos e o clima de paz. Nosso conselho é que você pegue um trem de Londres para o Vale do Lugar Nenhum — a estação mais próxima com essa linha fica a 35 quilômetros. Tem uma empresa de táxis que pode levar você até a igreja, mas não se esqueça de agendar a corrida com antecedência, porque eles só contam com três carros.

Outras formalidades: queremos que o casamento tenha uma vibe supertranquila, por isso incentivamos que todos joguem confete e se divirtam do lado de fora da igreja. POR FAVOR, NÃO TRAGA SEU CONFETE DE CASA. Teremos um pote com confete que será DISTRIBUÍDO PELA ALISON, MÃE DA NOIVA, que passou quatro anos secando pétalas de esporinha uma a uma só para essa ocasião. As pétalas de esporinha ficam lindas nas fotos, são mais baratas do que pétalas de rosas e são ecologicamente corretas — o confete de papel pode prejudicar a fauna local, e a empresa que aluga o local da festa disse que, se encontrar QUALQUER PEDACINHO DE CONFETE DE PAPEL na propriedade, a festa será cancelada imediatamente, a equipe do bufê será orientada a ir embora e o evento será encerrado. Então espere sua vez, e todos terão direito a UM POUCO de confete (por favor, não pode ser muito, queremos que todo mundo tenha sua vez) para jogar nos felizes noivos no momento em que eles se apresentam ao mundo como marido e mulher.

Envie sua música favorita na confirmação de presença, e nosso DJ vai fazer o possível para tocá-la, mas só se for "I Would Walk 500 Miles", dos Proclaimers, ou "Umbrella", da Rihanna.

Criamos uma hashtag para as fotos de Instagram a serem postadas no dia: "jemily2016". A gente queria só "jemily", mas infelizmente esse é o nome de uma marca de lubrificante íntimo, como descobrimos ao fazer uma busca com a hashtag, então vai ter que ser "jemily2016".

Crianças são bem-vindas!

É proibido qualquer tipo de *traje casual*. Ninguém entra sem gravata. É nosso dia especial, não um jantar do bingo.

Se você não puder ir, não se preocupe, porque vamos fazer outra festa casual na cidade no mês que vem, para receber nossos amigos londrinos menos próximos, mas muito instagramáveis. Depois, no mês seguinte, vamos fazer outra cerimônia com festa na Áustria, terra natal de muitos parentes do Jack. Depois teremos uma bênção em Ibiza, além de uma viagem em grupo para a qual todos vocês serão convidados. Nosso casamento vai ser meio que uma banda fazendo turnê pelo próximo ano inteiro, então escolha a data mais conveniente para você e ~~reserve seu ingresso~~ venha com a gente.

Estamos ansiosos para ver vocês lá!

Com amor,

Beijos,

Jack e Emily

P.S.: Pedimos desculpas por você ter precisado pagar para receber este convite, estávamos na maior correria quando fomos enviar e compramos os selos errados para o peso. Ou seja, você pagou 79 cents, e esse valor será reembolsado na entrada do local do evento. O irmão do Jack, Mark, estará com o dinheiro ao lado do arco decorado com flores. SEM RECIBO NÃO TEM REEMBOLSO.

P.S.2: Pedimos desculpas pelas lantejoulas em forma de coração que caíram do envelope e se espalharam pelo tapete que você acabou de aspirar.

Heartbreak Hotel

Acordei e vi três chamadas perdidas da Farly e uma mensagem pedindo que eu ligasse de volta, tudo antes das sete da manhã. Antes que eu pudesse discar o número, ela me ligou de novo. Eu sabia que coisa boa não era. Pensei nos dezoito meses que tinham se passado desde a morte da Florence e na forma como Farly tinha se afastado de todas as amigas mais próximas e tentado lidar com a própria tristeza longe de todos. Em como eu tinha tentado trazê-la de volta para perto de mim, buscando encontrar o que dizer para ajudá-la. Nos momentos em que a gente ria de alguma coisa eu chegava a ver um lampejo da pessoa que ela fora antes, mas depois a risada se transformava num soluço e ela se desculpava porque não entendia mais como sua mente e seu corpo funcionavam. Egoísta, eu só pensava numa coisa: *Não sei como vou ajudar a Farly dessa vez.* Respirei fundo e atendi o telefone.

— Dolly?
— O que aconteceu?

— Ninguém morreu — ela disse, percebendo o pânico na minha voz.

— Ok.

— É o Scott. Acho que a gente vai terminar.

Faltavam oito semanas para o casamento.

Farly estava sozinha no apartamento dos dois quando eu cheguei, uma hora depois. Scott tinha ido trabalhar, e a chefe dela havia tido a compaixão de lhe dar uma licença de alguns dias. Farly me contou a conversa que eles haviam tido na noite anterior, detalhe por detalhe. Ela me disse que não estava esperando — que naquele momento a festa de casamento era a última das suas preocupações e que ela faria qualquer coisa para salvar a relação deles. Seu pai e sua madrasta estavam passando o fim de semana na casa que tinham na Cornualha, e nós decidimos ir até lá de carro, para que ela e Scott ficassem separados e tirassem alguns dias para pensar.

Conversamos sobre as coisas que ela queria dizer para ele pelo telefone. Ela me pediu para ficar na sala enquanto fazia a ligação — estava uma pilha de nervos e queria que eu estivesse por perto para acalmá-la. Fiquei sentada no sofá enquanto ela falava ao telefone e andava pelo apartamento de um lado para o outro e olhei a casa que eles dividiam, a vida que tinham construído juntos. Havia uma foto dos dois abraçados, mais jovens e alegres, ela com vinte e poucos anos, ele com quase trinta; uma foto dos dois na última viagem que tinham feito, para Florença. O tapete cor de tijolo que eu havia ajudado a escolher, o sofá em que nós três ficamos jogados tomando vinho tinto até o dia amanhecer, assistindo aos resultados das eleições na TV. O pôster do Morrissey que fora meu presente de noivado pendurado na parede.

Um pensamento estranho e difícil passou pela minha cabeça. Por tantos anos, isso era exatamente o que eu queria. Eu ficava torcendo para que um deles deixasse de gostar do outro, para que pudéssemos falar com carinho do Scott, o Primeiro Amor, e para que eu ganhasse a minha melhor amiga de volta. Mas, quando essa hora chegou, a única coisa que senti foi uma tristeza insuportável pela minha amiga. Eles tinham passado por tanta coisa juntos, e eu só queria que eles se resolvessem.

Todas nós encarávamos o casamento da Farly e do Scott como uma espécie de Super Bonder que ia colar os cacos que tinham sobrado da família. Toda vez que a família dela ou alguma das nossas amigas falava da cerimônia, concordávamos que seria ao mesmo tempo um dia de extrema felicidade e de uma tristeza inescapável — mas que sem dúvida marcaria um novo capítulo da vida deles. Um começo, e não um fim.

Depois da morte da Florence, eu vinha levando meu papel de madrinha tão a sério que parecia que haviam me concedido o título de dama do Império Britânico. AJ, Lacey e eu organizamos uma despedida de solteira tão extravagante quanto a cerimônia de abertura dos Jogos Olímpicos. Depois de muitos meses de negociação e insistência, um hotel em East London aceitou alugar o salão da cobertura, que tinha vista para a cidade, com um desconto considerável, para que fizéssemos um grande jantar. Eu tinha contratado o London Gay Men's Chorus para fazer uma apresentação-surpresa com um repertório de músicas temáticas de casamento, e todos os membros iam usar uma camiseta estampada com o rosto da Farly. Criei um drinque chamado The Farly com um mixologista. Comprei no eBay um papelão em tamanho real de um homem e colei o rosto do Scott nele, para as convidadas tirarem fotos. Gravei dezenas de mensagens em vídeo de pessoas desejando sorte aos dois e planejava transmiti-las num telão. Entre as pessoas que fizeram vídeos estavam o ator Dean Gaffney, famoso nos anos 1990 pela série *EastEnders*, dois atores de *Made in Chelsea*, o cara com quem ela tinha perdido a virgindade e a gerente da lavanderia da qual Farly era cliente.

Voltei a prestar atenção na conversa da Farly e do Scott.

— Talvez o casamento tenha ficado grande demais — ela disse. — Sabe? Talvez as coisas tenham saído do controle. De repente nós só precisamos deixar isso tudo de lado e nos concentrar em nós.

Naquele exato momento, recebi um e-mail da secretária de um representante local do Parlamento, que atuava na região em que Farly morava.

Cara Dolly,
Obrigada pelo seu e-mail. Andy adoraria ajudar. Pelo visto você está fazendo o possível e o impossível para organizar uma despedida de solteira muito especial para a sua amiga! Você poderia dar um pulo no escritório do Andy na próxima segunda às 11h30 para gravar o vídeo?

Se não for possível, posso tentar arranjar outra data na agenda dele.

Atenciosamente,
Kristin

Deletei o e-mail.

Fomos de carro para o meu apartamento, joguei algumas roupas numa bolsa e mandei uma mensagem para Indie e Belle, informando que Farly estava com amigdalite e Scott tinha viajado a trabalho, então eu ia ficar na casa dela por alguns dias. Eu me senti mal pela mentira, mas, como tudo continuava incerto e eles não tinham tomado uma decisão, era melhor não entrar em detalhes e não despertar muita curiosidade. Criei um aviso automático no meu e-mail, informando que estaria ausente, e pegamos o carro dela para ir para a Cornualha.

Era um percurso que já tínhamos feito juntas muitas vezes: rodovias M25, M4, M5. Para férias na casa na Cornualha, para as viagens de carro que fizemos no verão quando tínhamos dezesseis e dezessete anos e as travessias que fizemos de Londres para a faculdade quando ela estava na Exeter. Farly fazia avaliações rigorosas dos postos de serviço de beira de estrada de acordo com os lanches que vendiam e gostava de me fazer experimentar todos pela sua ordem de preferência (Chieveley, Heston, Leigh Delamere).

Por incrível que pareça, uma viagem de carro longa parecia ser exatamente o que a gente precisava naquele momento. O carro da Farly era o lar da nossa relação adolescente. Nos anos em que eu queria ser adulta a qualquer custo, a carteira de motorista da Farly havia sido o nosso passaporte para a liberdade. Foi o primeiro apartamento que dividimos, nosso primeiro abrigo contra o resto do mundo. Tinha um mirante num morro de Stanmore do qual se via a cidade iluminada como se fosse Oz. Nós íamos de carro até lá depois da aula e dividíamos um maço de cigarro e um pote de sorvete Ben & Jerry's enquanto ouvíamos a Magic FM.

— O que você vê quando olha isso? — ela perguntou uma vez, algumas semanas antes de terminarmos o ensino médio.

— Eu vejo todos os garotos por quem vou me apaixonar e todos os livros que vou escrever e os apartamentos em que vou morar e os dias e as noites que tenho pela frente. E você?

— Uma coisa aterrorizante — ela respondeu.

A viagem — de cinco horas — pareceu ainda mais longa do que o normal. Talvez porque não fosse acompanhada pelo papo furado, o rádio ou nossos CDs riscados da Joni Mitchell, e sim por um silêncio que não era silêncio — eu conseguia ouvir o ruído dos pensamentos da Farly. Deixamos o celular dela no painel do carro e ficamos esperando a ligação do Scott dizendo que tinha cometido um erro e estava arrependido. Toda vez que o celular se iluminava, os olhos dela se afastavam depressa da estrada e procuravam a tela.

— Olha o que é pra mim — ela dizia logo depois.

Era sempre mais uma mensagem de uma das nossas amigas torcendo para que ela melhorasse logo da amigdalite e perguntando se podia visitá-la com revistas e uma sopinha.

— Puta que pariu — ela disse, dando uma leve risada. — Eu e ele passamos os últimos seis anos trocando mil mensagens sobre as coisas mais inúteis do mundo, e agora eu estou desesperada pra receber uma mensagem dele e tudo o que recebo é esse monte de mensagem me desejando melhoras de uma doença que eu nem tenho.

— Pelo menos você sabe que as pessoas te amam — argumentei, tentando consolá-la.

Houve mais um momento inquieto de silêncio.

— O que eu vou falar pra todo mundo? — ela perguntou. — Pra todos os convidados do casamento?

— Você ainda não precisa pensar nisso — respondi. — Mas, se chegar a esse ponto, você não vai precisar contar nada pra ninguém. A gente pode resolver tudo pra você.

— Acho que eu não ia sobreviver sem você. Se você estiver comigo, vai ficar tudo bem.

— Estou aqui e não vou a lugar nenhum — eu disse. — Estou aqui para sempre, amiga. E a gente vai enfrentar isso juntas, vai chegar ao outro lado, não importa o que estiver lá.

Ela continuou encarando a escuridão da rodovia. As lágrimas escorrendo pelo rosto.

— Desculpa se alguma vez eu fiz você sentir que não era minha prioridade, Dolly.

Quando chegamos, logo depois da meia-noite, Richard e Annie estavam acordados nos esperando. Fiz chá — na semana da morte da Floss, eu tinha aprendido como cada um gostava do seu chá, foi a única coisa útil que consegui fazer —, e ficamos sentados no sofá, conversando sobre tudo o que eles tinham falado e pensando em todos os possíveis desfechos daquela situação.

Farly e eu nos deitamos na mesma cama com as luzes apagadas.

— Sabe qual é a única tragédia nisso tudo?

— Fala — ela pediu.

— Eu e Lauren finalmente tínhamos aprendido os acordes e a harmonia vocal de "One Day Like This" para tocar na cerimônia.

— Ah, eu sei, nem me fale. Eu adorei aquela gravação que você me mandou.

— *E* o quarteto de cordas acabou de confirmar que eles sabiam tocar a introdução.

— Eu sei, eu sei.

— Mas talvez tenha sido um livramento — ponderei. — Acho que hoje em dia essa música faz todo mundo se lembrar das montagens do *X Factor*.

— Vocês vão perder dinheiro por causa da despedida de solteira?

— Não se preocupa com isso — retruquei. — A gente vai dar um jeito.

Houve silêncio na escuridão, e eu esperei que ela voltasse a falar.

— Conta mais — ela pediu. — Tenho noventa por cento de certeza de que não vai rolar mais nada, então não tem motivo pra não me contar logo.

— Mas não vai te deixar triste?

— Não, vai me alegrar.

Contei a ela sobre a programação que tínhamos planejado para o fim de semana. A cada detalhe absurdo, ela grunhia feito uma criança pensando nos docinhos que tiraram da sua mão. Assistimos aos vídeos em que as subcelebridades do Reino Unido a parabenizavam no meu celular.

— Obrigada por organizar tudo isso — ela disse. — Teria sido maravilhoso. Eu teria amado.

— A gente faz tudo de novo.

— Eu não vou casar de novo.

— Não tem como você saber disso. E, mesmo que você não se case, eu vou ser bem preguiçosa e simplesmente pegar as mesmas ideias e reaproveitar em um aniversário. Eu faço uma festa de quarenta anos pra você. — Ouvi a respiração dela ficar mais profunda e lenta. Depois de tantos anos dividindo a cama e reclamando quando ela dormia antes do final do filme, eu sabia que Farly estava pegando no sono. — Me chama se precisar de alguma coisa.

— Obrigada, Dolls. Às vezes eu queria que a gente pudesse namorar — ela disse, sonolenta. — Ia ser tudo tão mais fácil.

— É, mas infelizmente você não faz o meu tipo, Farly.

Ela riu e, alguns minutos depois, chorou. Fiz carinho nas costas dela e não disse nada.

Passamos os próximos dias fazendo longas caminhadas, remoendo os mesmos detalhes da última conversa deles um milhão de vezes, tentando descobrir em que momento as coisas tinham desandado. Fiz um chá que Farly não bebeu, Richard preparou pratos que ela mal tocou e assistimos à TV enquanto ela olhava pela janela. Depois de alguns dias, eu precisei voltar para Londres para trabalhar. Depois de mais alguns dias, Farly também voltou para a cidade, e ela e Scott marcaram de se encontrar no parque do bairro em que moravam para caminhar e conversar sobre tudo.

Na manhã do encontro deles, não consegui me concentrar em nada e fiquei encarando o celular como se fosse uma televisão, esperando por uma mensagem dela. Enfim, depois de três horas, decidi ligar para Farly. Ela atendeu antes do primeiro toque.

— Acabou — ela disse, apressada. — Avisa todo mundo que o casamento foi cancelado. Te ligo depois.

A linha ficou muda.

Liguei para nossas amigas mais próximas, uma a uma, e expliquei o que tinha acontecido — cada uma ficou mais chocada que a outra. Escrevi uma mensagem muito cuidadosa explicando que o casamento havia sido cancelado e a enviei apenas para os convidados da Farly. E foi isso. Tudo estava acabado com uma mensagem copiada e colada num e-mail e alguns telefonemas. Aquele dia, aquele futuro, a história dos dois tinha chegado ao fim. Fui cancelando, um a um, os componentes da despedida de solteira que estava programada para dali a menos de um mês. A única coisa que todas as pessoas para quem eu ligava — e que já sabiam que o casamento havia sido remarcado por causa de uma tragédia na família — tinham a dizer era que sentiam muito.

Farly saiu do apartamento deles no dia da conversa e foi ficar com Annie e Richard na casa da família, a poucos quilômetros dali. Fui até lá com minha conta bancária do otimismo totalmente depenada, quase no limite do cheque especial dos lugares-comuns que são ditos para animar as pessoas.

— Sinto que fui pra cadeia por algo que não fiz — ela disse.
— Sinto que a minha vida está lá e eu estou presa aqui, ouvindo que não posso ir até lá. Eu quero a minha vida de volta.
— Você vai chegar lá. Não vai ser assim pra sempre, eu prometo.
— Eu fui amaldiçoada.
— Não. Você não foi amaldiçoada. Você teve um azar horrível, terrível, insuportável. Você viveu mais tristezas em um ano e meio do que muita gente vive durante uma vida inteira. Mas você ainda tem muita alegria pela frente. Você precisa se agarrar a essa certeza.
— Isso foi o que todo mundo disse depois que a Florence morreu. Acho que eu não aguento muito mais.

Farly voltou a trabalhar no dia seguinte, incentivada por todos, e nossas amigas começaram uma verdadeira operação de guerra para distraí-la com atividades. Desde a adolescência não passávamos tanto tempo juntas, mas eu também enviava um cartão-postal de vez em quando, porque assim Farly sempre tinha alguma coisa legal esperando por ela quando chegasse em casa. As madrinhas a levaram para um fim de semana de vinhos e gastronomia no interior na data em que a despedida de solteira seria realizada. Planejei uma viagem para a Sardenha no fim de semana em que o casamento teria acontecido.

Todas nos revezamos para ficar com ela à noite, depois do trabalho, no mês que se seguiu ao término — não houve nenhuma noite em que pelo menos uma de nós não estivesse ao lado dela. Às vezes a gente conversava sobre o que estava acontecendo, às vezes a gente só ficava vendo qualquer besteira na TV e comendo comida libanesa do delivery. A pessoa que ia mandava mensagem para as outras na volta para casa, contando como ela estava e confirmando quem estaria presente no dia seguinte. Éramos um círculo de guardiãs, enfermeiras que revezavam os turnos. Nosso kit de primeiros-socorros era uma caixa de bombom e episódios de reality show.

Foi nessa época que me lembrei da corrente de apoio que não deixa a pessoa que está sofrendo afundar — a pessoa passando por uma crise precisa do apoio da família e das melhores amigas, e essas pessoas, por sua vez, precisam do apoio de amigos, parceiros e família. E talvez até essas pessoas que estão mais distantes também precisem de alguém para conversar. É preciso uma comunidade inteira para curar um coração partido.

Voltei ao apartamento com a Farly e fiquei esperando no carro enquanto ela pegava mais algumas de suas coisas e falava com o Scott pela última vez. O apartamento foi colocado à venda. Farly colocou tudo o que tinha em seu quarto na casa dos pais — e que agora era um lugar mais do que temporário, mas não permanente.

A primeira situação em que vislumbramos um traço de quem Farly tinha sido antes foi num domingo desastroso em que tentei convencer minhas amigas a participarem de um ensaio fotográfico de um jantar festivo de mentira. A ideia era usar as fotos numa matéria que eu havia escrito para o caderno de cultura de um jornal respeitado. A matéria investigava o motivo de ninguém mais fazer os tradicionais jantares festivos, e o editor queria uma foto minha "recebendo convidados" no meu apartamento. Eu já tinha avisado que nenhum dos meus amigos homens estava livre naquele dia, e ele, apesar de ter ficado hesitante, acabou aceitando que fosse uma reunião toda feminina. No entanto, quando o fotógrafo chegou, parecia que ele havia sido instruído a incluir homens nas fotos a qualquer custo.

Farly, que vinha tomando vinho branco sem parar desde que chegara, ao meio-dia, saiu pela minha rua batendo de porta em porta, tentando encontrar um vizinho disposto a ajudar, mas foi em vão. Enquanto isso, Belle e AJ foram de carro até o pub mais próximo, entraram, deram batidinhas num copo para chamar a atenção dos presentes e avisaram, meio de má vontade, que estavam procurando homens para serem fotografados e que em troca eles ganhariam um prato de cordeiro assado e teriam sua foto publicada no jornal. "Se alguém se interessar", Belle gritou "estaremos no Seat Ibiza vermelho ali fora."

Cinco minutos depois, um grupo de homens suados e embriagados entre trinta e quarenta anos saiu cambaleando do pub e entrou no carro.

Quando estávamos todos espremidos ao redor da mesa, brindando e tentando parecer velhos amigos, ficou evidente que um dos cavalheiros estava muito mais bêbado do que os demais, porque, entre outras coisas, comia o cordeiro com as mãos, como um imperador romano. O fotógrafo tinha subido numa cadeira para conseguir enquadrar todo mundo na minha sala apertada, uma lâmpada queimou e um dos homens começou a gritar que queria mais vinho. A noite virou uma comédia pastelão, com direito a gente correndo pela casa com uma leve energia maníaca e objetos se quebrando.

— Que desastre — eu disse baixinho para as meninas.
— Olha, eu acho que TÁ BEM LONGE de ser um desastre — Farly retrucou, bêbada. — Eu levei um pé na bunda depois de sete anos de namoro um mês atrás, então isso aqui é moleza! — O fotógrafo, parecendo preocupado, procurou meu olhar, e até o imperador bêbado parou de mastigar a comida. — Saúde — ela disse em tom alegre, erguendo a taça na nossa direção.

Logo aprendemos a lidar com esse tipo de piada autodestrutiva que acabou se tornando um tópico comum nas nossas conversas com a Farly. Não dava para entrar na brincadeira, porque ninguém sabia onde o humor ácido terminava e a crueldade começava, mas também não dava para ignorar. A única opção era rir alto.

Partimos para a Sardenha alguns dias antes da data em que o casamento da Farly seria realizado. O avião pousou com atraso e fomos para o noroeste da ilha com nosso carro alugado e sem seguro, subindo as estradas costeiras e ouvindo o mesmo álbum da Joni Mitchell que tínhamos escutado na nossa primeira viagem de carro, dez anos antes. Época em que um namoro parecia algo tão impensável que chegava a ser risível, que dirá um casamento cancelado.

Ficamos num hotel bastante simples que tinha uma piscina, um bar e um quarto com vista para o mar — não precisávamos de mais nada. Farly, a menina que adorava a escola e acabou virando professora, é e sempre foi uma criatura apegada à rotina, então não demoramos a criar a nossa. Acordávamos cedo todas as manhãs, íamos direto para a praia, onde fazíamos exercícios sob a luz branca e clara do sol do começo do dia, e depois nadávamos no mar antes do café da manhã. Bem, eu nadava. Farly sentava na areia e ficava observando.

Um ponto em que eu e Farly destoamos é a questão do nado ao ar livre: eu tiro a roupa e dou um mergulho ao menor sinal de água de qualquer tipo, enquanto Farly é do tipo que só nada em piscinas com cloro.

— Vem pra cá! — gritei em direção à areia certa manhã, quando o mar estava calmo e quente como água de banheira. — Você tem que entrar! Está uma delícia.

— Mas e se tiver peixes? — ela gritou, fazendo careta.

— Não tem peixe nenhum! — berrei. — Tá, pode ser que tenha algum peixe.

— Você sabe que eu tenho medo de peixe — ela gritou de volta.

— Como você pode ter medo...? Você come eles.

— Não gosto de pensar que eles podem estar nadando embaixo de mim.

— Credo, você está parecendo aquelas pessoas do subúrbio, Farly — gritei. — Você não quer terminar perdendo experiências de vida só porque faz compras apenas em shoppings com medo de a chuva estragar a sua escova, ou só nada em piscina porque tem medo de peixe.

— A gente *é* do subúrbio, Dolly. Tipo, é de lá que a gente veio.

— Sai dessa! É uma coisa natural! É a piscina que Deus criou! Cura qualquer coisa! Deus mora no oceano!

— Se tem uma coisa de que tenho certeza — ela disse, levantando-se e limpando a areia das pernas —, é que Deus não existe, Doll!

Ela gritou essa frase com ar alegre, entrando aos poucos no mar.

Passávamos a manhã inteira lendo nossos livros e ouvindo música, depois bebíamos o primeiro drinque ao meio-dia. Cochilávamos debaixo do sol a tarde inteira, depois tomávamos banho e levávamos o bronzeado para jantar na cidade. Depois voltávamos para o hotel, bebíamos Amaretto Sour na varanda, envoltas no calor da noite, jogávamos baralho e escrevíamos cartões-postais um pouco bêbados para nossas amigas.

Na data do casamento, Farly acordou antes de mim. Quando a vi, ela estava olhando para o teto.

— Você está bem? — perguntei assim que abri os olhos.

— Sim — ela respondeu, virando-se para o outro lado e puxando a coberta. — Só quero que o dia de hoje acabe logo.

— Hoje vai ser um dos dias mais difíceis. E aí vai ter passado. À meia-noite acabou. E você nunca mais vai precisar passar por isso.

— É — ela disse baixinho.

Eu me sentei aos pés da cama dela.

— O que você quer fazer hoje? — perguntei. — Reservei um restaurante para hoje que tem aquelas resenhas do Tripadvisor com cinco estrelas brilhantes e umas fotos nojentas em que dão close na comida como se fosse uma cena de crime.

— Parece bom — ela respondeu, soltando um suspiro. — Acho que eu quero ficar deitada numa espreguiçadeira que nem uma mulher que não quer nada da vida.

Passamos a maior parte do dia em silêncio, lendo nossos livros e compartilhando os fones de ouvido para ouvir podcasts juntas. De vez em quando ela virava e dizia algo do tipo "Agora eu estaria tomando café da manhã com as madrinhas" ou "Agora acho que eu estaria colocando o vestido de noiva". No meio da tarde, ela pegou o celular e olhou a hora.

— Dez para as quatro na Inglaterra. Em exatos dez minutos eu estaria me casando.

— É, mas pelo menos você está aqui pegando sol na Itália, que é um lugar lindo, e não num lago com seu pai em Oxfordshire, onde chove o tempo todo.

— *Não era verdade* que eu ia chegar numa gôndola — ela disparou, irritada. — Só falei pra você que era uma possibilidade, porque a empresa de eventos disse que algumas noivas tinham feito isso.

— Mas você chegou a cogitar.

— Não, não cheguei.

— Chegou, sim, porque quando você me contou eu percebi pela sua voz que você queria que eu dissesse que era uma boa ideia.

— Não queria, não!

— Ia ser tão estranho, todo mundo te encarando e você flutuando pelo lago com um vestido gigante, depois alguém precisando te tirar da gôndola, o gondoleiro se atrapalhando todo com os remos.

— Não vinha com um gondoleiro — ela argumentou, suspirando. — E não tinha remo.

Fui até o bar e pedi uma garrafa de Prosecco.

— Certo — eu disse, servindo o espumante geladíssimo em taças de plástico próprias para beber na piscina. — Você estaria trocando os votos agora. Acho que a gente devia trocar votos.

— Para quem?

— Para nós mesmas. E uma para a outra.

— Tá — ela disse, colocando os óculos escuros na cabeça. — Você começa.

— Eu prometo não julgar sua maneira de lidar com tudo isso quando a gente voltar pra casa, não importa qual seja — comecei. — Se você quiser viver uma fase muito intensa de anfetamina e sexo casual, tudo bem. Se quiser ficar trancada em casa por um ano, tudo bem também. Você tem meu apoio para tudo o que quiser fazer, porque eu não consigo imaginar como é perder as pessoas que você perdeu.

— Obrigada — ela disse, bebendo um gole do Prosecco e parando para pensar. — Eu prometo sempre deixar você crescer. Nunca vou te dizer que eu sei quem você é só porque a gente se conhece desde criança. Eu sei que você está passando por uma fase de muitas mudanças, e sempre vou apoiar tudo isso.

— Mandou bem — eu disse, batendo minha taça na dela. — Tá, eu prometo sempre te avisar se você estiver com alguma comida no dente.

— Ah, isso não pode faltar.

— Principalmente quando a gente ficar mais velha e a nossa gengiva começar a encolher. É aí que as verduras começam a ficar enfiadas pra valer.

— Não me deixa mais deprimida do que eu já estou — Farly pediu.

— Faz um voto pra você mesma.

— Eu prometo não me afastar das minhas amigas se eu me apaixonar de novo — ela disse. — Nunca vou me esquecer de como vocês são importantes para mim e do quanto a gente precisa uma da outra.

No que seria a noite da festa de casamento da Farly, com seus mais de duzentos convidados, pegamos um táxi e fomos para um restaurante que ficava no alto de um morro e tinha vista para o mar.

— Você estaria fazendo seu discurso agora — ela disse. — Você chegou a escrever?

— Não. Eu sempre salvava umas ideias no bloco de notas do iPhone quando estava meio bêbada ou emotiva. Mas ainda não tinha escrito pra valer.

— Eu me pergunto se eu teria ficado feliz o dia inteiro ou se ia ficar estressada com alguma coisa.

Pensei numa matéria sobre morte na juventude que eu havia lido depois do falecimento da Florence. Nela, uma colunista de jornal aconselhava um pai enlutado a não pensar na vida que o filho adolescente teria vivido se não tivesse morrido num acidente de carro. Essa fantasia, segundo ela, era uma tortura, e não um consolo.

— Sabe, essa vida não está acontecendo em outro lugar — eu disse. — A vida não existe em outra dimensão. Sua relação com aquele homem durou sete anos. E foi isso, agora acabou.

— Eu sei.

— A sua vida é aqui e agora. Você não vai viver uma cópia de papel carbono.

— Sim, imagino que seja melhor não ficar pensando no que poderia ter acontecido.

— Não pensa como se fosse *De Caso com o Acaso*.

— Eu amo esse filme.

— E graças a Deus não é, porque ninguém na vida real ficaria bem com aquele cabelo loiro da Gwyneth Paltrow.

— Eu ia ficar parecendo aquela serial killer, a Myra Hindley — Farly disse, pedindo outro decanter de vinho com um gesto para o garçom. — Você algum dia teve dúvidas sobre o meu relacionamento com o Scott?

— Você quer uma resposta sincera?

— Quero, sim. Agora não faz mais diferença, e eu quero saber.

— Sim — respondi. — Com o tempo, passei a gostar dele de verdade, e no fim passei a acreditar que existia um futuro em que você poderia ser muito feliz. Mas, sim, sempre tive dúvidas.

Ela olhou para o sol poente, que se apoiava no horizonte do mar Mediterrâneo azul-escuro como um pêssego perfeito equilibrado sobre uma rocha.

— Obrigada por nunca ter me dito isso.

O mar engoliu o sol, e o céu aos poucos ganhou um tom de azul intenso e depois virou noite, como se houvesse um dimmer controlando tudo. Aquele foi o dia mais difícil de todos.

Depois de uma semana juntas, fomos de carro para outra cidade litorânea, onde Sabrina e Belle nos encontraram. A rotina da viagem não mudou muito: bebíamos Aperol, jogávamos baralho, ficávamos deitadas na praia. Certa manhã, Belle e eu saímos do apartamento às seis da manhã, tiramos a roupa na praia e nadamos peladas sob a luz do nascer do sol. Na última semana da viagem, Farly teve dias bons e dias mais introspectivos, como era de se esperar. Conversamos muito sobre o que tinha acontecido — o grande motivo daquela viagem. Mas ela também começou a falar do futuro, e não do passado: dos lugares em que ela ia morar, de como seria sua nova rotina. Ao longo daqueles quinze dias, foi como se ela tivesse trocado de pele e perdido uma das camadas de melancolia. Certa noite, ela ficou tão bêbada — de um jeito que não ficava desde a nossa adolescência — que começou a dar em cima de um gerente de restaurante de uns sessenta anos que parecia um John Candy italiano, sem dúvida o melhor rito de passagem para mostrar que se está entrando em um novo estágio no luto para superar um término.

* * *

As coisas pareciam diferentes quando voltamos para Londres. O aniversário de 29 anos da Farly marcou três meses desde o dia em que eu tinha acordado com três chamadas perdidas no celular. Isso parecia uma grande conquista, e fizemos uma comemoração à altura: saímos para jantar em um dos nossos pubs preferidos e depois fomos dançar. Ela usou o vestido que eu tinha escolhido para ela usar na despedida de solteira que nunca aconteceu. Era preto, decotado na frente e nas costas, e deixava à mostra uma tatuagem horrorosa que ela tinha feito por impulso aos dezenove anos num estúdio de Watford. Duas estrelinhas, uma cor-de-rosa e uma pintada de amarelo, o que foi uma péssima ideia ("Uma judia com uma tatuagem de estrela amarela? Francamente!", a mãe dela gritou, desesperada).

No dia do seu aniversário, à tarde, ela foi a um estúdio de tatuagem para corrigir o erro de uma década antes. Ela pediu para preencher as estrelas com tinta escura, pintou de preto. Depois pediu para tatuar um "F" ao lado de uma delas para Florence e um "D" para mim ao lado da outra. Uma maneira de lembrar que podemos perder muitas coisas, que a vida pode ser imprevisível e incerta, mas que algumas pessoas realmente vão sempre estar ao seu lado.

Caí no papo do guru

No começo do verão em que Farly teve a sua desilusão amorosa, uma revista para a qual eu faria minha primeira matéria pediu que eu escrevesse sobre pessoas que procuravam sempre agradar os outros e os perigos desse comportamento. O editor sugeriu que eu falasse com um homem que tinha escrito um livro sobre o tema. Ele se chamava David, tinha quase cinquenta anos e havia largado a carreira de ator para virar escritor. Pesquisei ele no Google antes de conversarmos por telefone e percebi que ele também era muito bonito: pele cor de oliva, cabelo escuro com mechas grisalhas, olhos castanhos simpáticos. O publisher dele me mandou um PDF do livro, e foi uma leitura surpreendentemente genial. Seu trabalho se debruçava sobre a necessidade de validação dos seres humanos e explicava por que isso só trazia infelicidade. Enquanto lia, senti que algo — ou alguém — segurava meus ombros com mãos fortes e confiáveis e me dava um belo e necessário chacoalhão.

Trocamos e-mails por um tempo, depois marcamos um horário para conversar. Sua voz era grave e suave, muito mais empostada e teatral do que eu imaginara. Ele tinha um jeitão de hippie, mas falava como um ator de uma peça de Shakespeare. Fiz perguntas sobre o livro e os temas que tinham se destacado para mim, e ele me disse que a gente passa a infância ouvindo que precisa controlar nosso comportamento. Explicou que, quando alguém cresce ouvindo que não deve ser mandão, nem se exibir para os outros, nem dar uma de sabichão, isso acaba criando barreiras em lugares muito íntimos, e que depois essa pessoa tem medo de voltar a esses lugares na vida adulta. Por isso escondemos essas partes da nossa personalidade, essas coisinhas que são muito sombrias, extravagantes, excêntricas ou depravadas, por medo de que os outros não gostem de nós. E essas partes, segundo ele, são as mais bonitas.

Como eu escreveria a matéria na primeira pessoa, partindo do meu ponto de vista, tivemos de falar sobre as minhas experiências. Contei que tinha começado a fazer terapia naquele ano.

— O risco de uma pessoa como você fazer terapia é que você parece inteligente — ele argumentou. — Você vai captar a teoria toda muito facilmente. Vai conseguir falar de si mesma de um jeito acadêmico. Mas, sabe como é, chega uma hora em que o blá-blá-blá deixa de funcionar. Essa é uma mudança que precisa vir de dentro. Não pode ser só uma coisa que você conversa com uma psicóloga. Você tem que sentir no seu próprio corpo. — Ele começou a falar mais devagar. — Você tem que sentir na parte de trás dos joelhos, no ventre, no pé, na ponta dos dedos.

— Aham — concordei.

Conversamos por 45 minutos, mais ou menos, pulando de trechos do livro para a pesquisa e o trabalho que ele tinha realizado durante anos, e depois para minhas experiências pessoais. Ele falava comigo de um jeito direto, sem formalidades nem excesso de educação. Senti que, de alguma forma, ele havia conseguido chegar ao meu centro emocional com um simples telefonema.

— Belisca essa sua bochechinha — ele disse, como se me conhecesse havia anos. — Você não precisa de outra pessoa te falando o que fazer ou quem ser. Agora você é a sua própria mãe. Você tem que ouvir os seus desejos.

— Aham — repeti.

— E eu quero que você leve essa missão a sério por todos os dias da sua vida.

— Mas e a questão de agir da forma correta? Como isso funciona quando você passa o tempo todo sendo você mesmo?

— Você já se apaixonou por um homem porque ele estava agindo da forma correta?

— Ah... não.

— Porra, aquele Greg... — ele disse com uma voz sensual. — Ele me deixa louca de tesão, ele é tão *certinho*.

— Não, não — retruquei, rindo.

— Ser correto não me interessa. É apenas na escuridão, no limite, nos lugares escusos que a gente encontra o tesouro escondido. Que se foda o correto.

Senti que ele estava flertando comigo, mas fiquei incerta sobre ele estar se abrindo tanto apenas para ser retratado de forma positiva na matéria. Perto do final da conversa, tínhamos migrado para um bate-papo normal que não se parecia em nada com uma entrevista. Também percebi que ele queria que eu dissesse se estava solteira ou não, mas deixei essa informação no ar. Ele me disse que achou que uma sessão particular com ele me faria bem.

— Quando você sentir que pode se mostrar inteira para alguém, sem medo de julgamento — ele disse —, sua capacidade de estabelecer relações emocionais íntimas vai aumentar muito.

— É, essa sempre foi uma grande questão pra mim. Intimidade.

— Eu sei, consigo sentir isso em você.

Houve um silêncio repentino entre nós. Talvez ele estivesse falando bobagens de guru motivacional, talvez tudo que sempre tentei esconder estivesse mais visível do que eu imaginava.

— Aham — repeti, mais uma vez.

— Espero que você tenha alguém na sua vida que realmente te acolha, Dolly.

— Eu tenho a minha psicóloga — respondi.

— Não é disso que estou falando — ele retrucou.

Saí do meu apartamento e pisquei quando vi a luz, como se tivesse acabado de acordar.

— Acabei de ter uma conversa incrível — contei para India e Belle, que estavam pegando sol no nosso quintal.

— Com quem? — India perguntou, tirando os fones de ouvido.

— Aquele cara da matéria... Aquele guru.

— O que ele falou?

— Sei lá, pareceu que ele estava se dirigindo a uma coisa dentro de mim que ninguém nunca tinha abordado, como se alguma coisa tivesse acordado bocejando pela primeira vez.

— Mas é exatamente isso o que eles fazem, né? Eles te fazem acreditar que esse é o poder deles — India alertou num tom lúgubre, virando-se de barriga para cima. — Eu nunca confiaria em alguém que se intitula como guru.

— Para ser justa, ele não fala que é guru — expliquei. — São os outros que falam.

— Tá, menos mal — ela retrucou.

— É que nem ser um "magnata" ou um "mandachuva" — prossegui. — Acho que você tem que esperar outra pessoa te designar como um. Você não pode falar isso sobre si mesmo.

Tirei a blusa e me juntei às duas nas toalhas que tinham espalhado na grama.

— Você conseguiu o que precisava dele? — Belle perguntou.

— Sim. Ele foi um ótimo entrevistado. — Fechei os olhos e deixei o forte sol inglês me dar um raro abraço. — Nossa, eu não vou conseguir parar de pensar nele.

— Mas, tipo, de um jeito sensual? — India questionou.

— Não, acho que não. De um jeito mais quero-comer-a-sua-alma. Quero descobrir tudo sobre ele, quero saber tudo o que ele tem a dizer.

— Pega o telefone dele — ela sugeriu.

— Eu já tenho o telefone dele. Acabei de entrevistar o cara por telefone.

— É mesmo — ela disse. — Bom, então só manda uma mensagem.

— Eu não posso "só mandar uma mensagem" para uma pessoa que entrevistei para uma matéria.

— Por que não? — Belle perguntou.

— Porque não seria correto — argumentei, percebendo o que tinha falado assim que as palavras saíram da minha boca. — Mas alguém já se apaixonou pelo que é correto, afinal de contas?

Ouvi a gravação de novo quando estava na cama naquela noite, as falas dele me tomando e quicando como uma bola de pingue-pongue. Na manhã seguinte escrevi a matéria, enviei para o editor e esqueci que ele existia.

Alguns meses depois, eu estava voltando tarde de uma festa quando recebi uma mensagem de WhatsApp do David. Ele me disse que estava de férias na França e tinha acabado de fazer uma caminhada sob as estrelas e de repente se lembrou da nossa entrevista, que ele não tinha visto publicada em lugar nenhum.

"É claro que é meu narcisismo falando... Mas quando sai a matéria?"

"Não tem narcisismo algum nisso", respondi. "Eles adiaram essa pauta, desculpa. Eu te aviso no dia em que sair no mês que vem. Posso te mandar uma cópia se você estiver no exterior."

"Já estarei de volta. Como você tem passado?", ele perguntou. "Pareceu que você estava no limite, prestes a viver alguma coisa, da última vez que nos falamos."

"Continuo no limite", digitei. "Ainda estou tentando quebrar o paradigma. Moleza. E você?"

"Também."

Ele me contou que tinha terminado um relacionamento muito longo havia poucas semanas. Disse que foi a decisão certa, uma separação amigável e de comum acordo. Disse que às vezes uma separação pode ser um alívio para ambas as partes, como se um aparelho de ar-condicionado fosse enfim desligado, o zumbido baixo e constante que você só percebe depois que tudo ficou em silêncio.

Naquela noite passamos horas trocando mensagens, descobrindo as informações básicas a que não tivemos acesso na primeira conversa. Ambos crescemos no norte de Londres, ambos estudamos em internatos conservadores, o que explicava o tom polido de sua voz, que eu suspeitava que ele detestava tanto quanto eu detestava o meu. Ele tinha quatro filhos — dois meninos e duas meninas — e não havia dúvida de que era muito apegado a todos eles. Eu conseguia reconhecer à distância um homem que usava os filhos para puxar papo, mas não era o caso dele. Ele sabia cada detalhe da personalidade dos filhos, os gostos, os sonhos e a rotina de cada um, e falava de todos com uma adoração genuína.

Conversamos sobre música e letras de música. Contei que meu cantor preferido era o John Martyn, que a música dele tinha sido minha única história de amor com um homem que durou mais do que alguns poucos anos. Ele me contou que havia comprado um dos violões do John Martyn da ex-mulher dele, e que eu podia ficar com ele se quisesse, porque dava para perceber que eu era realmente fã. Falamos sobre um livro que ambos tínhamos lido e que me fez virar vegetariana, ambos havíamos ficado revoltados com os mesmos trechos e estatísticas. Falamos sobre nossas férias na França quando éramos crianças. Falamos sobre os nossos pais. Falamos sobre a chuva. Contei que eu adorava a chuva, mais do que o céu azul e o sol. Contei que a chuva sempre me acalmava — que quando era pequena eu pedia para a minha mãe me deixar ficar sentada no porta-malas do carro estacionado quando chovia. Contei que, quando li na autobiografia do Rod Stewart que ele ficava parado no meio da rua com os braços abertos na única vez do ano que chovia em Los Angeles, de tanto que sentia falta da chuva, eu percebi que nunca poderia sair da Inglaterra. Nós nos despedimos às três da manhã.

Na manhã seguinte, acordei e senti que havia tido um sonho muito real. Mas, dito e feito, havia uma nova mensagem do David me esperando no celular, que estava embaixo do travesseiro e brilhava como uma moedinha deixada pela fada do dente.

"Você me fez acordar às cinco da manhã hoje", eu li.

"Como assim?", respondi.

Ele me enviou uma gravação do barulho da chuva, que começou com pingos fortes e depois ficou suave, contra a janela do quarto dele.

"Eu sou a chuva?", perguntei, deixando de lado meu velho cinismo, algo que se tornaria comum nas nossas interações.

"É", ele respondeu. "Eu senti você se aproximando."

Precisei contar sobre o David para as minhas amigas, porque eu não saía mais do celular. Trocávamos mensagens da hora em que acordávamos até a hora de ir dormir. Eu reservava cerca de cinco horas do dia para trabalhar, comer e tomar banho, mas mesmo nesses intervalos obrigatórios eu continuava pensando nele. Almocei com a Sabrina, e ela disse que percebeu que eu não tirava os olhos da tela do celular em nenhum momento.

— Ok, agora chega de celular — ela disse.

— Não estou no celular! — argumentei, na defensiva.

— Você não está no celular fisicamente, mas dá pra perceber que não para de pensar em falar com ele.

— Não é verdade.

— É, sim. Parece que eu levei a minha filha de treze anos pra almoçar e ela quer voltar para o MSN e conversar com o namoradinho intercambista.

— Desculpa. Eu não estou pensando nele, juro.

Meu celular se iluminou.

— O que é isso que ele mandou? — Sabrina perguntou, tentando ver a tela.

Mostrei para ela a foto de uma ilustração muito detalhada de um leão.

— Ele acha que o meu espírito interior é um leão.

Sabrina arregalou os olhos e ficou me encarando, atônita.

— É, acho que a gente não vai ter muito em comum, eu e esse seu namorado novo — ela comentou, seca.

— Não, vocês vão, sim. Ele não é um guru sem graça, que não tem senso de humor. Ele é muito engraçado.

— Tá, mas pega mais leve com as mensagens — ela disse. — Por favor. Pelo seu próprio bem. Você vai acabar com o relacionamento antes mesmo de começar. Parece até que ele é um Tamagotchi humano.

— Mas ele está passando três semanas na França — expliquei. — Não vamos nos ver até ele voltar e a gente poder se encontrar.

— Ai, meu Deus, aposto que ele te convidou para ir pra França, não foi? — ela perguntou, balançando a cabeça. — Por que as suas histórias com esses caras são sempre tão *intensas*?

— Ah, mas eu não vou de verdade.

Eu não disse que tinha pesquisado passagens só por curiosidade.

Minhas amigas acharam, e com razão, que eu era maluca por ter ficado obcecada tão rápido por alguém que não conhecia. Mas elas também estavam acostumadas com isso — quando me interessava por alguém, eu sempre parecia uma criança ansiosa abrindo um presente de Natal. Eu rasgava o pacote, ficava frustrada tentando montar o brinquedo, não largava até ele quebrar e, no dia seguinte, jogava os pedaços de plástico soltos no fundo do armário.

Mandei um e-mail para Farly com a gravação da entrevista que eu havia feito com o David.

"Escuta isso aqui", escrevi. "E aí você vai entender por que fiquei tão obcecada por esse cara."

Uma hora depois recebi a resposta dela.

"Tá, entendi por que você ficou tão obcecada por esse cara", ela escreveu.

Uma semana depois de começarmos a trocar mensagens, falamos por telefone. Sem a dinâmica de entrevistador e entrevistado, tudo pareceu diferente de como havia sido nossa primeira conversa. Estava tarde e era uma noite silenciosa, e dava para ouvir a respiração dele e os grilos da região rural francesa onde ele estava. Fechei os olhos e quase consegui senti-lo ao meu lado — a magia daquela estranha intimidade que tínhamos criado ao longo da semana anterior.

— Sabe que eu estou achando ótimo a gente poder se conhecer assim antes de se encontrar? — ele disse. — Shelley Winters dizia: "Se você quiser se casar com alguém, saia pra almoçar com a ex-mulher dele."

— Você está sugerindo que eu almoce com a sua ex-mulher antes de almoçar com você?

— Não, mas acho que as pessoas se vendem de um jeito tão editado no primeiro encontro que é quase impossível saber quem elas são de verdade.

— É, acho que já vai ser tarde demais pra tentarmos nos vender quando nos encontrarmos.

Mais uma semana se passou, milhares de mensagens, dezenas de ligações. Ele foi ficando cada vez mais fascinante, e eu queria saber o que ele achava sobre tudo. Nenhum detalhe podia ficar de fora. Era a minúcia do nosso diálogo, a vontade de caçar pelo em ovo, que me cativava. Ele tinha algo novo a acrescentar sobre qualquer coisa que fosse do meu interesse. Ter a luz da atenção desse homem me iluminando fez com que me sentisse energizada, renovada. O dia era pequeno demais para a vontade que eu tinha de conversar com David. Eu queria mais.

Logo as mensagens e ligações se tornaram insuficientes. Mandávamos nosso trabalho um para o outro. Ele me enviava capítulos do livro que estava escrevendo, eu enviava rascunhos de artigos e roteiros. Contávamos um ao outro coisas que não poderíamos ter intuído da conversa nem procurado em fotos do Google — que minhas unhas viviam roídas por causa do meu jeito ansioso, que os dedos dele tinham calos de tocar violão. Eu assistia a curtas-metragens em que ele tinha aparecido com uma concentração incomum, eu o achava um gênio e disse isso a ele, anotando trechos que tinham ficado na minha cabeça e cenas que eu tinha adorado e depois ligando para ele para comentar tudo.

— Dá uma olhada na lua — ele pediu num fim de noite em que estávamos conversando por telefone.

Coloquei o tênis e joguei um casaco por cima da camiseta e da calcinha que estava usando. Fui andando até o final da minha rua, na direção do Hampstead Heath. Ele me contou sobre uma mulher que ele havia namorado, que tinha o cabelo esvoaçante, morava em Highgate e tinha o hábito de falar para ele correr no parque e depois de trinta segundos saía correndo atrás dele. Eles transavam no meio do bosque, apoiados numa árvore. Sentei num banco num mirante com vista para a cidade, abri minhas pernas nuas sob o luar e contei para ele de um outro banco que havia visto ali e que tinha uma inscrição que me fez chorar. Ficava no campo perto do Ladies' Pond, onde eu nadava todos os verões, e homenageava Wynn Cornwell, uma mulher que nadou ali até fazer noventa anos.

— A inscrição diz: "Em memória de Wynn Cornwell, que nadou aqui por mais de cinquenta anos, e Vic Cornwell, que esperou por ela." Acho que ele ficava esperando ao lado do portão todos os dias enquanto ela nadava. Não é lindo?

— Sabe... — ele começou a falar.

— O quê?

— Nada não — ele disse.

— Não, continua.

— É que você é uma garota fascinante. Você é um livro aberto em tantos sentidos. Então por que você fica repetindo essas coisas petulantes, esse papo de "sou uma ilha"? — ele questionou.

— Eu faço sem perceber, não é uma afetação, um comportamento consciente.

— Talvez você pense que não pode viver isso, mas você pode. Você pode viver tudo isso se quiser.

— Eu posso me comover com uma coisa e não saber se quero isso para a minha vida — ponderei. — E eu sou toda sentimental. Parece que todo ano alguém vem limpar com um aspirador o canal que liga meu coração aos meus dutos lacrimais. Um dia vai virar uma passagem livre pra um monte de sentimentos explosivos, nojentos, e quando eu tiver a sua idade é provável que comece a chorar só de ver uma folha voando.

— Isso se você der sorte.

— Às vezes é muito comovente comparar o pouco de fé que você tem com a fé inabalável dos outros.

— Não sei. Talvez você simplesmente tenha um vazio impossível de preencher — ele disse, com um leve suspiro. — Talvez nenhum homem seja capaz de preencher esse vazio.

Eu olhei para cima, para o mesmo lado da lua que ambos víamos naquele momento, e fiz um pedido para uma estrela. Pedi para que naquela noite eu fosse dormir e esquecesse o que ele tinha acabado de dizer.

Eu sabia que estava investindo uma quantidade absurda de tempo e energia num completo desconhecido, mas eu tinha todos os motivos para confiar nele. Eu estava contando os dias para acabar com a distância entre nós, e enquanto isso aproveitava aquele lugar que tínhamos inventado — ele era uma espécie de portal escondido em meio a uma rotina tediosa, que me permitia escapar para um mundo mágico e colorido. Quando eu tinha algum problema, pedia conselhos para ele. Se eu ficava na dúvida em como terminar uma frase que estava escrevendo, pedia a opinião dele.

"Obrigado por se abrir mais comigo", ele escreveu numa mensagem certo dia. "Acho um tesão."

É óbvio que eu continuaria fazendo qualquer coisa que um homem de quem gostava falasse que era um tesão.

Sempre comentávamos sobre como era estranho que a nossa comunicação fosse tão intensa — para ele isso era novidade, algo muito peculiar. Eu nunca tinha criado um laço tão forte com alguém que nunca havia visto ao vivo, mas eu estava mais acostumada com a ideia de conversar com desconhecidos graças à minha formação no MSN, que acabou funcionando como um treino, e aos anos de aplicativos de paquera na vida adulta.

"Estranho, não?", ele escreveu numa mensagem. "Ainda não nos conhecemos, mas conhecemos tantos lugares juntos! Tantas dimensões de intimidade, ternura, domingos, risada e música."

"Exato!"

"E construímos tudo isso com uma energia invisível. Usando pixels e mais nada."

"Somos mágicos."

"Olha só o que a gente fez com esses pixels", ele escreveu. "Trocando tanta coisa por meio de satélites."

Mal preguei o olho na véspera da volta do David para a Inglaterra. Ele deixaria os filhos na casa da mãe deles, iria para Londres de carro e passaria a noite na casa de um amigo. No dia seguinte, teríamos o encontro perfeito que havíamos planejado. A previsão era de tempo bom, eu o encontraria no Hampstead Heath no começo da tarde com uma garrafa de vinho e dois copos descartáveis. India e Belle me ajudaram a escolher o look — um vestido azul e tênis de lona branco. Fiz uma faxina no meu apartamento. Comprei um pão gostoso para a inevitável manhã do dia seguinte.

— Ela vai com tudo — India comentou enquanto me via tirar os livros da estante, limpar cada prateleira e reorganizar todos pela ordem dos títulos que eu achava que o impressionariam (Dworkin, Larkin, *Comer, rezar, amar*).

Mas, na véspera do nosso empolgante encontro diurno, precisei ir a outro encontro. Era um encontro às cegas marcado por uma agência de relacionamentos que queria que eu escrevesse sobre seus serviços na minha coluna sobre amor e relacionamentos. Havíamos marcado antes de eu e David começarmos nossa relação virtual, e na época tinha feito muito sentido — eles precisavam da divulgação, eu precisava sair com alguém, então todo mundo sairia ganhando. Eu não quis dar bolo no coitado do cara, então combinamos de tomar uma bebida logo no começo da noite em algum lugar do centro. Eu sabia que às nove já poderia estar de volta em casa.

"Me liga depois, arrasadora de corações" foi o que David me desejou antes que eu saísse para o encontro.

No fim das contas, ninguém arrasou o coração de ninguém, muito pelo contrário. Como descobri ser a regra na maioria dos encontros às cegas, nenhum dos dois queria estar ali. Ele ainda amava a ex-namorada e se arrependia de ter estragado tudo quando estavam juntos, enquanto eu estava encantada por um homem que nunca tinha visto pessoalmente. Contamos nossas respectivas histórias um ao outro. Falei para ele ir até a casa da ex com flores e dizer que ainda a amava, ele me disse para ir para casa e dormir cedo, porque era nítido que no dia seguinte eu ia encontrar o homem que se tornaria meu marido. Bebemos um drinque e fomos embora, entramos no mesmo metrô e nos despedimos com um abraço.

— BOA SORTE! — ele gritou quando as portas do metrô se fecharam e nos separaram.

— Pra você também! — balbuciei do outro lado do vidro.

Quando cheguei em casa, liguei para David e contei sobre o encontro. Ele tinha chegado mais cedo em Londres e ia dormir no sofá do amigo num apartamento que ficava a cerca de três quilômetros do meu.

— Vem pra cá e dorme aqui — sugeri.

— Mas e o nosso encontro perfeito de amanhã? — ele perguntou.

— Eu sei, eu sei, é que parece bobeira, com você a dez minutos de carro daqui.

Decidimos que era melhor manter o plano original. Cinco minutos depois olhei para o celular e vi uma mensagem dele. "Tô indo aí."

Saí do apartamento andando na ponta dos pés e desci a escada externa de metal, e lá estava ele na minha rua silenciosa, com o luar contornando sua silhueta alta e larga e os cachos de seu cabelo escuro. Parei nos degraus por um instante para contemplá-lo, sentindo que tinha pulado de um penhasco e estava prestes a atingir a superfície da água. Corri ao seu encontro, envolvi o pescoço dele com os braços e nos beijamos.

— Deixa eu ver essa garota — ele disse, segurando meu rosto e observando todos os meus traços, como se o estivesse memorizando para uma prova.

— Bom te conhecer — eu disse.

— Bom te conhecer também.

Continuamos nos beijando, no meio da minha rua e no meio da noite, meus pés descalços no asfalto, o canto de uma coruja suburbana numa árvore não muito distante. Ele me puxou para perto e eu apoiei o rosto em sua camisa azul-marinho, tão amassada quanto seu cabelo.

— Você não tem 1,82 — ele sussurrou, com a boca encostada na minha testa.

— Tenho, sim — respondi, endireitando a postura.

— Não tem, e eu sabia que não tinha, sua mentirosa.

Peguei a mão dele e subimos a escada que levava ao meu apartamento.

As próximas horas se passaram exatamente como eu tinha imaginado. Bebemos, conversamos, ouvimos música, deitamos lado a lado e nos beijamos. Respirei fundo para sentir a pele nua e tatuada dele — bronzeada pelo sol da

França — e o cheiro de tabaco e terra. Observei atentamente os trejeitos que o telefone e as fotos não capturavam, as dobrinhas das pálpebras, a maneira como o S deslizava pelos dentes quando ele falava. David prestava atenção ao que eu dizia e falava com franqueza, eu estava aberta e confiava nele, e continuava maravilhada com minha capacidade de me sentir tão próxima de alguém que eu conhecia tão pouco.

— Sabe o que é engraçado? — ele perguntou, beijando minha testa.

— O quê?

— Você é exatamente como eu tinha imaginado. Parece uma menina que fica no parquinho cobrindo os olhos com as mãos, pensando que ninguém consegue vê-la.

— Como assim?

— Você não consegue se esconder de mim — ele disse.

Eu já sabia que nunca ia conseguir mentir para aquela pessoa. Eu sabia que estava fodida.

— Você achou ruim a gente não ter nosso encontro perfeito primeiro? — perguntei, quase entrando no limbo sonhador e silencioso que separa o sono da vigília.

— Não — ele respondeu, acariciando o meu cabelo. — Nem um pouco. O que você vai fazer amanhã?

— Vou encontrar um editor à uma da tarde.

— Será que eu poderia te encontrar depois? — ele sugeriu.

Fechei os olhos e dormi um sono instantâneo e tranquilo.

Algumas horas depois, acordei com um barulho. David estava em pé perto da minha cama, se vestindo.

— Aconteceu alguma coisa? — perguntei, ainda meio dormindo.

— Não, tudo ótimo — ele disse, num tom brusco.

— Aonde você vai?
— Vou dar uma volta de carro.
Olhei o relógio. Eram cinco da manhã.
— O quê...? Agora?
— Sim, fiquei com vontade de dirigir.
— Ok. Quer ficar com a chave pra você poder voltar?
— Não — ele respondeu. Ele se debruçou sobre a cama e beijou meu braço do cotovelo até o ombro. — Volte a dormir.

Ele fechou a porta. Ouvi enquanto ele saía do apartamento, entrava no carro e dava partida.

Fiquei olhando para o teto do quarto, tentando entender o que tinha acabado de acontecer. Uma sensação violenta de rejeição tomou conta de mim. Uma coisa amarga que ia do estômago à garganta: nojo de mim mesma, raiva de mim mesma, pena de mim mesma, tudo multiplicado. Era assim que eu tinha me sentido tantos anos antes, quando Harry me ligou para me dar um pé na bunda.

Às sete horas, eu me deitei na cama da India e contei tudo o que havia acontecido.

— Pelo jeito ele ficou assustado — India disse.
— Mas com o quê?
— Talvez as coisas tenham ficado muito reais de repente. Muito íntimas.
— Mas, tipo, o cara é coach de intimidade — argumentei. — Esse é o trabalho dele, literalmente.
— Bom, pode ser um daqueles casos de "Em casa de ferreiro..."
— Não acredito que isso aconteceu.
— Seja qual for o motivo, ele vai ter coisa pra caralho pra te explicar hoje.
— Mas talvez ele nunca mais fale comigo.

— Claro que não — ela disse. — Ele tem quatro filhos, não é possível que ele tenha tão pouca empatia.

— Se eu não tivesse a mensagem em que ele disse que estava vindo salva no celular, eu ia pensar que a noite passada tinha sido um sonho, sério. Eu fiquei acordada, remoendo cada detalhe dele, os olhos, as sardas, a tatuagem no peito...

— Ah, mas é claro que ele tem uma tatuagem no peito — India zombou, revirando os olhos. — Tatuagem de quê?

— Não vou contar. A ironia é terrível demais.

— Ah, vai, conta — ela pediu.

— Um símbolo qualquer que significa respeito às mulheres.

— Meu Jesus amado!

— Ele devia colocar uma observação — eu disse. — Um asterisco do lado. "Exceto Dolly Alderton."

— Você está bem? — India perguntou, acariciando meu braço. — Deve ter sido um choque.

— Só fiquei confusa — respondi. — Então é isso?

Algumas horas depois, recebi uma mensagem do David que mais parecia um enigma.

"Oi", a mensagem dizia. "Desculpa se foi estranho sair daquele jeito. Foi tão lindo te ver, sentir você... Voltei muito para o meu interior, senti um abismo entre a intimidade incrível que a gente criou nos últimos dias e ao mesmo tempo o oposto disso, que é não nos 'conhecermos'." Fiquei olhando enquanto ele digitava e me recusei a responder até receber alguma coisa que fizesse o mínimo de sentido. "Me fez pensar em questões muito importantes. Merda. Espero que você não esteja sofrendo, talvez você só esteja pensando 'que se foda'. Talvez você tenha perdido o interesse em mim." Fiquei encarando o celular, ainda sem saber o que responder. "Espero que você não tenha acordado triste", ele escreveu.

"Acordei triste, sim", respondi. "Não é sempre que deixo as pessoas se aproximarem de mim."

"Eu sei. E peço desculpas. Não foi um abandono da sua pessoa."

Pensei na última vez que falei com Harry por telefone. Em como eu tinha implorado para ele me amar, em como eu tinha chorado, tentando convencê-lo a ficar comigo. Em como eu procurava qualquer hesitação na voz dele que me fizesse acreditar que eu poderia continuar desesperadamente apegada a ele, com os dedos ficando roxos de segurar tão forte. Essa não era mais a minha história. Não era essa a pessoa que eu queria ser.

"Não sei se entendi o que essa frase significa, mas tudo bem por mim encerrar por aqui se você não se sente à vontade com esse contato", escrevi.

"Eu preciso apertar o pause e colocar a cabeça no lugar quando se trata de você", ele respondeu. "Não estou dizendo que precisa ser o fim."

"Eu estou", escrevi. "Vou apertar o stop."

"Que merda, eu te magoei. Posso sentir."

"Tudo bem", respondi. "Ambos estamos numa fase estranha da vida. Você acabou de terminar um relacionamento, eu estou num processo de autoanálise. Mas eu tenho que me proteger."

"Tudo bem", ele respondeu.

Apaguei nossa conversa e o histórico de chamadas, depois excluí o número do David.

À medida que os dias se passaram, senti uma mistura de solidão, constrangimento, luto e raiva. Eu me senti uma idiota, uma daquelas personagens sem graça de novela que se deixam seduzir por um belo e perverso desconhecido que rouba todo o seu dinheiro e depois some do mapa. Minhas amigas compartilharam histórias igualmente constrangedoras para me consolar, situações em que tinham sido levadas a acreditar numa falsa intimidade com desconhecidos. Uma das editoras da minha coluna de amor e relacionamentos me enviou um artigo chamado "Virtual Love", publicado numa edição de 1997 da *The New Yorker*, que tratava do novo — e curioso — fenômeno das pessoas que se apaixonavam na internet, um artigo escrito em primeira pessoa no qual uma jornalista narrava seu relacionamento com um homem que ela só conhecia por telefone e e-mail. "Meu pretendente era um desconhecido, de fato", ela escreveu, "mas, pela primeira vez na vida, eu sabia o que esperar: eu era desejada por alguém, era o alvo do olhar de um homem que não me via. [...] Se passássemos um pelo outro na rua, não nos reconheceríamos, uma vez que nosso simulacro de intimidade estaria obscurecido pelos carros, corpos e destroços que caíam do céu, por tudo que compõe o mundo físico."

Dois dias depois de David ter me abandonado no meio da noite, a matéria que nos aproximara foi publicada. Eu tinha esquecido completamente da revista, mas vê-la nas prateleiras das bancas me fez sentir que o ciclo tinha se fechado. Não mandei mensagem para ele avisando que a matéria tinha sido publicada, como havia prometido na mensagem que deu início àquele desastre. Nunca mais falei com David.

Minhas amigas tentavam entender o desfecho do encontro, e, quanto mais o tempo me distanciava daquela história, mais absurda ela parecia. De vez em quando, várias semanas depois que tudo tinha acontecido, estávamos sentadas no pub e de repente India deixava a taça de vinho de lado e exclamava: "O que aquele tal de David TINHA NA CABEÇA?" Belle pensou em denunciá-lo por se aproveitar da confiança das mulheres para abusar delas.

— Mas pra quem você ia denunciar o cara? — perguntei.

— Deve existir algum sindicato dos gurus, algum conselho de ética, sei lá — India disse.

— Quem sabe a gente pode ligar para o conselho municipal? — Belle sugeriu. — Avisar o pessoal que tem um guru por aí e que ele pode ser uma ameaça às mulheres ingênuas.

Algumas amigas acharam que ele era nada mais do que um machista que via as mulheres que tinham dificuldade para se envolver como um desafio, que conseguia o que queria e se mandava, um lobo em pele de dono de quiosque do festival de Glastonbury. Outras, mais generosas, acharam que, ao contrário dos millennials, ele não tinha ficado tão à vontade quando a sedução virtual virou realidade. Eu já estava bem acostumada a conversar com pessoas que não conhecia e a criar uma conexão com elas. Conhecê-las ao vivo pela primeira vez era sempre um choque, mas conhecer de verdade alguém era justamente a arte de diminuir essa distância, esse "abismo", como ele mesmo tinha falado. Essa é a proposta da paquera virtual.

Helen criou outra teoria: a de que ele estava passando por uma crise de meia-idade depois de terminar o relacionamento, e que eu tinha sido uma coisa que o ego dele comprou por impulso. Eu era uma jaqueta de couro ou um carro esportivo de que ele gostava na teoria, mas que depois de comprar e levar para casa percebeu que nunca daria certo na vida real.

Mas o luto pelo David acabou sendo muito parecido com o luto que uma criança vive quando seu amigo imaginário vai embora. Nada daquilo tinha sido real. Era tudo uma hipótese, uma obra de ficção. Tínhamos feito um jogo para descobrir quem era o mais intenso dos dois, tínhamos nos aberto por completo para um sentimento exagerado e artificial e um desejo desesperado de sentir qualquer coisa profunda no porão escuro e úmido que era a nossa identidade. Eram palavras e espaços. Eram pixels. Uma casa no *The Sims*, um amor de recortar e vestir. Éramos nós saltando de um satélite para outro numa dança coreografada nos mínimos detalhes.

Só agora, depois de horas de reflexão, percebo quem o David era. Ele não era um vigarista, nem uma crise de meia-idade ambulante, nem um dom-juan cafajeste de camisa de linho desabotoada e sandália. Ele era o menino no parquinho que cobria os olhos e achava que ninguém o via. Mas eu enfim o vi — porque éramos farinha do mesmo saco: duas crianças malcriadas, uma tão ruim quanto a outra. Ele estava perdido, procurando por um bote salva-vidas. Estava triste, precisando se distrair. Éramos duas pessoas solitárias que precisavam de uma fantasia para fugir de nós mesmos. Talvez, por ser vinte anos mais velho, ele devesse ter tido mais noção. Mas não teve. Espero que eu nunca mais seja cúmplice de uma brincadeira dessas. E espero que ele encontre o que está procurando.

18 de outubro

Bom dia para todas as amigas da Karen, tanto as férteis quanto as estéreis!!

Achei melhor informar todas vocês sobre essa (não) tradição desnecessária, brega e cara que a Inglaterra pegou emprestada dos Estados Unidos: o chá de bebê da nossa amiga Karen! Karen acha que é sempre bom exigir dinheiro e tempo das pessoas para comemorar sua vida e suas escolhas pessoais, e achamos que vocês ainda não doaram o suficiente com a despedida de solteira de 1.500 libras em Ibiza, o casamento em Maiorca com traje formal completo e a lista de presentes na Selfridges. (Aliás, moças, se vocês arranjarem um emprego novo ou comprarem um apartamento sozinhas, só vão receber um cartãozinho e pronto, ok? Não podemos abrir precedentes de jeito nenhum. Não estamos nadando em dinheiro!!)

A boa notícia é que, depois de dar à luz, Karen não vai querer ver nenhuma das amigas sem filhos, a não ser que elas topem ficar conversando sobre o bebê e mais nenhum outro assunto, então vocês podem encarar essa festa como uma despedida, além de um chá de bebê, e poupar o dinheiro que iam gastar nos próximos anos! Isso, é claro, até ela voltar a procurar vocês quando tiver parado de amamentar e estiver morta de tédio, exigindo que vocês saiam para beber, dançar e usar muita droga, e depois mandando uma mensagem meio grossa na semana seguinte, dizendo que não pode mais sair para noitadas daquele tipo porque "AGORA EU SOU MÃE".

Quando vocês chegarem ao meu apartamento (sou a melhor amiga da Karen) em Belsize Park, eu gostaria que observassem o tamanho, a planta e as características originais que foram mantidas, porque será o tópico principal da conversa durante toda a tarde. Pretendo falar longamente e com muita autoridade sobre a reforma da minha cozinha, fazendo todas as pessoas que pagam aluguel no recinto se sentirem uma bosta, e espero que ninguém comente que meu pai comprou o apartamento à vista. É isso aí, não teve nem financiamento! Por favor, deixem os sapatos na entrada.

Daremos início às atividades constrangedoras, demoradas e pueris às duas em ponto. A primeira será uma rodada de coloque o vômito no bebê. A segunda é "adivinhe o cocô" (vamos derreter diferentes marcas de chocolates e colocar numa fralda, e a futura mamãe vai ter que adivinhar qual marca de chocolate está em cada fralda!). Depois vamos seguir para as charadas de bebê, brincadeira na qual vamos precisar simular diferentes estágios da maternidade, por exemplo: brigar com a sua mãe controladora porque você quer batizar o bebê e discutir com seu marido se falar que os hamsters também têm vida após a morte é mimar demais a criança.

Concluiremos as atividades três horas depois, com uma brincadeira de passar a bomba de leite. Recebi alguns e-mails preocupados sobre isso, então vou esclarecer desde já: VOCÊ NÃO PRECISA SER LACTANTE PARA PARTICIPAR DESSA BRINCADEIRA. Karen deixou bem claro que as não mães são só ligeiramente menos bem-vindas do que as convidadas que também estão grávidas ou já tiveram filhos. Vamos passar a bomba de leite pela roda, e quem estiver com ela na mão quando a música parar de tocar deve encaixá-la no peito pra zoarmos um pouco. O objetivo é se divertir!

Teremos uma garrafa de Prosecco morno, que deverá ser dividida entre 25 convidadas — fora isso, será um evento sem bebidas alcoólicas. Em vez de álcool, podem se servir à vontade de nosso previsível chá da tarde, no qual tudo será em miniatura.

Os presentes serão abertos às cinco (lista de presentes anexa).

Para as hippies, freelancers, desempregadas e as convidadas que trabalham na imprensa, com artes ou nas indústrias criativas por menos de 25.000 libras ao ano: ninguém quer o seu artesanato de merda. Se você gosta de verdade da Karen e do bebê que está para nascer, você vai procurar a lista de presentes na White Company, como o resto das pessoas. Lá eles vendem gorros de lã por apenas 80 libras, então não tem desculpa para chegar com o seu tricô malfeito. Ninguém vai achar fofo.

Vamos observar enquanto Karen abre cada um dos presentes feito uma criança de cinco anos numa festinha de aniversário, e ela vai explicar o que cada um deles faz. Isso não será só chato, mas também muito chocante para aquelas que ainda não deram à luz e ainda não sabem todos os detalhes sobre pomadas para mamilo, absorventes pós-parto para a mamãe, caldinho de placenta e o processo de pescar o cocô na água numa banheira de parto. Teremos uma terapeuta especializada em transtorno de estresse pós-traumático para as mulheres sem filhos, além de uma manicure para todas as outras.

O grande evento do dia acontecerá às sete — o bolo da revelação do sexo. Karen e seu marido, John, não sabem o sexo do bebê e pediram para a médica enviar a informação direto para uma confeitaria artesanal em Hackney. A equipe se esforçou muito para criar um bolo de quatro andares com cobertura de caramelo salgado, a preferida da Karen. Quando ela cortar o bolo, a cor da massa vai revelar o sexo: cor-de-rosa se for menina, azul se for menino ou verde se for um pouco dos dois. Será um momento muito especial (além de gostoso!) para todas nós.

Esperamos que seja um dia caro e chato, cheio de amor e risadas, em que vamos preparar nossa melhor amiga para a maternidade e ao mesmo tempo, se tudo der certo, fazer com que todas as amigas sem filhos se sintam excluídas e todas as amigas com filhos se sintam inadequadas.

Vejo você lá!!
Com carinho,
Natalia
Bjssssssssss

Basta

Nas semanas que se seguiram ao meu encontro com David, eu, me sentindo exposta e envergonhada, decidi declarar que nunca mais ia transar, e o fiz de maneira categórica e defensiva. Chamei de voto de celibato, mas é claro que não era nada do tipo. Primeiro porque durou pouco mais de três meses, e segundo porque acabou sendo mais uma estratégia para buscar a atenção masculina, uma espécie de fantasia da mulher que volta a ser virgem. E isso é o total oposto do objetivo da castidade. Nenhuma freira na história fez voto de castidade para se fazer de difícil para um cara.

E depois veio o Especial de Natal, que foi um desastre. "Especial de Natal" foi uma expressão que as minhas amigas inventaram para se referir a um tipo específico de casinho inconsequente, meio culpa da bebida, que só acontece nas semanas que antecedem o Natal, quando todo mundo está sentindo os efeitos das festividades, das boas energias e de licor holandês de ovos e tudo se torna possível. Pouco antes de o Natal chegar, decidi que merecia uma dose instantânea de validação, um Cup Noodles de autoestima.

Depois de uma festa do trabalho, mandei mensagem para um cara com quem vinha conversando num aplicativo de paquera havia algumas semanas. Ele era do noroeste da Inglaterra, trabalhava com música, tinha um sorrisinho sacana e era bom de papo.

"Tá a fim de me encontrar agora?", perguntei, em uma mensagem blasé até demais. Já eram quase duas da manhã.

"Bora", ele respondeu.

Ele chegou ao meu apartamento com uma garrafa de vinho tinto orgânico às duas. Ficamos jogando conversa fora no sofá como se fôssemos simplesmente duas pessoas chiques e vividas que tinham combinado de se encontrar para um jantar no começo da noite, e não o trágico retrato do desespero humano. Depois de exatamente uma hora de conversa, começamos a nos beijar. Em seguida fomos para o meu quarto e fizemos um sexo mecânico e desinteressante. Do ponto de vista físico, equivaleu a um sanduíche consumido às pressas numa lanchonete de beira de estrada — você achava que estava com vontade de comer aquilo, mas na hora nem conseguiu entender por que chegou a cogitar tal possibilidade.

Eu não transava com um desconhecido desde a noite em que tinha conhecido o Adam em Nova York. Sem querer, eu tinha parado com aquele hábito de transar com gente que nunca mais ia ver, como uma menininha que um dia percebe que não quer mais brincar de Barbie. Na hora que acabou, eu soube que nunca mais queria fazer aquilo. O sexo em si foi normal, mas a presença dele era insuportável. A falsa intimidade do sexo casual, que eu sempre tinha apreciado na época da faculdade, de repente pareceu uma mentira ridícula. Ele não tinha culpa de nada disso, mas eu queria que ele saísse do meu apartamento, do meu quarto e da minha cama, com a mesa de cabeceira ao lado, com cartas das minhas amigas, e que tinha um *pillow top* muito bom que eu tinha economizado para comprar. Ver a silhueta do rosto adormecido daquele estranho no escuro me fez mal. A noite demorou uma eternidade para passar.

Acordei com uma ressaca horrível e o cara ainda na minha cama. Ele queria que passássemos a manhã juntos na cama, bebendo chá e ouvindo os discos do Fleetwood Mac — um cara "pra casar" tinha caído na minha mão. Conforme eu havia notado ao longo dos anos, alguns homens ofereciam o "pacote pra casar" depois de um primeiro encontro que seria o único, demonstrando um romantismo exagerado, ou para fazer você se apaixonar, ou para aplacar a culpa que sentiam por ter transado sem nem saber o sobrenome da outra pessoa. Esses homens passavam a manhã seguinte deitados de conchinha com você, fazendo café da manhã e vendo episódios de *Friends*, depois iam embora no fim da tarde. Eles nunca mais davam notícias. Era um serviço que parecia grátis, mas vinha com um ônus emocional muito alto. Eu nunca aceitava o "pacote pra casar" quando me ofereciam.

— Tudo de bom pra você — eu disse, parada na porta, depois de enfim conseguir tirá-lo da minha casa, dando a desculpa de que tinha marcado um almoço inexistente.

— Não fala isso — ele retrucou, me dando um abraço.

— Desculpa — respondi, sem saber o que mais falar. — Feliz Natal.

Deitei no sofá usando a blusa do Leo que eu nunca tinha jogado fora e fiquei assistindo à TV. O namorado fofo da India foi para a sala, todo barbudo e sorridente e usando o cachecol macio da Fair Isle que ela comprara para ele com todo o carinho e dado de presente de Natal. Ele personificava tudo o que havia de mais amoroso e familiar, e aquilo nunca tinha parecido tão distante de mim.

— Bom dia, Doll — ele disse.
— Que cachecol bonito.
— Pois é, bonito, né? — Ele olhou para o cachecol, sorrindo. — India me contou que você encomendou um Especial de Natal ontem à noite.
— Encomendei — respondi, com o rosto afundado na almofada do sofá, sem tirar os olhos das mulheres do programa *Loose Women*.
— Foi bom?
— Não. Péssimo. Deprimente — respondi. — Foi aquele típico Especial de Natal que não funciona nas séries.
— Poxa. Então não vão renovar para a próxima temporada?
— Não. Foi uma temporada só.

No mês seguinte, minha coluna de amor e relacionamentos finalmente foi cancelada — e eu não podia mais fingir que vivia correndo atrás de homens porque era a minha profissão. O fim da coluna poderia muito bem ter marcado o começo de uma nova fase na minha vida, uma fase que não fosse dominada por ligações de ex-namorados no meio da noite, por perfis passados para a direita ou para a esquerda e pelo hábito de ficar atrás dos convidados homens nos jantares dos meus amigos ou sair para fumar no pub justamente quando tinha um homem bonito no fumódromo.

A verdade era que a coluna facilitava o meu acesso à droga, mas eu era viciada. Sempre tinha sido, desde antes de ter uma vida sexual ativa. Tem uma coisa que Jilly Cooper fala em seu episódio de *Desert Island Discs*: que, quando estudava numa escola só para meninas, ela ficara tão obcecada por garotos que chegou ao cúmulo de fantasiar com o jardineiro octogenário que às vezes ia trabalhar no terreno do colégio. Eu era essa menina quando era mais nova e, de certa forma, nunca deixei de ser. Os garotos me fascinavam e me assustavam em igual medida, eu não os compreendia e nem fazia questão de compreender. Eles existiam para me dar prazer, ao passo que as amigas mulheres ofereciam todas as outras coisas, tudo o que importava. Essa era minha maneira de não me envolver demais com homens.

Quando Farly e eu voltamos da Sardenha e ela começou a viver como uma mulher solteira pela primeira vez desde os vinte e poucos anos, eu lhe apresentei um TED Talk presunçoso sobre as complexidades do namoro no mundo moderno.

— A primeira coisa que você precisa entender — comecei — é que ninguém mais se conhece na vida real. As coisas mudaram desde que você saiu da pista, Farly, e infelizmente você precisa entrar na onda, não existe outra opção.

— Entendi — ela replicou, concordando com a cabeça e memorizando algumas dicas.

— A boa notícia é que ninguém gosta de verdade dessa coisa de paquera virtual. Todo mundo faz, mas todo mundo odeia, então estamos todos no mesmo barco.

— Certo.

— Mas você não pode ficar chateada se estiver num pub ou num lugar qualquer e nenhum cara puxar papo. É a coisa mais normal. Na verdade, pode acontecer de um cara te achar bonita numa festa e não falar com você, mas depois te mandar uma mensagem pelo Facebook dizendo que queria ter falado com você.

— Que estranho.

— Muito, mas você se acostuma. É apenas um novo jeito de quebrar o gelo e conversar com alguém.

— E aquela coisa de fazer espanhola no cara? — ela perguntou.

— O que tem?

— A galera ainda faz isso?

— Não — disse eu, categórica. — Ninguém faz ou pede espanhola desde 2009. Ninguém vai esperar que você faça.

— Tá, então pelo menos uma coisa mudou pra melhor — ela ponderou.

Farly conheceu um cara num bar uma semana depois. Eles trocaram telefones e começaram a sair logo em seguida.

— Farly conheceu um cara — contei para India durante o café da manhã num sábado.

— Que ótimo — ela respondeu. — Uma torrada ou duas?

— Duas. Você não vai acreditar onde foi. Adivinha.

— Não sei — ela replicou, comendo uma colher de creme de limão.

— Num bar.

— Como assim, "num bar"?

— Tipo, na vida real. Ele chegou e puxou papo com ela, e agora eles estão ficando. Dá pra acreditar? Estou feliz por ela, mas também morrendo de raiva. Assim, faz quanto tempo que você não conhece ninguém num bar?

— Que ABSURDO! — India disse, com uma revolta genuína.

— Pois é. Pois é.

Belle entrou na cozinha de pijama, andando com movimentos preguiçosos.

— Bom dia, gatinhas — ela disse, sonolenta.

— Tá sabendo dessa? — India perguntou, indignada. — Do namoradinho novo da Farly?

— Não, o que tem?

— Eles se conheceram *num bar*.

— Que bar?

— Sei lá — retruquei. — Acho que em Richmond. Dá pra acreditar? Acho que faz uns cinco anos que ninguém me dá um número de telefone numa noitada, e ela consegue isso em cinco minutos.

— Talvez tenha a ver com o bairro.

— Acho que tem mais a ver com a Farly — respondi.

Quando se trata de amor, fica ainda mais óbvio como eu e Farly somos diferentes. Farly é monogâmica de carteirinha, gosta de fazer carinho, de morar junto, de ter namoros longos. A fase da relação que eu acho mais emocionante — o desconhecido, o risco, os primeiros meses de empolgação, quando o frio na barriga é tanto que você perde a fome — é a que ela mais odeia. A parte que me assusta — churrascos na casa da família do namorado, comer duas batatas recheadas no sofá vendo TV numa noite de sábado, longas viagens de carro a dois — é o paraíso para ela. Ela trocaria, sem titubear, os primeiros três meses de romance por uma vida inteira de programas caseiros, intimidade, planos concretos e batata recheada. Eu daria tudo por uma vida inteira daqueles três meses no *repeat* se me prometessem que eu nunca precisaria entrar numa loja de móveis ou numa rodoviária, nem sair de Londres para visitar um parente da pessoa com quem transo.

"Projetar": essa é uma daquelas palavras que você aprende na terapia. Acontece quando você acusa alguém de fazer ou ser exatamente aquilo que você tem medo de fazer ou ser, tudo porque você não quer assumir a própria responsabilidade, é um jeito meio "olha o passarinho" de colocar a culpa nos outros. Fiz isso várias vezes quando se tratava das decisões afetivas da Farly. Sempre pensei que minha mania de fugir de compromissos era um ato libertador, nunca percebi que eu me sentia presa justamente por isso. Era verdade que Farly sempre precisava estar num relacionamento, mas pelo menos ela sabia o que queria e era honesta em relação a isso. Eu precisava de alguma coisa, mas não fazia ideia do que era, e me odiava por querer isso.

Eu e Farly saímos para caminhar, e contei sobre o meu plano de ficar um tempo sem transar — e sem fazer todos aqueles prólogos e epílogos de flerte, mensagens, encontros e beijos —, que era uma tentativa de recobrar alguma autonomia. Contei que, apesar de ter ficado solteira durante a maior parte da minha vida, eu tinha percebido que não tinha ficado solteira *de verdade* nem por um segundo desde a adolescência. Ela concordou e disse que parecia uma boa ideia.

— Você acha que algum dia eu vou sossegar e ficar com uma pessoa só? — perguntei, enquanto pulávamos por cima de troncos no bosque do Hampstead Heath.

— Claro que acho. Você só não encontrou o cara certo.

— É, mas esse é o problema. Eu acho que a questão não é encontrar o cara certo, acho que a questão sou eu. Acho que os homens meio que vão ser insignificantes até eu resolver isso tudo.

Apontei para mim mesma com um ar exausto, como se eu fosse o quarto bagunçado de uma adolescente.

— Bom, acho legal que você esteja parando pra pensar nisso. Acho que vai ser um esforço de curto prazo para uma recompensa a longo prazo.

— Como você tem tanta facilidade? — perguntei para ela.

— Sempre tive inveja de como foi fácil para você estar com o Scott. Você foi lá e *pronto*. De repente estavam comprometidos.

— Não sei, na verdade.

— Quando vocês estavam noivos, você chegou a pensar que nunca mais ia transar com outra pessoa? Isso nunca te incomodou?

— Sabe que, agora que você falou, percebi que nunca pensei nisso.

— Impossível — eu disse, pulando feito uma criança para encostar a mão num galho de árvore.

— Falando sério, sei que parece estranho, mas acho que isso nunca passou pela minha cabeça — Farly revelou. — Tudo o que eu queria era o nosso futuro juntos.

— Eu quero saber como é essa sensação, me envolver de verdade com alguém, e não ficar sempre com um pé para fora da porta.

— Você se cobra demais — ela disse. — Você é capaz de amar alguém por muito tempo. Você é melhor nisso do que qualquer pessoa que eu conheço.

— Como? Meu relacionamento mais longo durou dois anos e acabou quando eu tinha 24 anos.

— Estou falando de nós duas.

Nos próximos dias, fiquei pensando sem parar no que Farly tinha dito. Pensei em como nós nos conhecíamos havia vinte anos e em como, em todo aquele tempo, eu nunca tinha enjoado dela. Pensei em como eu tinha me apaixonado cada vez mais por ela à medida que íamos crescendo e vivendo experiências juntas. Pensei em como sempre fico animada para contar uma boa notícia para ela ou para saber sua opinião quando um problema acontece, em como ela continua sendo minha companhia preferida para sair para dançar. Em como ela foi se valorizando cada vez mais com o desenrolar da nossa história, como uma obra de arte linda e rara que eu tenho na sala da minha casa. No conforto, na segurança e na tranquilidade que o amor dela me traz. Eu tinha passado todo esse tempo acreditando que meu valor numa relação estava na minha sexualidade, e por isso sempre me comportei como se fosse uma ninfomaníaca caricata. Eu nunca tinha pensado que um homem pudesse me amar como as minhas amigas me amavam, que eu pudesse amar um homem com a mesma entrega e cuidado com que as amava. Talvez, esse tempo todo, eu estivesse num ótimo casamento sem me dar conta disso. Talvez Farly já estivesse me mostrando como era ter um relacionamento feliz.

Eu me entreguei à abstinência sexual como se ela fosse o tema do meu doutorado. Quanto mais livros, artigos e blogs sobre vício em sexo e amor eu lia, mais eu entendia onde tinha errado. A paquera e o sexo tinham se tornado uma fonte de prazer instantâneo, uma extensão do narcisismo, e não uma forma de me conectar com outra pessoa. Quantas vezes eu tinha criado uma intensidade com um homem e a confundido com intimidade? Um desconhecido me pedindo em casamento no aeroporto. Um guru cinquentão me chamando para passar uma semana na França. Era uma intensidade desproporcional, exagerada, não uma conexão íntima com alguém. Intensidade e intimidade. Como eu podia ter misturado tanto as duas coisas?

* * *

Um mês se passou, e a única coisa que senti foi um alívio completo e incontrolável. Deletei os aplicativos de paquera do celular. Deletei os contatos dos caras para quem eu só mandava mensagem quando queria transar. Parei de responder quando ex-namorados me mandavam mensagens às três da manhã, fazendo perguntas que pareciam descontraídas mas não eram, como "Tudo bom, moça?" ou "De boa na lagoa?". Parei de stalkear possíveis flertes pela internet — deletei meu perfil no Facebook principalmente por esse motivo. Parei de guardar segredos. Parei de passar a noite em claro. Passei a investir meu tempo no trabalho e nas minhas amizades.

Dois meses se passaram. Descobri como era ir a um casamento e estar de fato presente para ver meus amigos se casarem, e não para passar o rodo na festa. Entendi como era prestar atenção no som tão bonito do coral da igreja, sem ficar analisando os homens da festa num frenesi, tentando ver quais tinham aliança no dedo e quais eram solteiros. Aprendi a gostar de conversar com um homem que estivesse sentado ao meu lado num jantar, independentemente do estado civil, a não cair na tentação de disputar a atenção do único solteiro da mesa ao dizer alguma besteira num tom de velho tarado que acabava sendo mais assustador do que interessante. Encontrei Leo pela primeira vez em cinco anos numa festa e conheci a mulher com quem ele havia se casado — dei um abraço nos dois e os deixei em paz. Harry ficou noivo, e não senti nenhuma raiva. Adam foi morar com a namorada, e mandei uma mensagem lhe dando os parabéns. A história deles já não tinha mais nada a ver comigo, e eu não precisava da atenção deles. Senti que eu enfim começava a trilhar um caminho só meu, do meu jeito e no meu ritmo.

Eu me sentava no metrô e me perdia no livro que estava lendo, em vez de tentar trocar olhares com um cara aleatório. Eu ia embora das festas quando tinha vontade, em vez de ficar andando em círculos desesperados pela sala até perder a esperança de encontrar alguém que chamasse a minha atenção. Eu não ia aos eventos só porque sabia que certas pessoas estariam lá, não forçava encontros com pessoas de quem era a fim. Certa noite saí para dançar com a Lauren, e quando um cara puxou papo com ela, em vez de tentar encontrar um homem para mim, continuei no meio da pista por uma hora e dancei sozinha, suando, girando, rodopiando.

— Tá esperando alguém? — um cara perguntou, me puxando para perto dele.

— Não, ela está bem aqui — eu disse, afastando as mãos dele.

— Nunca pensei que ia usar essa palavra pra te descrever, e não quero que você se sinta ofendida — Farly disse depois de beber três drinques num pub algumas semanas depois. — Mas a sua companhia tem sido muito tranquilizadora nesses últimos meses.

— Quando foi a última vez que você me viu tranquila? — perguntei.

— Ah, isso eu não vi — ela respondeu, antes de beber os últimos goles do gim-tônica e morder um cubo de gelo. — Nunca. Em quase vinte anos.

No fim da primavera, fui de avião para as Ilhas Órcades para escrever uma matéria sobre viajar sozinha para uma revista de turismo. Me hospedei num hotel que ficava em cima de um pub e na frente do porto de Stromness, e, à noite, depois de beber uma cerveja e comer uma porção fumegante de mexilhões no térreo, eu saía para caminhar à beira-mar e contemplava aquele céu vastíssimo — maior do que todos que já tinha visto na vida.

Uma noite, depois de alguns dias de solidão tranquila, só com meus pensamentos, andei debaixo das estrelas e pelas ruas de paralelepípedo, e uma ideia me invadiu de repente, como glicínias lindíssimas desabrochando. Eu não preciso de um músico lindo e charmoso para escrever uma letra de música sobre mim. Não preciso de um guru para me falar coisas que talvez eu não saiba sobre mim mesma. Não preciso cortar meu cabelo porque um cara me falou que ia ficar bom. Não preciso mudar meu corpo para ser merecedora do amor de alguém. Não preciso das palavras, nem dos olhares, nem dos comentários de um homem para acreditar que sou visível, para acreditar que eu existo. Não preciso fugir do que me incomoda e ir procurar abrigo num olhar masculino. Eu me expresso melhor de outras formas.

Porque eu me basto. Meu coração me basta. As histórias e as frases que fervilham na minha cabeça me bastam. Eu efervesço, eu borbulho, eu chio, eu explodo. Eu transbordo, eu queimo. Minhas caminhadas matinais e meus banhos noturnos me bastam. Minha gargalhada no pub me basta. Meu assobio agudo, a música que canto no chuveiro, meus dedos dos pés estranhos me bastam. Sou um chope bem tirado, com colarinho. Sou um universo só meu, uma galáxia, um sistema solar. Sou a banda que abre o show, a atração principal e os backing vocals.

E se for apenas isso, se for apenas isso e mais nada — só eu, as árvores, o céu e os mares —, agora eu sei que isso basta.

Eu me basto. Eu me basto. Essas palavras me atravessaram e voltaram, sacudindo cada célula no caminho. Senti essas palavras, eu as entendi, e elas se assentaram dentro de mim. Esse pensamento galopou e saltou pelo meu organismo como um cavalo de corrida. Eu gritei essas palavras para o céu escuro. Vi minha declaração pular de estrela em estrela, passando de carbono em carbono como o Tarzan. Eu sou inteira, eu sou completa. Eu nunca vou faltar.

Eu sou mais do que o bastante.

(Acho que chamam isso de "epifania".)

28 coisas que aprendi em 28 anos

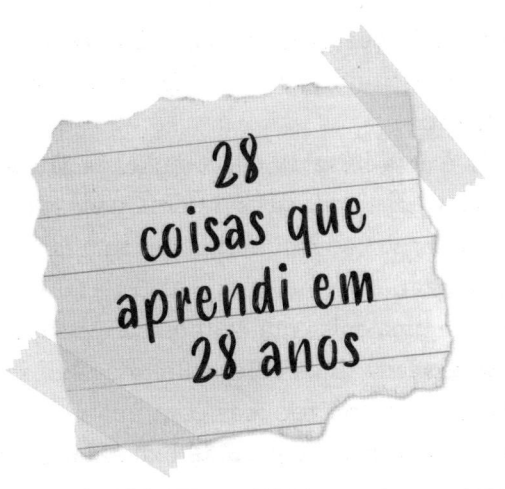

1. Em cada cem pessoas, só uma pode usar drogas pesadas e beber até cair com frequência por muito tempo sem mergulhar num profundo vazio ou no mais puro desespero. A cada duzentas pessoas, só uma não vai ser prejudicada por isso. Depois de muitos anos tentando entender isso, cheguei à conclusão de que Keith Richards é a exceção, não a regra. Podemos admirá-lo, mas devemos tentar imitá-lo com moderação.

2. Em cada trezentas pessoas, só uma consegue transar com três desconhecidos na mesma semana sem estar desesperada para fugir de alguma coisa. Essa coisa pode ser seus pensamentos, sua felicidade ou seu corpo, pode ser a solidão, o amor, o medo de envelhecer ou a morte. Depois de muitos anos tentando entender isso, cheguei à conclusão de que Rod Stewart é a exceção, não a regra. Podemos admirá-lo, mas devemos tentar imitá-lo com moderação.

3. A letra da música "Heaven Knows I'm Miserable Now", dos Smiths, explica a vida do jeito mais preciso que já vi, além de sintetizar com muita elegância a primeira metade

dos vinte anos de qualquer pessoa — fase em que o otimismo inicial é substituído por uma repentina consciência do próprio ridículo.

4. A vida é uma coisa difícil, complicada, triste, insensata, irracional. Quase nada faz sentido. Quase tudo é injusto. E muita coisa acaba se resumindo à insatisfatória fórmula da sorte e do azar.

5. A vida é uma coisa maravilhosa, hipnotizante, mágica, boba, engraçada. E os seres humanos são incríveis. A gente sabe que vai morrer, mas continua vivendo. A gente grita e xinga quando o saco de lixo cheio rasga, mas a cada minuto que passa estamos chegando mais perto do fim. Ficamos impressionados com um pôr do sol alaranjado na estrada, com o cheirinho de um bebê ou com móveis fáceis de montar, apesar de sabermos que todas as pessoas que amamos um dia vão deixar de existir. Não faço ideia de como a gente consegue.

6. Você é a soma de tudo o que aconteceu com você, até o último gole dessa xícara de chá que acabou de tomar. Como seus pais te abraçavam, aquela coisa que o seu primeiro namorado disse uma vez sobre as suas coxas — todas essas coisas são os tijolos que foram empilhados, dos seus pés para cima. Suas idiossincrasias, fraquezas e erros são o efeito borboleta das coisas que você viu na TV, do que os professores disseram e da forma como as pessoas olharam para você desde que você abriu os olhos pela primeira vez. Ser o detetive do seu passado — revisitar as experiências a fim de descobrir a causa de tudo com a ajuda de um profissional — pode ser muito útil e libertador.

7. Mas a terapia leva você até certo ponto. É mais ou menos como a prova teórica quando se está aprendendo a

dirigir. Você pode resolver muitas questões na teoria, mas chega uma hora em que precisa entrar no carro e sentir de verdade como a coisa funciona.

8. Nem todo mundo precisa investigar as próprias emoções na terapia. Todo mundo, sem exceção, é disfuncional em algum aspecto, mas muita gente consegue ser funcional com aquilo que tem de disfuncional.

9. Ninguém é, nunca mesmo, obrigado a ficar num relacionamento em que não quer mais estar.

10. Nenhuma viagem vai ser boa se você não comprar dois frascos de repelente no aeroporto, antes do voo de ida. Você nunca vai se lembrar de comprar o repelente quando chegar ao destino, e vai passar todas as noites jantando com seus companheiros de viagem enquanto todos reclamam que estão sendo comidos vivos em tom passivo agressivo porque está todo mundo irritado por ninguém ter se lembrado de levar o repelente. Então compre no aeroporto na ida e pronto.

11. Não coma açúcar todos os dias. O açúcar faz tudo virar uma merda, tanto fora quanto dentro do seu corpo. Três litros de água fazem tudo funcionar direitinho. Uma taça de vinho tinto tem efeito medicinal.

12. Ninguém nunca te pediu para fazer um mural do chão ao teto com fotos da amizade de vocês de presente de aniversário. Nem para ligar três vezes por dia. Ninguém vai chorar se não for convidado para um jantar porque você não tem cadeiras pra todo mundo. Se você sente que as pessoas te deixam exausta, é porque está disposta a se martirizar para que elas gostem de você. O problema é seu, não delas.

13. É inútil e cansativo tentar fazer com que todas as suas menores decisões sejam um reflexo exato do seu ca-

ráter e da sua ética, e depois ficar se punindo quando esse plano inevitavelmente der errado. Feministas podem se depilar. Padres podem falar palavrão. Vegetarianos podem usar sapato de couro. Faça o bem sempre que puder. O peso de representar o mundo não pode depender de todas as decisões que você tomar.

14. Todo mundo deveria ter em casa um disco do Paul Simon, um livro do William Boyd e um filme do Wes Anderson. Se essas forem as únicas coisas que tiver na sua estante, você vai conseguir sobreviver à mais fria, longa e solitária das noites.

15. Se você mora num apartamento alugado, pinte as paredes de branco, não de creme. Tinta creme barata é de má qualidade e brega. Tinta branca brilhante e barata fica bonita, clean e acalma os olhos.

16. Apertando shift e F3, você deixa um texto inteiro em maiúsculas ou minúsculas.

17. Deixe as pessoas rirem de você. Faça papel de idiota sem medo. Erre a pronúncia das palavras. Derrube iogurte na camisa. Deixar, enfim, isso acontecer é o maior alívio que existe.

18. É mais provável que você não tenha intolerância a glúten, mas esteja comendo uma porção maior do que a recomendada: 90-100 g de macarrão ou duas fatias de pão. Todo mundo se sente meio mal depois de comer um pacote inteiro de pão de forma, você também ia se sentir meio mal depois de comer uma melancia inteira.

19. Não existe maneira mais rápida de fazer um grupo de mulheres se entrosar do que tocar no assunto do pelo no queixo, especialmente daquele único pelo grosso que nasce do nada.

20. É a mais pura verdade que o sexo só melhora com a idade. Se continuar melhorando como tem acontecido até agora, vou chegar a um estado de coito constante aos noventa anos. Não vou querer fazer mais nada. Fora, talvez, uma pausa no meio da tarde para comer uma fatia de torta de geleia e amêndoas.

21. Priorizar você mesma não é errado. Você pode viajar e morar sozinha e gastar todo o seu dinheiro com você e flertar com quem quiser e se dedicar ao seu trabalho o quanto quiser. Você não precisa se casar e não precisa ter filhos. Se você não quer se abrir e compartilhar sua vida com um companheiro, isso não significa que é uma pessoa superficial. E, ao mesmo tempo, é totalmente errado estar num relacionamento quando se sabe que o que quer de verdade é estar sozinha.

22. Seja qual for o gênero, a idade e o manequim: todo mundo fica bem de camiseta branca ou de blusa de gola alta ou de bota de couro marrom ou de jaqueta jeans ou de casaco militar.

23. Por piores que sejam seus vizinhos, tente não se indispor com eles. Ou se alie a pelo menos um dos moradores do apartamento do lado, alguém com quem você troque acenos breves de cabeça quando se esbarrarem na lixeira. Haverá vazamentos de gás, assaltos e encomendas que vão chegar quando você estiver fora, e vai ser muito mais fácil se você tiver alguém em cuja porta possa bater. Sorria e tente lidar com essas pessoas. E deixe uma chave com elas, para o caso de uma emergência.

24. Tente fingir que não existe wi-fi no metrô. É sempre uma merda, de qualquer forma. Carregue sempre um livro na bolsa.

25. Se você estiver se sentindo muito sobrecarregada com tudo, tente o seguinte: limpe seu quarto, responda aos e-mails não lidos, ouça um podcast, tome banho, vá dormir antes das onze.

26. Nade sem roupa no mar sempre que tiver a oportunidade. Faça o possível e o impossível. Se estiver indo de carro para algum lugar minimamente próximo do litoral e sentir o cheiro salgadinho do mar ao seu redor, estacione, tire a roupa e não pare de correr até ficar com a água congelante na altura dos peitos.

27. Você vai precisar decidir se, para o seu estilo de vida, faz mais sentido ter as unhas sempre perfeitas ou tocar violão. Nenhuma mulher pode ter as duas coisas.

27a. Exceto Dolly Parton.

28. As coisas vão mudar, e a mudança vai ser mais radical do que você imaginou. Você vai acabar a trezentos quilômetros, no mínimo, das suas previsões mais loucas. Tem gente saudável que cai e morre numa fila de supermercado. O futuro amor da sua vida pode ser o homem sentado ao seu lado no ônibus. É possível que sua professora de matemática e treinadora de rúgbi do colégio hoje se chame Susan. Tudo isso muda. E pode acontecer a qualquer momento.

Voltando para casa

Tem muita coisa que eu não sei sobre o amor. Acima de tudo, não sei como é ter um relacionamento que dure mais do que dois anos. Às vezes vejo pessoas casadas falando de uma "fase" do relacionamento e percebo que foi um período que durou mais do que o meu namoro mais longo. Pelo visto, isso é muito comum. Já vi pessoas se referirem aos primeiros dez anos do relacionamento como "a fase da lua de mel". Minhas fases da lua de mel em geral duram pouco mais de dez minutos. Tenho amigas que falam de seus relacionamentos como se fosse a terceira pessoa na parceria dos dois, uma coisa viva que se contorce, se transforma, se movimenta e cresce à medida que os dois continuam juntos. Um organismo que muda tanto quanto dois seres humanos que passam uma vida inteira juntos. Não sei como é sustentar esse terceiro ser. Não sei realmente como é um amor duradouro pela perspectiva de quem o vive.

Também não sei como é morar com alguém por quem estou apaixonada. Não sei como é procurar apartamento juntos, como é ter um parceiro com quem reclamar do corretor de imóveis. Não sei como é ir ao banheiro numa sonolência coreografada tentando desviar da pessoa todos os dias, enquanto nos revezamos para escovar os dentes e usar o chuveiro numa rotina já estabelecida. Não sei como é saber que você não precisa mais se levantar e ir para a sua casa, porque a sua casa já está deitada ao seu lado toda manhã e toda noite.

Na verdade, não sei como é ter uma parceria real, nunca contei com o apoio de um companheiro amoroso, nem me permiti relaxar e me adaptar ao ritmo de uma relação. Mas já amei e perdi o amor, aprendi como era abandonar alguém e ser abandonada. Espero que o resto um dia também aconteça.

Quase tudo o que sei sobre o amor, eu aprendi com minhas amizades duradouras com mulheres. Especialmente as mulheres com quem morei em diferentes fases da vida. Sei o que é conhecer cada detalhe sobre alguém e me gabar desse conhecimento como se fosse um objeto de pesquisa acadêmica. Quando se trata das mulheres com quem construí um lar, sou que nem as esposas que adivinham o que o marido vai pedir no restaurante. Sei que India não toma chá, que o sanduíche preferido da AJ é o de queijo e aipo, que Belle fica com azia quando come doce e que Farly gosta da torrada fria, porque assim a manteiga se espalha, mas não derrete. AJ precisa dormir oito horas para ficar bem, Farly, sete, Belle, em torno de seis, e India consegue tirar energia de algum lugar, bem no estilo Thatcher, com quatro ou cinco. Farly usa "So Far Away", da Carole King, como alarme e adora programas de TV que acompanham as histórias de pessoas obesas, como *Half-Ton Mom* e *My Son, The Killer Whale*. AJ assiste à novela australiana *Home and Away* pelo YouTube (chocante) e compra livros de sudoku para fazer na cama. Belle assiste a vídeos de exercício no quarto antes de ir trabalhar e ouve música eletrônica enquanto toma banho. India monta quebra-cabeças no quarto e assiste a *Fawlty Towers* todo fim de semana, sem exceção. ("Não sei como ela consegue fazer esse programa render tanto", Belle comentou comigo quando estávamos a sós. "São só doze episódios.")

Eu sei como é colocar um tanque de oxigênio nas costas e mergulhar fundo nas idiossincrasias e nos defeitos de uma pessoa e ficar fascinada com cada descoberta. Como, por exemplo, o fato de a Farly dormir de *saia* desde que a conheço por gente. Por que ela faz isso? Qual é o sentido? Ou o fato de a Belle rasgar a meia-calça bege toda sexta-feira quando chega do trabalho — é uma demonstração silenciosa de sua revolta contra o mundo corporativo ou apenas um ritual criado por ela? AJ enrola um lenço na cabeça quando está cansada — não é apropriação cultural, mas o que é? Será que quando era bebê os pais a embrulhavam numa manta e agora ela fica mais calma e se sente uma criança quando faz isso? India tem uma naninha, uma blusa azul-marinho puída que ela chama de Boa Noitinha e usa para dormir. Por que ela chama a blusa de "ele"? E quantos anos ela tinha quando decidiu que era um menino? Na verdade, eu adoraria organizar uma espécie de salão literário ao qual cada uma das minhas amigas mais queridas levaria sua naninha da infância e no qual discutiríamos a identidade de gênero de cada naninha. Acreditem ou não, mas eu acharia muitíssimo interessante.

Sei como é montar e administrar uma casa de forma colaborativa. Sei como funciona uma economia colaborativa baseada na confiança, como é saber que sempre haverá alguém para te emprestar cinquenta libras até o seu salário cair, e que, assim que você devolver, talvez seja a outra pessoa que precise pegar emprestado o mesmo valor de você ("A gente parece aqueles coleguinhas do fundamental que ficam trocando o sanduíche da lancheira", Belle certa vez comentou sobre os nossos salários. "Uma semana você precisa do meu sanduíche de atum e milho, na outra você quer o meu de ovo e agrião"). Conheço a emoção das correspondências no mês de dezembro e dos cartões que saem da caixa de correio com três nomes no campo do destinatário e fazem vocês se sentirem uma família. Conheço a estranha sensação de segurança que você tem vendo três sobrenomes na mesma conta.

Sei como se sentir parte de um "nós" tem impacto na sua identidade. Sei como é ouvir a Farly dizendo "É que a gente não come muita carne vermelha" para alguém do outro lado da mesa, ou a Lauren dizendo "Esse é o nosso disco preferido do Van Morrison" para o cara com quem está flertando numa festa. Sei como é uma sensação surpreendentemente boa.

Sei como é enfrentar uma experiência ruim e depois transformá-la num mito compartilhado. Como um casal que conta a história da bagagem extraviada em sua última viagem e exagera nos detalhes, completando as falas um do outro, a gente faz a mesma coisa com os nossos microdesastres. Como quando India, Belle e eu nos mudamos para outra casa e tudo o que poderia dar errado deu errado. A realidade consistiu em chaves perdidas e dinheiro emprestado de amigos e uma fase em que dormimos no sofá de outras pessoas e guardamos nossas coisas num depósito. A história é maravilhosa.

Sei como é amar alguém e aceitar que tem coisas que você nunca vai conseguir mudar nessa pessoa. Lauren é uma verdadeira fiscal da ortografia, Belle é bagunceira, Sabrina manda mensagem sem parar, AJ nunca responde as minhas, Farly sempre fica de mau humor quando está cansada ou com fome. E eu sei como é libertador ser amada e aceita com todos os meus defeitos (vivo atrasada, meu celular nunca tem bateria, sou sensível demais, fico obcecada com as coisas, deixo o lixo transbordar).

Sei como é ouvir alguém que você ama contar para uma plateia fascinada uma história que você já ouviu cerca de cinco mil vezes. Sei como é notar que essa pessoa (Lauren) vai exagerando e floreando a história cada vez mais, como se fosse um ovo Fabergé em forma de anedota ("eram onze da noite" se torna "foi mais ou menos às quatro da manhã", "eu estava sentada numa cadeira de plástico" se torna "e eu estava numa cadeira que é meio uma *chaise longue* artesanal feita de vidro"). Sei como é amar tanto uma pessoa a ponto de não se irritar nem um pouco com isso e deixá-la cantar essa música ensaiada, e talvez até participar de vez em quando para ajudar no efeito e melhorar o ritmo da história quando ela precisar.

Sei perceber quando uma relação está em crise. Quando você pensa: ou a gente fala sobre isso e tenta resolver a situação, ou cada uma segue o seu caminho. Sei como é combinar de se encontrar num bar em South Bank, começar falando grosso e acabar a conversa três horas depois, chorando nos braços uma da outra e prometendo nunca mais repetir o erro (as pessoas só se encontram em South Bank para terminar um relacionamento ou fazer as pazes — já dei e levei meus melhores foras no bar do Teatro Nacional).

Sei como é sentir que você sempre vai ter um farol — *faróis* — para guiá-la de volta para a terra firme, se sentir protegida por aquela luz quando ela aperta sua mão e está do seu lado no enterro de uma pessoa amada. Ou seguir seu brilho por uma sala lotada numa festa horrível na qual seu ex-namorado e a nova esposa apareceram de surpresa, o lampejo que diz *Vamos comprar umas batatas fritas e nos mandar daqui*.

Sei que o amor pode ser escandaloso e radiante. O amor pode ser uma pessoa dançando na lama sob a chuva torrencial de um festival de música e de repente gritando "VOCÊ É INCRÍVEL" mais alto do que o som da banda. É amor quando você apresenta essa pessoa para os seus colegas do trabalho e fica morrendo de orgulho quando ela faz todo mundo rir e faz você parecer melhor só porque ela te ama. É rir até a barriga doer. É acordar em um país em que as duas nunca estiveram antes. É nadar pelada ao raiar do dia. É andar lado a lado pela rua numa noite de sábado e sentir que a cidade inteira é de vocês. É uma força da natureza, uma força imensa, linda, exuberante.

E também sei que o amor é uma coisinha muito silenciosa. É quando vocês ficam no sofá tomando café, falando sobre onde vão beber mais café naquela manhã. É fazer orelhas nas páginas do livro que você acha que a outra pessoa vai gostar de ler. É estender as roupas da pessoa quando ela foi idiota e se esqueceu de tirá-las da máquina de lavar antes de sair para o trabalho. É dizer "Você está mais segura aqui do que num carro, você tem mais chance de morrer fazendo uma aula de aeróbica do que nos próximos sessenta minutos" quando a pessoa estiver tendo uma crise de pânico num voo para Dublin. São as mensagens: "Espero que dê tudo certo hoje", "Deu tudo certo?", "Torcendo por você hoje" e "Comprei papel higiênico". Sei que o amor acontece debaixo da beleza esplendorosa da lua e das estrelas, dos fogos de artifício e dos pores do sol, mas também acontece quando você está deitada num colchão inflável no quarto de outra criança, sentada no pronto-socorro, na fila para pegar o passaporte ou num engarrafamento. O amor é uma coisinha silenciosa, tranquila, relaxante, pretensiosa, harmoniosa, um sussurro — algo que pode estar ali sem que você se dê conta, embora seus braços estejam esticados para segurá-la caso você caia.

Morei com as minhas amigas por cinco anos até essa fase terminar. Primeiro Farly me deixou para morar com o namorado, depois AJ se mudou, depois, um dia, India me ligou para contar que ia fazer o mesmo, começando a chorar em seguida.

— Por que você está chorando? — perguntei a ela. — É porque reagi daquele jeito quando Farly conheceu o Scott? Você ficou com medo de eu surtar? Vocês acham que eu sou maluca? Aquilo foi, tipo, quatro anos atrás, agora eu estou mais preparada para lidar com a situação.

— Não, não — ela respondeu, soluçando. — É que eu vou sentir a sua falta.

— Eu sei. Eu também vou sentir sua falta. Mas você vai fazer trinta este ano. E é ótimo saber que o namoro de vocês está evoluindo. É o certo a ser feito, e é completamente normal as coisas mudarem.

Encarei a situação de um jeito tão racional que fiquei surpresa, e silenciosamente dei a mim mesma o título de comendadora por contribuições à amizade.

— O que você vai fazer? — ela perguntou. — Você sempre comentou que queria muito tentar morar sozinha.

— Não sei. Não sei se estou pronta — respondi. — Talvez seja melhor morar com a Belle até ela resolver ir morar com o namorado dela. Assim ganho pelo menos seis meses pra decidir o que vou fazer.

— Dolly... você não é tipo *Jogos Vorazes* — ela disse. — Não tem que ser uma prova de resistência para as suas amigas ver quem aguenta ficar mais tempo morando com você.

Percebi que eu estava diante de uma oportunidade. Eu poderia esperar até que todas as minhas amigas começassem a namorar e se mudassem. Eu poderia morar com desconhecidos que encontrei num site e que guardam creme de barbear na geladeira na esperança de que eu encontrasse um cara para namorar e me mudasse. Ou eu poderia começar uma história só minha.

Encontrar um apartamento de um quarto cujo aluguel eu pudesse pagar não foi fácil — visitei muitos lugares em que a cama ficava do lado do fogão e o chuveiro ficava equilibrado em cima da privada. Visitei a "quitinete ampla" de vinte metros quadrados, visitei um apartamento que tinha uma fita amarela de cena do crime na porta. India ia comigo às visitas, negociando e interrogando os corretores e me perguntando se eu achava *de verdade* que ia conseguir me virar sem um armário, guardando as minhas roupas numa mala debaixo da cama.

Mas, depois de um tempo, acabei encontrando um apartamento que até que cabia no meu orçamento e ficava bem no meio de Camden. Ficava no térreo do prédio e tinha sala, um quarto e um banheiro, espaço suficiente para um guarda--roupa e um chuveiro que ficava em cima de uma banheira de verdade. Nos fundos havia uma cozinha úmida e meio deprimente que não tinha nenhum armário e era tão pequena que eu mal conseguia me virar dentro dela, com uma janela estilo escotilha e vista para o canal que me davam a sensação de estar num barco. Não era perfeita, mas seria minha.

Reunimos todas as amigas que tinham morado juntas para uma baratona, passando por todos os bares que tinham sido nosso habitat aos vinte e poucos anos. Chamamos o evento de "adeus, república". Cada uma se vestiu de algum elemento da vida em república aos vinte e poucos — uma ideia que parece maluca, e é mesmo. AJ foi de Gordon, nosso primeiro senhorio, com a jaqueta de couro de motoqueiro da crise de meia-idade e tudo, além de tênis brancos, uma peruca castanha curta e um sorriso falso permanente. Sendo a moradora obcecada por limpeza, Farly foi de aspirador de pó com olhos e boca, uma fantasia esférica com um cano acoplado que foi sendo cada vez mais arrastado pelo chão à medida que ela bebia. Belle se vestiu da vizinha escandalosa que tivemos, com batom borrado e uma peruca estilo Cher. India foi de lixeira gigante — já que esvaziar e tirar o lixo parecia ser o tema de discussão mais constante da nossa convivência —, com sacos de lixo amarrados nos sapatos, um chapéu feito de tampa de lixeira e pacotes vazios de lencinhos umedecidos e salgadinhos colados ao corpo. Eu me fantasiei de maço de cigarro gigante e me arrependi quase na mesma hora, porque as pessoas ficavam me abordando para pedir cigarros grátis, achando que eu era uma promotora de Marlboro Lights incumbida de divulgar a marca por Kentish Town.

Fomos de pub em pub até acabar na frente da nossa primeira casa de tijolos amarelos. Chegamos até a dar uma passadinha no mercadinho do Ivan, mas seu colega nos contou que ele tinha "ido resolver uns problemas no exterior" e "sumido sem dar notícias", tudo muito misterioso.

"Os artistas foram embora", Belle comentou em tom saudoso, embolando um pouco as palavras, enquanto andávamos pela rua com o dia já amanhecendo. "Agora os banqueiros vão começar a chegar."

Uma semana depois, coloquei meus vasos de plantas e meus livros em caixas de papelão e as fechei com fita adesiva para levá-las para a casa nova. Em nossa última noite morando juntas, India, Belle e eu bebemos Prosecco em promoção — nada menos que nosso goró da década — e dançamos bêbadas ao som de Paul Simon na sala de estar vazia. Enquanto esperávamos os respectivos caminhões de mudança na manhã seguinte, ficamos sentadas lado a lado num canto do nosso tapete manchado de vinho, batendo os joelhos e quase o tempo todo em silêncio.

Farly, a pessoa mais eficiente e organizada que conheci na vida, apareceu para me ajudar a tirar as coisas das caixas no dia da minha mudança ("Tem certeza de que você quer fazer isso?", perguntei para ela por mensagem. "Por favor... Pra mim isso é tipo cocaína" foi a resposta). Pedimos comida vietnamita no delivery e ficamos sentadas no chão da minha sala bebendo o caldinho do *pho* e molhando rolinhos primavera no molho sriracha, discutindo onde deveriam ficar o sofá, as cadeiras, as luminárias e as estantes e onde eu ia me sentar para escrever todos os dias. Continuamos a arrumação até a noite cair, antes de apagarmos no colchão encostado na parede do quarto, cercadas de caixas de papelão cheias de sapatos, sacos de roupas e pilhas de livros.

Quando acordei, Farly já tinha ido trabalhar, e havia um bilhete no travesseiro, escrito com sua letra redondinha de criança, que não tinha mudado nada desde que escrevíamos bilhetes com corretivo nos meus fichários, durante as aulas de ciências que fizemos antes das provas de qualificação acadêmica do ensino médio. "Eu amo a sua casa nova e amo você", escreveu ela.

O sol da manhã invadiu o meu quarto e cobriu meu colchão com feixes brancos e brilhantes. Eu me espreguicei na diagonal, esticando os braços pelo lençol geladinho. Estava completamente sozinha, mas nunca tinha me sentido mais protegida. Eu não estava me sentindo grata pelas paredes ao meu redor que eu tinha dado um jeito de alugar, nem por ter um teto sobre a minha cabeça. Eu me sentia grata pela casa que agora eu levava nas costas, feito um caracol. Pela sensação de que eu enfim era responsável e estava em boas mãos.

O amor estava ali, na minha cama vazia. Estava nos discos que Lauren me dera quando éramos adolescentes. Estava nas fichas de receitas manchadas da minha mãe, que ficavam dentro dos livros de culinária que eu tinha deixado na cozinha. O amor estava na garrafa de gim com um laço de fita que India tinha me dado de presente na despedida, nas fotos tiradas nas cabines de festas, cobertas de sujeira e com as bordas dobradas, que iam acabar coladas na geladeira. Estava no bilhete deixado no travesseiro ao meu lado, o mesmo bilhete que eu ia dobrar e guardar na caixa de sapatos onde eu guardava todos os bilhetes que ela tinha escrito para mim.

Acordei protegida no meu barco de uma mulher só. Eu estava seguindo em direção a um novo horizonte, navegando num mar de amor.

Estava tudo ali. Quem diria? Estivera ali desde sempre.

Tudo o que eu sabia sobre o amor aos 28 anos

Qualquer homem decente prefere uma mulher que está em paz consigo mesma a uma mulher que faz das tripas coração para impressioná-lo. Você nunca deve se esforçar para manter um homem interessado em você. Se precisar, é porque ele tem problemas que não cabe a você resolver.

É provável que você não se torne a melhor amiga do namorado da sua melhor amiga. Abandone esse sonho, abra mão dessa fantasia. Desde que ele faça sua amiga feliz e você consiga aguentar a presença dele por um almoço inteiro, está tudo bem.

Homens gostam de mulher pelada. Todos os outros adereços são perdas de tempo que pesam no bolso.

O mundo da paquera virtual é para os fortes. Está cada vez mais difícil conhecer pessoas na vida real, e aqueles que resolvem ser proativos — que pagam uma taxa mensal pela oportunidade de se aproximar do amor, que preenchem um perfil constrangedor dizendo que estão procurando alguém especial para fazer supermercado de mãos dadas — são nada menos do que heróis do romantismo.

    Depile tudo se você quiser depilar tudo. Se não quiser, não depile. Se você gosta de se sentir lisinha e tem dinheiro para isso, faça depilação com cera o ano todo. Nunca se depile por causa de um homem. E nunca deixe de se depilar pelas "manas" — as manas não dão a mínima. Faça trabalho voluntário num abrigo de mulheres se quiser se sentir útil, mas não passe horas discutindo as implicações políticas dos seus pentelhos. E nunca depile tudo porque você acha que não fazer isso é sujo ou feio — se fosse verdade, todos os homens que não se depilam seriam sujos. (Se o seu salário permitir, nunca mais chegue perto de um creme depilatório.)

    Talvez você não consiga ouvir as músicas que marcaram relacionamentos antigos pelos primeiros anos depois do término, mas logo esses discos vão voltar a ser seus. Aquelas lembranças de sábados à beira-mar e macarrão de domingo à noite no sofá vão aos poucos se desprender dos acordes e começar a flutuar, saindo das músicas até sumir. Sempre haverá uma leve consciência no fundo do seu ser, a sensação de que, por uma semana, aquela música, aquele cara, foi o centro do seu universo, mas em algum momento isso deixa de doer no coração.

    Se você continua bebendo todas e flertando com outras pessoas na frente do seu namorado, tem algo de errado na relação de vocês. Ou, mais provável, com você. Pergunte-se por que você precisa dessa atenção, e não demore muito. Porque nenhum homem no mundo tem um estoque de prazer instantâneo que seja capaz de preencher o vazio que você sente.

Muitas vezes o amor que alguém te oferece é um reflexo do amor que você oferece a si mesma. Se você não consegue ser gentil, cuidadosa e paciente consigo mesma, é bem provável que as outras pessoas também não sejam.

Seu peso não tem nada a ver com o amor que você merece ou que vai receber na vida.

Quanto mais você envelhece, mais difícil fica passar por um término. Quando é jovem, você perde um namorado. Quando é mais velha, você perde uma vida compartilhada.

Não continue num namoro ruim por causa de uma questão prática. Nada importa tanto assim. Viagens podem ser canceladas, casamentos podem ser suspensos, casas podem ser vendidas. Não use essas questões para justificar sua covardia.

Se perder o respeito por alguém, você não vai conseguir voltar a amar essa pessoa.

Num relacionamento, as duas pessoas, sem distinção, precisam se esforçar para se envolver com a vida da outra e suas respectivas famílias, amigos, hobbies e carreiras. Se isso não estiver equilibrado, o ressentimento é inevitável.

Transe no primeiro encontro se tiver vontade. Não ouça aqueles conselhos baratos que equiparam o homem ao coelho e você à cenoura. Você não é um prêmio que alguém vai receber, você é um ser humano de carne e osso e intuição. Sexo não é um joguinho de poder — é uma experiência consensual, respeitosa, prazerosa, criativa e colaborativa.

Não existe sensação pior do que terminar com alguém. Levar um fora é uma dor muito intensa que pode, em algum momento, se transformar em energia renovada. A culpa e a tristeza de terminar com alguém não vão te levar a lugar nenhum e, se você deixar, ficam dando voltas na sua cabeça para sempre. Nesse ponto eu concordo com W. H. Auden: "Se os amores não puderem ser iguais/ Que seja eu quem ame mais."

Há uma infinidade de motivos para uma pessoa estar solteira aos trinta, aos quarenta ou aos 140, e isso não quer dizer que ela não saiba ou não seja capaz de se relacionar. Cada um tem a própria história. Ouça a história das pessoas.

Transar com alguém que você acabou de conhecer sempre vai ser estranho, mas dormir na casa da pessoa — com os lençóis dela, no quarto dela ou recebendo-a nos seus — é mais estranho ainda.

Não é responsabilidade de ninguém garantir, sozinho, que você seja feliz. Foi mal.

O homem perfeito é gentil, engraçado e generoso. Ele se abaixa para cumprimentar cachorros na rua e sabe montar móveis. O fato de ele ter a aparência de um pirata judeu muito alto com os olhos do Clive Owen e os braços do David Gandy deve ser um detalhe a mais, não o motivo para você gostar dele.

Gostar, a gente gosta de qualquer um. Amar é outra história.

Pare de fingir orgasmos. Isso não faz bem pra ninguém. Ele consegue lidar com a verdade.

Se você estiver fazendo pelos motivos certos e as duas partes estiverem de acordo com a proposta, sexo casual pode ser ótimo. Se estiver usando o sexo casual como um remédio questionável para autoestima, a frustração é garantida.

A melhor parte de um relacionamento são os três primeiros meses, quando você ainda não sabe se a outra pessoa é sua. Muito do que acontece depois disso acontece porque você sabe que a outra pessoa é sua. A parte que vem alguns anos depois é a parte que eu nunca vivi. Pelo visto, nem sempre é tão emocionante, mas ouvi dizer que é a melhor de todas.

A não ser que alguém morra, se um relacionamento dá errado, você contribuiu de alguma forma para que isso acontecesse. Saber disso é ao mesmo tempo libertador e aterrorizante. Os homens não são ruins, as mulheres não são boas. Pessoas são pessoas, e todos nós cometemos erros, permitimos que eles aconteçam e contribuímos para acontecerem.

O que buscamos é a intimidade, não uma justificativa para se acomodar.

Deixe suas amigas abandonarem você para viver uma relação uma vez. As boas amigas sempre voltam.

Para diminuir a sua frequência cardíaca e conseguir pegar no sono nas noites em que isso parece impossível, imagine todas as aventuras que você tem pela frente e as distâncias que percorreu até agora. Dê um abraço apertado no seu corpo e, ao fazer isso, tenha em mente este mantra: *Deixa comigo.*

Trinta

Eu não queria fazer drama com meu aniversário de trinta anos. Fazer drama com isso é clichê. Não é feminista, não é legal, não é moderno nem progressista. É heteronormativo, absurdo, burguês, brega. É previsível demais. É tão Rachel Green. É coisa de princesinha mimada, ridículo. Eu não queria ser nada disso.

A chegada dos trinta me deixou uma pilha de nervos. Felizmente, tive muito tempo para ensaiar e me preparar para chegar à essa idade por tabela graças às minhas amigas que tinham estado nessa situação antes de mim. Tive o grande privilégio de nascer em 31 de agosto, a data limite das matrículas escolares, e por isso sempre fui a mais nova do meu grupo de amigas. Na época da escola, isso era uma tragédia — quando meus aniversários mais importantes chegavam, ninguém mais queria saber deles. Ninguém queria ir ao baile de gala que fiz aos treze anos num centro comunitário de East Finchley, com o tema "Barbies e Motoqueiros", porque todo mundo já tinha dançado "Saturday Night", do Whigfield, até não poder mais. Mas, na hora de fazer trinta, achei ótimo ser a última da fila.

Na noite do aniversário de 31 anos da Belle, três semanas antes de eu fazer trinta, estávamos em Portugal, numa viagem que tínhamos feito com todas as amigas. Ela chorava no banheiro da pousada.

— Fazer 31 está sendo mais difícil do que fazer trinta — ela disse, enquanto estávamos sentadas na borda da banheira, ouvindo India e AJ, já meio bêbadas, quebrarem cubos de gelo com um frasco de protetor solar Nivea para fazer caipirinha. — Sinto que tem muita coisa que antes parecia tão importante e que agora é só o normal para uma pessoa de 31 anos.

— Tipo o quê? — perguntei.

— Tipo... — Ela ficou pensando. — O Caleb, que tem 31, fundou uma empresa de software que abriu as ações na bolsa este ano. Ou a Kelly, que tem 31 anos e é mãe de gêmeos e de uma menina.

— É... — eu disse com um suspiro deprimido. — Eu te entendo perfeitamente.

— Não tem mais nada que a gente possa fazer que seja estranho. Não tem nada que seja uma conquista maravilhosa, uma conquista precoce. É nada mais do que aquilo que a gente já deveria estar fazendo. — Ela se debruçou e apoiou a testa nas mãos, o cabelo comprido e loiro caindo na frente do rosto. — 31 — ela repetiu, como se fosse uma palavra estrangeira que estava aprendendo a pronunciar. — Como é que a gente tem 31 anos? Eu olho pra gente e não consigo ver. Não consigo ver pessoas que já estão na casa dos trinta.

Ficamos em silêncio por um tempo, enquanto eu fazia carinho nas costas dela.

— Bom, se isso te consola — comecei a falar, pegando o cabelo dela e fazendo um rabo de cavalo. — Na verdade, eu *não* estou na casa dos trinta. — Ela levantou a cabeça e me encarou com olhos vidrados e uma expressão vazia. — Eu ainda tenho 29, então...

— Sério que você vai fazer isso comigo? Logo hoje?

Entendi o que ela queria dizer. Eu também mal podia acreditar.

Fiz a festa de 31 anos da Farly no meu apartamento, e dali a uma semana eu completaria trinta anos. Enquanto eu desembalava os ingredientes do bolo de aniversário, duas velas de números bem grandes caíram da sacola do supermercado. Elas aterrissaram na bancada da cozinha na ordem invertida, formando o número treze. Pensei na festa de aniversário de treze anos da Farly, que fora feita no salão da igreja de Bushey. Ela estava com um vestido cor-de-rosa todo brilhante da Miss Selfridge e abriu um sorrisão com o aparelho fixo quando cheguei, me dando aquele abraço apertado e aliviado que só as aniversariantes nervosas dão (e que nunca muda, não importa qual seja a sua idade). Pensei em nós duas com treze anos, esparramadas no carpete cor de creme da casa dos meus pais com nossas camisetas idênticas da escola de dança Pineapple Dance Studios, comendo um saco enorme de Doritos, assistindo a uma comédia romântica da Nora Ephron e listando as qualidades que nosso namorado dos sonhos teria. Inverti as velas para formar 31 na bancada da cozinha e as observei, tentando desesperadamente entender a passagem do tempo. Depois inverti as velas de novo, formando o treze, e olhei para elas por mais um tempo. Eu ainda sentia que estávamos muito mais perto daquela idade, mas já fazia mais da metade da minha vida que aquele momento tinha passado.

Sempre ouço pessoas casadas dizendo que nunca percebem o envelhecimento de seus companheiros ou companheiras — alguma magia similar à das comédias de Shakespeare deve se apoderar dos casais duradouros logo no começo da relação, de forma que eles sempre veem o rosto pelo qual se apaixonaram, e isso deve ter a ver com a sobrevivência da espécie. Acho que eu passo pela mesma coisa, mas com as minhas amigas. Para mim, todas temos a mesma idade desde o dia em que nos conhecemos.

Lauren fez trinta anos sete meses antes de mim. No dia, algumas de nós fomos para a casa dela à tarde, montamos mesas de cavalete no meio da sala, enchemos bexigas e fizemos lasanha.

— E aí, cara, como é ter trinta anos? — perguntei mais ou menos na metade da festa, enquanto fumava na janela da cozinha, longe das outras.

— Sinceramente? — ela disse, fumando um cigarro eletrônico. (Hoje em dia o pessoal fuma cigarro eletrônico. Todo mundo fica tenso de fumar depois de fazer trinta por causa daquela notícia falsa que dizia que os médicos do Serviço Nacional de Saúde achavam que "não contava" se você fumasse aos vinte e poucos anos, mas que depois tudo mudava. Lauren vai tantas vezes à loja de acessórios de cigarro eletrônico que os atendentes a cumprimentam como se fosse uma celebridade. Agora ela vive rodeada por uma névoa de vapor com sabor de torta de maçã e canela.) — É horrível, a sensação é horrível.

— Como assim? — questionei, surpresa. — Todo mundo fala que dá o maior alívio, que 29 é a pior idade, e que ter trinta é ótimo.

— Não. Não, não tem nada a ver. Parece que eu passei os últimos anos fazendo turismo para saber como é ter trinta, quase que como uma preparação. Eu ia e voltava. Tive amostrinhas dessa realidade.

— Tipo o quê? — perguntei.

— Tipo... Sei lá, passar o fim de semana nas montanhas.

— Entendi. Ou chamar uma faxineira uma vez por mês.

— Isso! Ou comprar um ferro de passar ou entrar para um clube de leitura. Mas hoje percebi que não sou mais turista. Não posso passar uns dias tendo trinta anos, depois voltar a ter aquela vidinha precária mas cheia de esperança que eu tinha na casa dos vinte. Agora eu só vivo do outro lado.

— Nossa... — eu disse, sentindo o peso do que ela havia falado. — Não tem mais como... ir embora. Você vira uma moradora permanente. Parece que acabaram todas as pequenas ironias de ser adulta.

— Exatamente! Quando a gente plantava ervas no peitoril da janela, todo mundo achava fofo, meio kitsch. Mas agora...

— É apenas ser uma pessoa chata e normal de trinta e poucos — terminei a frase, desconcertada com aquela epifania.

— Pois é.

— Mas e agora, o que a gente faz? Começa a jogar bridge? — perguntei. — Fica com dor nas costas?

— Não, não, aí não é ser turista nos quarenta anos, é ser turista nos sessenta e tantos, a gente só pode viajar para a próxima década. — Ficamos refletindo por um tempo. — Ser apoiadora cultural do museu — ela disse, enfim. — Isso é bem turismo nos quarenta anos. E decoração minimalista.

— Ir dormir às nove e meia? — sugeri.
— Isso. E ter três pares do mesmo sapato social em cores diferentes.

Vejo essa exata conversa como o ponto de partida da crise existencial que tive quando meu aniversário de trinta anos estava se aproximando, e que foi ficando cada vez mais intensa. Eu não conseguia parar de pensar que estava envelhecendo. Depois do aniversário da Lauren, comecei a procurar sinais de que as coisas estavam mudando, de que minha alma estava encolhendo, de que minha alegria de viver estava em declínio. Notei, por exemplo, que eu — de repente e sem perceber — tinha abandonado de vez meu antigo hábito de tirar fotos de placas engraçadas. Ao longo da minha adolescência e aos vinte e poucos anos, eu era capaz de descer do ônibus um ponto antes apenas para tirar uma foto da The Famous Cock Tavern ["A Taverna do Pinto Famoso"] ou de atravessar uma rua movimentada, mesmo estando atrasada para um compromisso, para tirar uma foto perfeita de ruas com nomes que são piadas prontas, como "Bell End Lane" ["Rua da Cabeça do Pênis"] ou "Minge Street" ["Rua do Pentelho"]. Foi muito triste quando eu e India recentemente andamos pela rua "Farly Road" e ambas percebemos que nenhuma se deu ao trabalho de pegar o celular.
— Você não acha isso triste? — perguntei para ela. — Anos atrás, a gente teria tirado uma foto nossa do lado daquela placa e mandado para a Farly, e agora a gente não liga mais pra isso.

Pra que se dar ao trabalho? Sem dúvida essa é a pergunta que conecta todos os pontos complicados de qualquer crise relacionada ao envelhecimento. Com certeza foi assim para Hannah, minha amiga que, na noite em que fez trinta anos, perguntou: "Então é isso? A vida é só isso mesmo? Essa porra de... Tottenham Court Road e comprar merda na Amazon?" Eu tinha 21 anos quando testemunhei essa crise e fiquei chocada. Ela me disse que eu ia entender quando chegasse aos trinta. Eu entendi. Eu entendo.

Eu não queria ficar pensando demais na falta de sentido da existência. Eu não queria ser uma pessoa que lava roupa no domingo à noite e, enquanto pendura meias no radiador, fica se perguntando quantas vezes na vida alguém faz esse mesmíssimo ritual, e se isso tem alguma importância. Eu e Lauren sempre brincamos que tem gente que você percebe que leva a vida como se estivesse "de passagem" — como se a vida fosse uma jornada longa e chata, e todo dia fosse uma diária deprimente num hotel barato, e essa pessoa não faz questão nem de tirar as coisas da mala. O tipo de pessoa que nunca se daria ao trabalho de personalizar o desktop do notebook com uma foto de plano de fundo, que escolhe o mesmo sanduíche na padaria antes de ir para o trabalho todos os dias durante trinta anos, que prefere não emoldurar os pôsteres e simplesmente cola tudo com fita na parede. *Para que se dar ao trabalho?*

Eu nunca quis sentir que estava apenas de passagem, mas tinha medo de que isso fosse parte inevitável do processo de envelhecer e aos poucos ir chegando mais perto do fim. Uma tendência a aproveitar menos a vida e cada vez mais apenas se limitar a tolerá-la.

"Como vão as voltas pela Tottenham Court Road e as comprinhas na Amazon?", Hannah, agora com 38 anos, vivia me perguntando por mensagem um pouco antes de eu chegar aos trinta, um código para ver a quantas andava minha letargia niilista. "Você vai se sentir muito melhor quando isso passar, eu prometo." (O presente que ela me deu de aniversário foi, obviamente, um livro comprado na Amazon e uma caneca de cerveja de estilo vitoriano com as palavras Tottenham Court Road gravadas na parte de baixo.)

Eu achava bom poder contar com a compreensão de uma amiga que tinha passado por algo parecido nessa mesma fase da vida. Outras amigas mais velhas não lidavam tão bem com essa minha preocupação — achavam que meu medo pessoal de chegar aos trinta era uma crítica à idade delas ou uma insinuação de que deveriam ter vergonha disso. "EXPERIMENTA FAZER 72 PRA VOCÊ VER", meu pai gritou de repente enquanto eu e meu irmão, sentados no sofá de casa, lamentávamos nossa iminente saída da casa dos vinte.

Não era exatamente a ideia de envelhecer que me parecia tão opressora, mas sim a passagem do que eu via como uma fase específica da vida para outra. Sim, meus vinte anos tinham sido marcados por ansiedade, insegurança e péssimas escolhas, mas só prestes a sair deles foi que percebi que tinha uma tranquilidade inerente de que eu ia sentir muita falta. Ninguém precisava cumprir nenhuma exigência para ter vinte e poucos anos — era isso que eu achava tão perturbador naquela experiência toda. Eu nunca sabia onde deveria estar ou o que deveria estar fazendo — ter 27 anos e morar com um marido e um cachorrinho chamado Brie, uma mistura de labrador com poodle, era tão normal quanto ser uma pessoa que divide um apartamento de subsolo que não tem sala com desconhecidos que encontrou na internet. A estrutura que a sociedade exige de alguém de trinta anos parecia muito mais rígida. Não era tão fácil, digamos, ter um pano de tie dye pendurado na janela ou um bong que brilha no escuro na minha mochila de acampamento sem ser julgada. Não que eu tivesse um desejo particular de ter alguma dessas coisas, mas eu queria que ainda se encaixassem no meu estilo de vida.

Foi muito difícil perceber que eu não estava mais numa etapa da vida em que a paciência, a atenção, o mimo e a compreensão me seriam garantidos. Do começo ao fim dos meus vinte anos, minha geração tinha sido a irmã caçula. Em todas as reuniões de que eu tinha participado na última década, nós éramos o foco — o público-alvo. "É uma mistura de sitcom de época com reality show de talentos, mas para millennials" era o que eu escutava nas reuniões em que tentavam vender novos programas para as emissoras de TV. "Precisamos investigar como os millennials fazem compras on-line" os editores diziam. Toda vez que eu abria um jornal respeitado, os repórteres estavam falando sobre como estavam preocupados com a gente: será que algum dia conseguiríamos comprar imóveis? Será que íamos cansar das festas e nos casar? Será que estávamos ferrados porque tínhamos aprendido sobre sexo vendo pornografia? Como íamos pagar nossa dívida do financiamento estudantil? A gente fascinava, enojava, preocupava e seduzia as pessoas, a gente era o zeitgeist. Na época eu reclamava que era tudo um delírio coletivo, pura condescendência, mas só fui perceber como era bom ser a filha problemática do meu país quando fui substituída.

"Geração Z": não faço ideia de quando foi a primeira vez que ouvi as pessoas falarem disso, mas me lembro de fazer questão de ignorar o termo. Eu pensava que, se fingisse que não existia, ele ia acabar sumindo, igual a gente faz quando ouve o nome lindo e irritante da nova namorada de um ex pela primeira vez. De repente a geração Z virou o grupo pelo qual todo mundo se interessava. As pessoas que eram dez anos mais novas do que eu, e que antigamente não passavam das primas chatinhas das minhas amigas, agora tinham um nome oficial. E todo mundo estava fascinado por elas: Por que elas bebiam menos que os millennials? Por que eram tão diferentes quando se tratava de gênero e sexualidade? Como votariam? "Gen Z" virou um termo multiuso para se referir a juventude, tendências, sexo, modernidade, progresso. Relevância.

Quando eu tinha 26 anos, trabalhei como assistente de roteiro na série *Fresh Meat*, do canal E4, uma comédia sobre a vida universitária. Os roteiristas me entregavam os roteiros de todos os episódios para que eu fizesse o que eles chamavam de "revisão do hipster". A revisão do hipster servia para garantir que a linguagem da série estivesse em sintonia com o que os jovens usavam, que parecesse real, que não houvesse nem sinal de pessoas de meia-idade no texto. Eu grifava menções a espumante Cava e escrevia "eles beberiam Prosecco" do lado. Ajudava a decidir quais textos os personagens leriam na faculdade de letras e quais discos eles ouviriam. Eu tinha sido a Representante da Juventude em todas as salas de roteiro de que participara na minha vida adulta, sem exceção. Mas, aos trinta, esse cargo é removido sem que alguém peça sua permissão, sem nenhuma cerimônia oficial. Só fica evidente que esse não é mais o seu papel — não somos mais a autoridade retumbante de todas as coisas relevantes no mundo. Minha infância agora é vista como se fosse um período histórico. *Sex and the City* já virou referência antiga. DVDs são quase tão antiquados quanto

LPs. Há pouco tempo ouvi alguém chamar *As Patricinhas de Beverly Hills*, o filme adolescente que virou símbolo dos anos 1990 e marcou minha infância, de "filme de época".

Quando preencho um formulário virtual com minha data de nascimento, rolar as datas até chegar aos 1980 começou a parecer uma atividade muito demorada, complicada e constrangedora. Toda vez que preciso fazer isso penso no avô de uma amiga, que entrou num grupo de Facebook chamado "Oxford University: turma de 1938", e me sinto culpada, porque a gente achou hilário quando o post apareceu no nosso feed na época da faculdade. Eu não pensei que, um dia, "turma de 2009" também poderia se tornar uma piada.

A geração Y foi oficialmente deixada para trás do mesmo jeito que imagino que fizemos com a geração X, do mesmo jeito que eles botaram os baby boomers para correr. Os boomers — aposentados que participam do coral da igreja e mulheres grisalhas que usam galochas de jardinagem e pais que fazem piadas preconceituosas — já foram os Representantes da Juventude. Eu sabia disso, não sabia? Eu ouvia minha mãe e meu pai falarem da fase rebelde e inconsequente que tinham vivido nos anos 1960. Eu tinha assistido a *The Rolling Stones Rock and Roll Circus* pelo menos quinze vezes. E mesmo assim não tinha entendido que os millennials não iam ser as mocinhas ingênuas, os pupilos, os porra-loucas, os festeiros, os revolucionários, os crânios, os problemáticos e os adolescentes que se recusavam a crescer para sempre.

Preparem-se para um dos muitos clichês do envelhecimento, porque todos os clichês são verdadeiros: eu nunca achei que ia acontecer comigo.

* * *

Foi minha amiga Pandora que percebeu pela primeira vez que meu superpoder inútil é uma propensão à nostalgia desnecessária. Tenho uma capacidade infalível de metabolizar, ritualizar e registrar a passagem do tempo em velocidade recorde, de forma que tudo se torne um momento histórico apenas um ano depois de acontecer. "Você consegue falar de uma festinha de apartamento que aconteceu mês passado com a mesma melancolia e o mesmo romantismo com que falaria de uma festa do verão de 1969", ela comentou.

Eu não neguei.

Há pouco tempo, fui a pé até o final da minha rua para enviar cartas e passei por um carro estacionado no qual havia uma mulher grisalha de cinquenta e poucos anos sentada no banco do motorista com a cabeça apoiada nas mãos. A menina que estava ao lado dela, chorando sem parar, devia ter mais ou menos dezessete anos e estava de uniforme escolar, provavelmente naqueles últimos e longos meses antes de o ensino médio terminar. Seu cabelo castanho e farto estava colocado atrás das orelhas cheias de piercings. Enquanto falava, ela gesticulava com ar desesperado, mostrando as unhas roídas e pintadas de azul-marinho. O rosto estava franzido pela frustração, e vi que sua respiração tinha se reduzido a soluços nervosos entre uma palavra e outra. De repente me lembrei de como essa cena tinha sido frequente por tanto tempo da minha vida. Eu, chorando no banco do passageiro de um carro estacionado, o rádio desligado, o ar quente ligado. Pensei em todas as brigas que havíamos tido — quando minha mãe me disse que eu não ia ganhar um celular, ou que eu não podia ficar na rua depois da meia-noite, ou que meu namorado podia dormir na nossa casa, mas só se fosse no quarto de hóspedes. Aquele tempo tinha acabado. Já acabara fazia cerca de dez anos. Sem perceber, eu tinha deixado de brigar com a minha mãe dentro de um carro estacionado, e era provável que isso nunca mais acontecesse.

No começo, a nostalgia foi considerada uma doença. Nos anos 1600, a palavra foi cunhada para descrever a dor física aguda que os soldados suíços sentiam quando estavam nas planícies da Itália, saudosos das vistas alpinas de sua terra natal. A nostalgia e seus sintomas (desmaios, febre alta e indigestão) eram tão fatais que tocar uma determinada música utilizada na ordenha das vacas na Suíça era motivo de pena de morte.

Quando eu estava prestes a completar trinta anos, meus vinte anos se tornaram minha terra dos sonhos nos Alpes. Meus vinte anos eram minha casa, um lugar que eu conhecia e no qual me sentia à vontade. Racionalmente, eu sabia que boa parte dessa época tinha sido muito difícil — anos cheios de decepções amorosas, autoestima baixa e inveja, anos em que vivi sem rumo, insegura e sem dinheiro —, mas fui invadida pela doença da nostalgia. Minhas canções suíças de ordenha eram os discos de vinil que ouvíamos logo que nos mudamos para a casa de tijolos amarelos, em 2012. Algumas semanas antes dos trinta, saí do supermercado Sainsbury's da Camden Road e fui andando para casa, e a primeira faixa do primeiro disco do Rod Stewart que ouvíamos em looping na nossa vitrola começou a tocar no *shuffle*. Sentei no degrau de uma casa qualquer e caí no choro.

"Comecei a entender de verdade a expressão 'a passagem do tempo'", Helen me disse logo depois que completou trinta anos. "É como se eu estivesse andando por um longo corredor e, quanto mais eu sigo, mais portas se fecham porque não posso entrar." Depois que Helen desenhou essa metáfora para mim, passei a ver portas se fechando por toda parte. Bolsas para jovens escritores às quais eu não podia mais me candidatar. Roupas e casas noturnas que decidi não serem mais adequadas para mim. Peguei um panfleto de coletores menstruais na recepção de um consultório e percebi que vendiam duas opções de tamanho para as mulheres abaixo de trinta anos e apenas um único tamanho maior para as mulheres de trinta para cima.

Fiquei obcecada tentando descobrir a idade exata de todas as pessoas sobre as quais eu lia ou que via na TV. Fiquei especialmente incomodada ao descobrir que Meredith Blake, a mulher sofisticada e ardilosa que interpreta a noiva de Dennis Quaid na adaptação de 1998 de *Operação Cupido*, tinha 26 anos na época do filme. Fiquei muito irritada quando percebi que Ross Geller passa três temporadas de *Friends* tendo 29 anos. Andei pela mostra do BP Portrait Award na National Gallery e fiquei mais fascinada pelas datas de nascimento escritas em letrinhas pequenas embaixo dos nomes dos artistas do que pelas pinturas em si. Procurei no Google a idade das ganhadoras de todas as edições do prêmio "Bunda do Ano", e foi um consolo descobrir que Carol Vorderman havia ganhado seu troféu aos cinquenta anos. Também me acalmou assistir a *Cantando na Chuva* e, depois de fazer um cálculo apressado, perceber que Gene Kelly tinha quarenta anos quando fez o filme. Não sei o porquê, mas de repente passou a ser *muitíssimo* importante saber que as portas que levavam a esses lugares tão distantes ainda não tinham se fechado para mim. Eu precisava saber que podia não só ganhar o prêmio de bunda do ano como também estrelar um musical sobre Hollywood no final dos anos 1920 com coreografias de sapateado que exigiam muito preparo físico.

David Foster Wallace conhecia o som retumbante das portas que se fecham à medida que o tempo passa. Aos 33 anos, ele escreveu:

> Dia após dia, venho fazendo escolhas de todo tipo, escolhas a respeito do que é bom, importante, legal, e depois tenho que lidar com o confisco das outras opções que essas escolhas excluíram. E começo a ver que, à medida que o tempo ganha tração, minhas escolhas se tornam mais limitadas e aquilo que elas excluem se multiplica de forma exponencial até que eu chegue a um determinado ponto, em uma determinada ramificação, de toda a fantástica complexidade de ramificações da vida, no qual enfim estarei restrito e preso a um caminho apenas e o tempo me lançará em diferentes estágios da inércia e da atrofia e da deterioração até eu afundar pela terceira vez, tanto esforço por nada, afogado pelo tempo.

Sylvia Plath também enxergava a passagem do tempo como um conjunto de galhos e ramificações cuja complexidade por vezes se tornava demais para lidar. Em *A redoma de vidro*, romance publicado quando estava com 29 anos, ela escreveu:

> Eu via minha vida se ramificando diante de mim como a figueira verde daquela história. Pendurado na ponta de cada galho, como um grande figo roxo, um futuro maravilhoso me chamava com um aceno e uma piscadela. Um figo era

um marido, um lar feliz e filhos, e outro figo era uma poeta famosa, e outro era uma professora brilhante, e outro figo era Ê Gê, a incrível editora, e outro figo era a Europa e a África e a América do Sul, e outro figo era Constantin e Sócrates e Átila e uma porção de outros namorados com nomes engraçados e profissões excêntricas, e outro figo era uma campeã olímpica de remo, e para lá desses figos e acima deles havia muitos outros que eu não conseguia enxergar direito. Eu me via sentada embaixo dessa figueira, morrendo de fome, só porque não conseguia decidir qual dos figos escolher.

Portas que se fecham, galhos que se quebram, frutas que caem. Gostei de saber que o FOMO, o medo de ficar de fora do que está acontecendo, não é uma invenção dos millennials, que alguns dos meus escritores preferidos achavam que a transição entre uma fase e outra era deprimente, e não empolgante. Na minha música preferida do Pulp, "Stacks", Jarvis Cocker articula com precisão como o tempo que acompanha a juventude é um grande privilégio: "Ah, tem muita coisa para fazer e muita coisa para ver, tem muita coisa para tocar e muita coisa para ser, tantas maneiras de passar o tempo, tudo que eu sei que você tem." O que me deixa nostálgica, o que me fez chorar na porta de um desconhecido na Camden Road, rodeada de sacolas de supermercado, não é a vida nem a identidade dos meus vinte anos. É a sensação de ser uma milionária do tempo — de ter uma infinidade de opções à minha disposição. Nunca vou deixar de lamentar o fim da minha adolescência e dos meus vintes anos, e a perda daquela sensação de ser proprietária de infinitos minutos vazios, de ter dias ilimitados à minha frente. Acho que, não importa qual for a minha idade, eu sempre vou tentar arranjar mais.

Cheguei ao auge da minha crise existencial dois dias antes do meu aniversário de trinta anos, numa Zara no centro de Londres. Achando todas as roupas feias, decidi ir ao andar da loja no qual vendiam a linha mais jovem, mais barata e mais diferente para procurar peças que combinassem com o novo estilo do meu eu de trinta e poucos anos. Mas, novamente, nada parecia servir. Lembrei que Farly, que tem metade da minha altura e largura, às vezes compra roupas na seção infantil das lojas. Na verdade, apenas uma semana antes eu a havia visto toda elegante, jovem e estilosa com um blazer azul-marinho que ela revelou ter comprado na seção de roupas infantis para meninos. Fui até a seção infantil e, dito e feito, encontrei um casaco bordado que me agradou. Peguei o maior tamanho (13-14 anos) e o experimentei por cima da roupa no meio da loja. Até que consegui vestir uma das mangas, mas não consegui fazer a segunda passar do cotovelo. Num pânico claustrofóbico, me sacudi para tentar tirar o casaco, mas ouvi a costura rasgando. Isso funcionou como um holofote para a equipe, e um vendedor de expressão exausta correu na minha direção, me perguntando o que tinha acontecido.

— Acho que a costura rasgou um pouco — revelei em tom defensivo, ainda me sacudindo para me livrar do casaco. — Eu vou pagar pela peça, claro.

— Você sabe que a seção feminina fica em outro andar?

— Sei — respondi.

— Mas então por que você experimentou este casaco?

— Porque achei que poderia servir.

— Mas aqui é a *seção infantil*.

— Eu *já disse* que vou pagar! — retruquei, indignada, poupando o funcionário de uma justificativa para aquele ataque de nervos despertado pela consciência da minha mortalidade, algo que imaginei que talvez, *talvez*, eu pudesse melhorar comprando e usando um casaco de criança.

— Tá, o que está acontecendo? — India me perguntou no pub naquela noite. — Me explica em detalhes o que está te preocupando tanto.

— Eu quero ter 21 anos de novo.

— Não, você não quer, cara — ela disse.

— Eu quero. Eu quero ter 21.

— Por quê?

— Não quero o cérebro que eu tinha aos 21 anos. Nem as decisões impulsivas nem aquela merda de... conflito interno. Eu quero tudo o que eu tenho agora... Quero as coisas que aprendi e as experiências que tive e quero saber tudo o que eu sei. Mas eu quero ter de volta a forma física dos meus 21 anos para sempre, tendo toda a minha vida pela frente.

— Entendi.

— Em resumo, eu quero que a minha mente e a minha alma continuem envelhecendo, mas quero que o meu corpo nunca envelheça e nunca morra — eu disse, servindo o restinho do rosé nas nossas taças. — Sinto que a gente deveria ter acesso à juventude, além da sabedoria da idade. — Virei o vinho. — Sabe? Acho que todo mundo sente isso, né?

— Não, não, acho que é uma ideia inédita — India respondeu secamente. — Você está dizendo que é um desperdício deixar a juventude para os jovens. Poxa, acho que ninguém nunca pensou nisso antes, Dolly.

* * *

Alugamos juntas uma casa de praia em Devon para passar o fim de semana do meu aniversário de trinta anos. No dia em que chegamos, estávamos descarregando as coisas dos carros e levando as malas para dentro quando uma mulher de sessenta e tantos anos com cabelo branco cortado em camadas, à la Jilly Cooper, e uma echarpe de seda amarrada no pescoço passou por nós com três cocker spaniels.

— Oi, meninas! Vieram fazer uma despedida de solteira? — ela perguntou, com um sorriso animado, puxando os cães agitados como se fossem as rédeas de um cavalo.

— Não — Farly respondeu, apontando para mim com a cabeça. — É o aniversário de trinta anos dessa aqui.

— Ai, meu Deus! Trinta! Pior aniversário da vida! — ela exclamou, dando risada. — Achei que a minha vida tinha acabado, parecia que não fazia mais sentido continuar vivendo! Puxa vida, que noite horrível foi aquela, eu não passaria por aquilo de novo por nada neste mundo. Enfim... — ela disse, seguindo seu caminho. — Boa sorte! Faça um brinde daqueles!

Naquela noite, a última dos meus vinte anos, depois de um jantar demorado num pub, algumas de nós ficamos sentadas no deque sob uma lua um pouco torta — tão grande e luminosa quanto uma pérola de água doce — e bebemos crémant (o Prosecco dos trinta anos, só que melhor, e mais ou menos quatro libras mais caro).

— Últimos quinze minutos da minha juventude — eu disse, suspirando.

— Você precisa PARAR de fazer drama com isso agora mesmo — Sophie disse. — Não é pra tanto.

— Você vai começar uma nova década, desbravar um novo território! Não é empolgante?! — disse Lauren.

— É, acho que sim — respondi, desanimada.

— Tá, pensa assim — ela sugeriu, soprando uma nuvem de vapor no ar (um sabor frutado de coco chamado "Brisa de Luquillo"). — Você sempre quis ser adulta. Era tudo o que a gente mais queria quando era adolescente. A gente queria viver um monte de experiências e ter as nossas amigas e um apartamento só nosso. Bom... olha só! Você chegou lá! Você conseguiu! Você enfim chegou aonde sua versão adolescente sempre quis estar. Você está vivendo um momento inesquecível.

Eu e Lauren sempre ficávamos chocadas quando relembrávamos o dia em que, aos dezessete anos, compramos ingressos para uma coisa chamada *The Grumpy Old Women Roadshow* — um spin-off ao vivo de um talk show no qual mulheres comediantes compartilhavam suas opiniões sarcásticas sobre a vida. Não havia nenhuma dúvida de que éramos as pessoas mais jovens da plateia por uns bons 25 anos de diferença. Jenny Eclair fez piadas sobre coisas que a gente não entendia: orgasmos múltiplos, hipotecas, assoalho pélvico e perimenopausa. Nossa, como a gente riu! Você tinha que ter visto nós duas: duas virgens de rostinho corado, vindas do subúrbio, forçando gargalhadas descontroladas só para sentir que fazíamos parte daquela turma. Uma turma de mulheres corajosas, engraçadas, nem aí para nada, adultas e maravilhosas.

Sempre foi isso o que eu quis. Bom humor e boas amigas. Sabedoria e humildade. Confiança. Coragem. Uma identidade que não precisasse ser forçada. Então por que eu estava em pânico quando tinha começado, enfim, a realizar esse sonho? Em algum ponto da minha vida como jovem adulta, algum agente do patriarcado devia ter invadido a parte mais sagrada e mais protegida do meu sistema e, sem que eu percebesse, tentado me hackear. Para me fazer acreditar que a vida só teria sentido — e que eu só teria poder — enquanto tivesse vinte e poucos anos.

Mas eu me sinto mais poderosa do que nunca. E mais tranquila. Nunca vivi de forma tão honesta. Posso até não ser o retrato da mulher ideal que minha versão adolescente imaginava (magra e sofisticada, de vestido preto bebendo martíni e encontrando homens em eventos de lançamento de livros e vernissages). Posso até não ter tudo o que imaginei que teria aos trinta. Ou as coisas que me disseram que eu deveria ter. Mas estou satisfeita, agradecida a cada manhã em que acordo mais um dia nesse mundo e com mais uma chance de fazer o bem e me sentir bem e fazer bem aos outros.

Os sinos da igreja mais próxima ressoaram à meia-noite.

— *Shh*, ouviram isso? — Lauren perguntou.

Eu ouvi as ondas avançando e retrocedendo na praia lá embaixo.

— O quê?

— Acho que é a Dona Morte numa prancha de stand-up paddle — ela disse. — Ela veio buscar você, aí vocês vão atravessar as águas para chegar ao mundo dos espíritos.

Na manhã seguinte, acordamos e nos deparamos com um céu azul sem nuvens. Depois de comer bolo de aniversário rosa-choque no café da manhã, rodeadas de bexigas com a cara do Rod Stewart, fomos para a praia de pijama e entramos na água gelada do mar, rindo sem parar.

Fui nadando até a parte mais funda da água salgada e transparente, acompanhada por uma equipe irretocável de sereias desafinadas, e senti que os últimos dez anos se desfaziam como um nó dentro de mim. Eu tinha chegado àquele número novíssimo e importante, e terminou não sendo tão ruim assim. Era um lugar onde senti a mesma promessa de uma vida infinita à minha frente, como tinha sentido aos dezessete anos e como talvez sempre sentisse. Um lugar onde eu continuava maravilhada com tudo, aberta para as experiências, nem um pouco sábia. Um lugar onde eu cometeria erros, assim como tomaria boas decisões, e continuaria aprendendo. Um lugar onde eu sabia que podia me permitir — e encontrar a coragem para — me apaixonar de novo.

Eu me despedi dos meus vinte anos como se fossem um velho amigo. Um amigo de que eu enfim havia me afastado, mas do qual me lembraria para sempre. Indócil, inquieto, instável. Incansável, incomum, indômito. Minha década errante, minha fase do escândalo.

Receita:
Bolo de aniversário do colapso (serve de oito a dez porções)

Para o bolo
— 225 g de açúcar de confeiteiro
— 225 g de manteiga sem sal cremosa
— 225 g de farinha de trigo com fermento
— 1 colher de sopa de fermento em pó
— 4 ovos grandes
— 1 colher de sopa de pasta de baunilha ou água de rosas, ou ambas
— Uma pitada de sal
— Um pouco de leite, se necessário

Para o buttercream
— 75 g de manteiga sem sal cremosa
— 150 g de açúcar de confeiteiro
— Algumas gotas de essência de baunilha ou água de rosas, ou ambas
— Um pouco de leite, se necessário
— 3 ou 4 colheres de sopa de geleia de framboesa (é mais fácil espalhar se não estiver muito sólida)

Para a cobertura
— 110 g de açúcar de confeiteiro
— 1 ou 2 colheres de sopa de água fervente
— Algumas gotas de essência de baunilha ou água de rosas, ou ambas
— Algumas gotas de corante alimentício cor-de-rosa (opcional)
— Pétalas de rosa cristalizadas ou confeitos de açúcar (opcional)

Preaqueça o forno a 180°, unte e forre com papel-manteiga duas formas de fundo removível de 20 cm.

Para preparar a massa do bolo, coloque todos os ingredientes, exceto o leite, numa tigela grande, depois bata com uma batedeira até que a mistura fique lisa e homogênea. Pode ser necessário adicionar um pouco de leite se a mistura ficar muito pesada, mas não bata demais — a intenção é que a massa fique leve e macia. Divida a mistura entre as duas formas, nivele a parte de cima com uma espátula e asse de 20 a 30 minutos ou até espetar um palito na massa e ele sair seco. Deixe os bolos esfriarem nas formas por 5 a 10 minutos antes de desenformá-los em uma grade para que terminem de esfriar.

Para preparar o buttercream, coloque a manteiga numa tigela e use uma batedeira para bater até ficar muito macia. Peneire metade do açúcar de confeiteiro por cima da manteiga e bata um pouco mais para misturar (o açúcar se espalha todo se você adicionar tudo de uma vez). Peneire o restante do açúcar de confeiteiro e bata até ficar macio e cremoso. Pode ser necessário adicionar um pouco de leite para amolecer o buttercream. Por fim, adicione a baunilha e/ou a água de rosas, sem parar de bater, depois experimente a mistura. Adicione mais algumas gotas se achar necessário.

Coloque um dos bolos numa boleira ou prato de servir e espalhe o buttercream por cima. Pegue colheradas de geleia e espalhe por cima do bolo com uma espátula. Posicione o segundo bolo sobre o outro.

Para preparar a cobertura que parece estar pingando, coloque uma peneira sobre uma tigela e peneire o açúcar de confeiteiro. Com uma colher de pau, adicione a baunilha e/ou a água de rosas, algumas gotas do corante (se for usar) e água suficiente para fazer uma cobertura cremosa, e que vai escorrer pelo bolo — pense em uma consistência parecida com a de creme de leite. Espalhe a cobertura pelo bolo, deixando um pouco pingar pelas laterais. Se quiser, pode decorar a parte de cima com pétalas de rosa cristalizadas ou confeitos.

Esse bolo cai bem com demonstrações exageradas de emoção.

Tudo o que eu sei sobre o amor aos trinta anos

Quanto mais velha você fica, mais experiência de vida você leva na bagagem. Quando você se relaciona com as pessoas aos 25 anos, todo mundo entra no bar com uma bagagem leve e bem-organizada. Lá dentro você pode encontrar duas ou três ex-namoradas, um complexo de Édipo não tão grave ou até um certo medo de se envolver. Quando você se relaciona dos trinta em diante, prepare-se para conhecer uma pessoa com 250 kg de mochilas entupidas de histórias, problemas e exigências. Você vai se deparar com divórcios, filhos e uma casa da qual uma ex ainda é dona, tratamentos de fertilização in vitro frustrados, pais que estão quase morrendo, anos de terapia, vício em drogas, um emprego que ocupa todo o tempo da pessoa e uma ex que ela ainda precisa encontrar toda semana por causa da batalha judicial pela guarda do cachorro. Pode ser assustador, seríssimo, intenso, muito adulto e não tão divertido.

Quanto mais velhos ficamos e mais bagagem carregamos, mais honestos, abertos e vulneráveis nos permitimos ser.

No ano em que escrevo este livro (2018), declaro oficialmente que é quase impossível conhecer alguém na vida real. Aceitar esse fato é fundamental para entender que você não é inacessível, nem incapaz de despertar desejo, muito menos alguém que está fazendo tudo errado.

Você pode reconhecer os padrões de comportamento que prejudicam suas relações. Você pode analisar de onde eles vieram e como se formaram. Você pode se esforçar para nunca mais agir daquela maneira. Mas, para além disso, você não vai ter controle de mais nada. Você não pode prever como outra pessoa vai se comportar num relacionamento. Pode analisar os riscos, pode tomar cuidado, pode tomar decisões sensatas, escolher as pessoas em quem vai confiar, que vai receber na sua vida e no seu coração. Mas você não pode administrar as infinitas variáveis que compõem outro ser humano. Escolher amar é correr um risco. Sempre. Não é à toa que falamos em se jogar de cabeça numa paixão — ninguém adentra o território do amor com uma bússola e um mapa oficial da Inglaterra.

As pessoas se conhecem levando dores que sequer sabiam que carregavam. Há um motivo para que aquelas que compartilham dos mesmos traumas ou história de vida, ou que tiveram infâncias parecidas, muitas vezes terminem ficando juntas. Acho que as nossas pegadas emocionais mais profundas buscam umas às outras de forma inconsciente. Isso pode ser bom e ruim. Isso pode contribuir para a intimidade e a conexão, mas também para a simbiose e para todo tipo de comportamento tóxico.

Um dos principais desafios que uma pessoa solteira enfrenta à medida que envelhece é a necessidade de resistir ao cinismo. É muito, muito difícil não sentir que o amor te deixou na mão e te decepcionou e transformar essa energia em niilismo, ceticismo ou raiva. Mas, apesar de ser engraçado e funcionar como uma carapaça protetora, o cinismo é uma saída muito fácil. Conquistar a confiança, nutrir a esperança — essas, sim, são verdadeiras artes.

Uma das coisas mais difíceis ao envelhecer e se apaixonar é entender se algo é "só a vida" ou se realmente não vale a pena. Você precisa se preparar, acima de tudo, para saber diferenciar entre a sensação calma e agradável, mas muitas vezes desafiadora, do amor duradouro e uma relação que se tornou um atraso de vida.

Se você sofre de fadiga romântica crônica, tente ficar um tempo sem sair com ninguém. Delete os aplicativos de namoro, pare de mandar mensagens para o ex-namorado, pare de flertar com estranhos, pare de transar. Comprometa-se a liberar espaço na agenda e na sua cabeça, e depois veja como é a vida sem essas coisas. Tente passar um mês assim. Tente passar seis meses. Tente passar um ano.

Saiba que ficar sem transar vai fazer você reavaliar muito o significado do sexo. Você vai se lembrar do ato físico e analisar como a coisa toda é extraordinária, mágica e incrivelmente íntima. Você vai ficar deitada na cama analisando o sexo, tentando relembrar exatamente qual é a sensação de chegar tão perto de outra pessoa e pensar: eu *não acredito* que já fiz isso com um cara cujo sobrenome eu nem sabia, que trabalhava vendendo seguros e usava uma blusa de lã em tom pastel amarrada no pescoço, daquele jeito que só homem engomadinho faz.

Saiba que ficar sem transar pode trazer uma sensação de paz tão grande que voltar para a terra dos amantes pode começar a parecer uma tarefa impossível. Você pode acabar ficando com medo de estragar essa paz ao se abrir com alguém.

Ter interesses em comum é um dos critérios mais equivocados quando se trata de escolher um companheiro. Decidir que alguém é uma boa pessoa, ou sua alma gêmea, ou alguém que tem tudo a ver com você só porque vocês adoram o George Harrison é ridículo. Ter o mesmo livro do Martin Amis na estante ou gostar de viajar para a mesma região rural do País de Gales não vai ajudar vocês a enfrentarem as inúmeras tempestades inesperadas que marcam a vida a dois.

Um critério muito simples que as pessoas costumam subestimar na hora de escolher alguém é gostar da companhia do outro. Desde que minhas amigas começaram a ter filhos e eu observo como elas se comportam no contexto do casal, percebo cada vez mais que o mais importante num relacionamento é o quão bem duas pessoas funcionam como equipe. Não é por acaso que todo mundo vive repetindo: num casal, as duas pessoas precisam ser muito, muito amigas.

Quando você chega perto dos trinta, as amigas casadas já não se lembrarão de como era a vida de solteira. Elas se tornarão as senhoras Bennet da sua vida. Elas vão achar que o problema é você ser exigente demais, que você é a própria Maria Antonieta, sentada num trono de veludo cor-de-rosa mandando os homens embora, um a um, com um balançar do leque cravejado de pérolas.

Não importa o quanto você seja uma pessoa centrada e sábia, você, infelizmente, vai continuar sendo um bicho. Acho que nunca estaremos imunes a um romance vertiginoso e juvenil que toma conta da nossa vida, nem de suas possíveis humilhações. O desejo é uma música dançante silenciosa que só é aproveitada pelas pessoas que sucumbiram a ele — faz você dançar e se perder num som que ninguém mais ouve. A boa notícia é que, à medida que envelhece, você aprende a identificar se e quando é hora de desligar.

Desconfie, e muito, de alguém que faça questão de cuidar de você o tempo todo.

Desconfie, e muito, de alguém que precise do seu cuidado o tempo todo.

Se você decidiu que quer se relacionar com alguém, é uma boa ideia tomar decisões que possam ajudar isso a acontecer. Entre em sites de namoro, peça para suas amigas te apresentarem a alguém, faça o possível para se abrir para novos contatos. Não é uma postura pouco feminista, nem quer dizer que você não consegue ficar sozinha. Mas, se a busca por uma relação passa a guiar *todas* as suas escolhas, você vai acabar ficando desesperada e triste.

Faça o possível para não julgar o relacionamento dos outros e a forma como eles os conduzem. O amor romântico duradouro é uma verdadeira façanha. As pessoas têm o direito de se relacionar da forma que funciona para elas, mesmo que não faça sentido para quem está vendo de fora.

À medida que você envelhece, o conceito abstrato do amor vai deixar de ser tão interessante. Isso é ótimo. Antes, as características precisas do meu namorado imaginário me faziam embarcar numa fantasia, entrar num transe infinito. A vida real sempre se revelava uma decepção, porque a narrativa romântica que eu tinha na cabeça era inalcançável. Amar tem que ser uma questão de adaptar sua vida a outra pessoa, não um lugar de faz de conta para o qual você foge, em que sente sempre o mesmo frisson, é a estrela do show e é adorada de maneira incontestável.

Mas a paixão me aguarda. E aguarda você, também, se o amor é o que você procura. Seja qual for nossa idade, seja qual for o amor que vivemos ou perdemos, todos nós merecemos sentir dois braços em volta da cintura enquanto mexemos a sopa na panela de vez em quando. Nunca devemos sentir que isso é impossível.

"Por dentro, todos temos dezessete anos e lábios vermelhos", uma vez li que Laurence Olivier tinha dito. E concordo demais.

Quando estiver procurando o amor e parecer que nunca vai encontrar, lembre-se de que você já deve ter muito amor à sua volta, talvez só não seja amor romântico. O amor que você já tem pode até não te beijar na chuva ou te pedir em casamento. Mas vai te ouvir, te inspirar, te fortalecer. Vai te abraçar quando você chorar, comemorar quando você estiver feliz e cantar All Saints juntinho quando você tiver bebido demais. Você tem muito a ganhar e aprender com esse amor. Você pode levar esse amor consigo para sempre. Deixe esse amor bem perto e nunca solte.

Agradecimentos

Obrigada à minha agente, Clare Conville, que deu forma a este livro, que antes não passava de um monte de post-its, trechos de histórias e ideias pela metade. Só tenho a agradecer pela oportunidade de ser representada por uma amiga que é tão generosa quanto talentosa.

Obrigada a Juliet Annan, que entendeu completamente o livro e me entendeu, desde nossa primeira reunião. Suas sugestões e seus insights me impressionaram do começo ao fim. Eu não poderia ter pedido alguém com um senso de humor melhor, com mais experiência ou sabedoria, eu não poderia ter sonhado com uma editora melhor.

Obrigada a Anna Steadman, pelo trabalho incrível que fez neste livro e por ter incentivado a minha escrita nesses anos todos.

Obrigada a Poppy North, Rose Poole e Elke Desanghere, da Penguin, por sua energia, entusiasmo e espírito colaborativo incansáveis. Vocês são as manas que quero levar pra vida.

Obrigada a Marian Keyes e Elizabeth Day, que leram o manuscrito bem no início e o apoiaram de forma tão generosa.

Obrigada a Sarah Dillistone, Will Macdonald e David Granger, por terem resolvido apostar numa menina de 22 anos com cabelo de Billy Idol e me dado o emprego que mudou a minha vida (e acho que nunca mais vou encontrar um trabalho tão divertido).

Obrigada a Richard Hurst por ter sido a primeira pessoa que me encorajou a escrever, por seu apoio incansável e seus conselhos e por me mostrar o que era punk rock quando eu tinha dezesseis anos.

Obrigada a Ed Cripps e Jack Ford, que me fazem querer ser mais engraçada só para fazê-los rir.

Obrigada a Jackie Annesley e Laura Atkinson, que me deram uma coluna no caderno de moda e estilo de vida do *The Sunday Times*, que me editaram e me orientaram com paciência e cuidado e me ensinaram tanto sobre o que é contar uma história.

Obrigada às mulheres maravilhosas que não só sobreviveram comigo a todas essas histórias da última década como também me deixaram contá-las. Um agradecimento especial a Farly Kleiner, Lauren Bensted, AJ Smith, India Masters, Sarah Spencer Ashworth, Lacey Pond-Jones, Sabrina Bell, Sophie Wilkinson, Helen Nianias, Belle Dudley, Alex King-Lyles, Octavia Bright, Peach Everard, Millie Jones, Emma Percy, Laura Scott, Jess Blunden, Pandora Sykes, Hannah Mackay, Sarah Hicks, Noo Kirby, Jess Wyndham e Victoria Glass.

Obrigada à família Kleiner por me permitir escrever sobre a Florence e dedicar este livro a ela — sua humildade, integridade e entusiasmo vão me inspirar e me encorajar para sempre, a cada palavra que eu escrever.

Obrigada à minha família — mamãe, papai e Ben —, que sempre me disse que tudo era possível. Que sempre me deu apoio para escrever minhas histórias de forma honesta, com a certeza de que nunca vão me julgar. Que sorte a minha ter vocês, e como eu amo vocês.

E, enfim, obrigada a Farly. Sem a sua torcida e o seu apoio constantes, eu não teria escrito este livro. Você é — e sempre vai ser — a minha história de amor preferida.